원어민과 배우는 러시아어
Русский язык

임현수, Л. Ф. Кияновская, 김태진 공저

원어민 CD로 입문에서 응용까지
Учебник для русских преподавателей и для корейских студентов

신아사

Авторы:
ЛИМ ХЁН СУ, КИЯНОВСКАЯ Л. Ф., КИМ ТЭ ЧЖИН

Русский язык. Учебник для русских преподавателей и корейских учащихся.
Начальный курс и продвинутый курс. – Сеул, Южная Корея: «Син А Са», 2010.–с.

ISBN 978-89-8396-691-9 (13790)

Учебник написан для тех, кто впервые обращается к русскому языку и для тех, кто знаком с русским языком лишь теоретически и хотел бы овладеть начальными речевыми навыками аудирования, говорения, чтения и письма, а также для тех, кто преподаёт русский язык в корейской аудитории. Цель учебника – сформировать у учащихся прочную речевую базу, необходимую для эффективного овладения лексико-грамматическими навыками и речевыми умениями в последующем обучении. Материал учебника учитывает особенности корейской аудитории.

Предназначен для студентов различных специальностей, школьников и всех желающих владеть русским языком практически.

Содержание

УРОК 5

УРОК 6

УРОК 7

УРОК 8

УРОК 9

УРОК 10

УРОК 11

УРОК 12

УРОК 13

УРОК 14

목차

5과

6과

7과

8과

9과

10과

11과

12과

13과

14과

ПРЕДИСЛОВИЕ ДЛЯ ПРЕПОДАВАТЕЛЯ

Цель данного учебника – сформировать у корейских учащихся, впервые приступающих к изучению русского языка, прочные начальные навыки и умения аудирования, чтения, письма и говорения, которые послужили бы фундаментом для успешного изучения русского языка в дальнейшем.

Беря на себя основные задачи начального этапа обучения, данный учебник решает их на более ограниченном языковом материале, чем это обычно принято, так как рассчитан на курс в 56-112 часов аудиторных занятий в течение одного учебного года (по 2-4 часа в неделю).

Авторы учебника исходили из того, что формирование начальных навыков и умений речевой деятельности, особенно аудирования, невозможно без тщательной работы над фонетическим материалом. Этим объясняются особенности структуры учебника: в нем взаимопересекается материал двух курсов: вводно-фонетического и разговорного. Аудирование и говорение являются в учебнике доминирующими.

Особое внимание авторы уделили такой важной функции учебника, как формирование, поддержание и развитие учебной мотивации, стимулирование работы учащихся над каждым учебным заданием. Известно, что достижение даже минимального коммуникативного уровня владения иностранным языком требует от учащихся очень больших временных и психофизиологических затрат. Без должного мотивационного подкрепления эти трудности ослабляют ощущение учащимися динамики учебного процесса, что нередко приводит к утрате веры в свои силы, в успех, может сформировать предубеждение о том, что русский язык слишком сложен и далеко не каждый может овладеть им. В преподавании русского языка в Корее проблема мотивации учебной деятельности учащихся осложняется, на взгляд авторов, такими обстоятельствами, как 1) отсутствие русской языковой среды, облегчающей адаптацию к изучаемому языку; 2) дефицит часов аудиторной работы и, вместе с тем, растянутость учебного курса во времени; 3) типологические различия между русским и корейским языками, объективно увеличивающие трудности учебной работы. Учитывая вышесказанное, авторы сформулировали и реализовали в учебнике следующие методические приоритеты.

1. **Принцип строжайшей минимизации трудностей обучения при насыщенности занятий учебным материалом**. Данный принцип реализуется, в свою очередь, на основе принципов минимизации изучаемых языковых и речевых явлений и движения от простого к сложному.

В области фонетики минимизация трудностей достигается с помощью порядка предъявления основных фонетических противопоставлений. Порядок, принятый в учебнике, отличается от традиционного. Авторы исходили из того, что наиболее трудными для корейцев являются противопоставления по месту и способу образования переднеязычных звуков. По этой причине для корейских учащихся характерна регулярная замена шипящих звуков [ш], [ш:'], [ж] на свистящие [с], [з]; смычного [д'] на свистящий [з']; но самое стойкое смешение наблюдается при использовании в речи аффрикат [ц] и [ч'], воплощающих в себе основные артикуляционные противопоставления (включая противопоставления по твердости/мягкости, наличию/отсутствию аффрикативности), которые отличают русскую систему согласных от корейской. Поскольку смешение звуков не только вызывает сильный акцент, но и тормозит развитие навыков аудирования (как и других видов речевой деятельности), авторы предлагают перенести работу с трудными звуками, выделенными выше (шипящими и аффрикатами), во вторую половину учебника, чтобы не тормозить формирование самых первых речевых навыков и умений.

По наблюдениям авторов учебника, среди наиболее частотных и поддающихся тематическому объединению русских глаголов, а также других частей речи имеется достаточно много слов, не содержащих в себе шипящих и аффрикат. В первой половине учебника работа ведется вокруг глаголов «понимать», «говорить», «любить», «работать», «играть», «знать», «делать», «гулять» и некоторых других. Авторы полагают, что опыт овладения русскоязычными навыками и умениями, сформированный на базе доступного фонетического и грамматического материала, значительно облегчит работу учащихся с материалом, представляющим наибольшую трудность. Однако в единичных случаях допускается введение шипящих звуков и аффрикат (как и некоторых грамматических трудностей) в первой половине курса, но только на лексическом уровне и для пассивного владения (например, глагольные формы второго лица единственного числа настоящего времени, требующие звука [ш]).

Что касается падежной системы, то, ввиду временных ограничений, учебник делит ее на две части: для активного и пассивного владения. По указанной причине не все падежи представлены формами множественного числа. Многие падежные формы прилагательных и местоимений даются преимущественно на лексическом уровне.

Лексические единицы отобраны таким образом, чтобы с их помощью отработать фонетические навыки и одновременно представить разговорные темы, необходимые для формирования речевых умений. Учебник дает возможность осуществить обучение речевым умениям в рамках следующих тем: «О себе», «Мои друзья», «Моя семья», «Урок русского языка», «Мой университет», «Родной город», «Погода».

2. Принцип широкого использования игровых и проблемных форм учебных заданий.

Игровая деятельность имеет свои собственные механизмы мотивации, группового речевого взаимодействия. Проблемные задания мотивируют познавательную активность, направленную на языковой и речевой материал. Учебник стремится включить мотивообразующие механизмы игровых и проблемных заданий в целостный процесс обучения.

3. Принцип рельефности. Он должен нейтрализовать монотонию в учебной работе, возникающую в результате многократной повторяемости учебного материала, а также активизировать аудиторию, повысить ее познавательный тонус. В учебнике принцип рельефности учебной работы достигается различными приемами: варьированием формы учебных заданий, их целевых установок, ситуативных условий, широким использованием семантических и иллюстративных картинок, а также скороговорок, поговорок, стихов, кроссвордов. Возможности рельефного использования учебного материала расширяет компакт-диск, который прилагается к учебнику. В нем содержится не только озвученный разными голосами материал учебника, но и музыка, русские песни. Эту же функцию выполняет созданный при поддержке университета Пэ Чжэ (г. Тэчжон) веб-сайт, представляющий речевой материал данного учебника посредством разнообразных возможностей компьютерной техники. Адрес веб-сайта, созданного на базе данного учебника: <http://contents.pcu.ac.kr./prof/lfk>.

Принцип рельефности реализуется в учебнике также с помощью текстов, диалогов; они, в основном, оригинальны и написаны таким образом, чтобы в их композиции был конфликт, интрига.

В заключение авторы учебника выражают признательность художнице Наталье Сысоевой (г. Иркутск), принявшей участие в создании иллюстраций, преподавателю русского языка Диане Александровне Ковалевой (Московский литературный институт им. М. Горького) и Виталине, выпускнице Иркутского госуниверситета, принявшим участие в озвучивании текстов.

Авторы

머리말

이번에 독자 여러분께 선보이는 <원어민과 배우는 러시아어>는 <처음 배우는 러시아어>를 수정 및 보완하면서, 그 내용을 약 50% 이상 강화시킨 후속 교재입니다. <처음 배우는 러시아어>는 2004년에 출판되어 이제 3쇄가 나올 만큼 독자들의 사랑을 받고 있습니다. 그 동안 이 교재를 사랑하여 주신 독자 여러분들께 저희 저자일동은 깊이 감사드립니다. 새로 나온 <원어민과 배우는 러시아어>는 특별히 대학에서 러시아어를 전공하는 독자들이 원어민 교수님들과 러시아어를 학습할 때에 사용하기 편리하도록 제작되었습니다. 특히 한국에서 러시아어를 가르치고 있는 원어민 교수들의 조언들과 요청들을 정리하여 원고를 쓸 때에 반영하였기 때문에, 회화수업의 성과를 더 높일 수 있을 것으로 기대합니다. 한 가지 특징을 내세운다면, 실제 상황을 가정한 회화연습의 자료와 내용을 크게 보강하였습니다.

이 책은 러시아어를 처음으로 배우는 한국 학생들을 위하여 첫 해의 두 학기 동안 사용할 수 있는 첫걸음 러시아어 교재로 제작되었습니다. 외국어 학습의 초보단계에서 의사소통을 가능하게 하는 듣기, 말하기, 읽기와 쓰기의 능력을 배양함으로써, 중급 및 고급 단계의 러시아어 학습에서도 흥미와 효율성이 살아나도록 기획되었습니다. 특히 러시아어 문자의 정확한 발음법과 기본회화의 생생한 억양을 반복연습을 통하여 익히고 터득하도록 하는데 중점을 두었습니다. 재미있는 삽화와 호기심을 자극하는 크로스 워드 퍼즐은 러시아어 공부를 재미있도록 만드는데 도움이 될 것입니다. 원어민 교수들의 녹음으로 제작된 CD는 컴퓨터와 MP3 플레이어에서 자유자재로 활용할 수 있도록 프로그램 되어 있습니다.

한국의 대학과정에서는 러시아어 원어민 교수들이 첫 해에 회화과정의 강의를 담당하고 있습니다. 한편 대부분의 학생들은 대학에 입학하여 처음으로 러시아어를 배우게 됩니다. 이 교재는 학습에 대한 설명과 지침을 한국어와 러시아어로 동시에 제시하고 있습니다. 같은 내용을 두개의 언어로 설명함으로써 교수와 학생들이 외국어 학습의 첫 단계에서 겪게 되는 의사소통의 어려움을 쉽게 극복할 수 있을 것입니다. 교재의 진행에 따라 반복하여 연습하다 보면 저절로 의사소통이 시작되면서 러시아어의 발음과 억양 및 회화 능력을 갖추게 될 것입니다.

이 교재가 출판될 수 있도록 도와주신 모든 분들께 감사를 드리면서, 특히 교재녹음에 참가한 배재대학교 Диана А. Ковалёва 교수와 대학원생 Ким Виталина Валентиновна양, CD 타이틀 프로그램을 담당한 배재대학교 교수학습지원 센터의 직원선생 여러분, 신아사의 편집스탭 여러분께 깊이 감사드립니다. 물론 이 교재에서 아직 부족한 부분들에 대한 모든 책임은 전적으로 저자들의 몫입니다.

2010년 6월

저자일동

ОТ АВТОРОВ:

ПРЕДИСЛОВИЕ ДЛЯ ПРЕПОДАВАТЕЛЯ

Уважаемые коллеги!

Мы, авторы этого учебника, стремились к тому, чтобы с его помощью вы смогли преодолеть основные методические трудности начального этапа обучения русскому языку корейских учащихся. Мы надеемся, что, следуя нашему учебнику, вы сможете сформировать у ваших учеников прочные начальные навыки и умения аудирования, чтения, письма и говорения, которые послужили бы им фундаментом для успешного изучения русского языка в дальнейшем.

Данный учебник, беря на себя основные задачи начального этапа обучения, решает их на более ограниченном языковом материале, чем это обычно принято, так как рассчитан на 56-112 часов аудиторных занятий в течение одного учебного года (по 2-4 часа в неделю).

Авторы учебника исходили из того, что формирование начальных навыков и умений речевой деятельности, особенно аудирования, невозможно без тщательной работы над фонетическим материалом. Этим объясняются особенности структуры учебника: в нем взаимопересекается материал двух курсов: вводно-фонетического и разговорного. Аудирование и говорение являются в учебнике доминирующими.

Одной из важнейших функций учебника является формирование, поддержание и развитие учебной мотивации, а также стимулирование работы учащихся над каждым учебным заданием. Известно, что достижение даже минимального коммуникативного уровня владения иностранным языком требует от учащихся очень больших временных и психофизиологических затрат. Без должного мотивационного подкрепления эти трудности ослабляют ощущение учащимися динамики учебного процесса, что нередко приводит к утрате веры в свои силы, в успех, может сформировать предубеждение о том, что русский язык слишком сложен и далеко не каждый может овладеть им. В преподавании русского языка в Корее проблема мотивации учебной деятельности учащихся осложняется, на взгляд авторов, такими обстоятельствами, как 1) отсутствие русской языковой среды, облегчающей адаптацию к изучаемому языку; 2) дефицит часов аудиторной работы и, вместе с тем, растянутость учебного курса во времени; 3) типологические различия между русским и корейским языками, объективно увеличивающие трудности учебной работы. Учитывая эти обстоятельства, авторы сформулировали и реализовали в учебнике следующие методические приоритеты(우선).

1. Принцип строжайшей минимизации трудностей обучения при насыщенности занятий учебным материалом.

В области фонетики минимизация трудностей достигается с помощью порядка предъявления основных фонетических противопоставлений. Порядок, принятый в учебнике, отличается от традиционного. Авторы исходили из того, что наиболее трудными для корейцев являются противопоставления по месту и способу образования переднеязычных звуков. По этой причине для корейских учащихся характерна регулярная замена шипящих звуков [ш], [ш:'], [ж] на свистящие [с], [з], смычного [д'] на свистящий [з']; но самое стойкое смешение наблюдается при использовании в речи аффрикат [ц] и [ч'], содержащих в себе все артикуляционные противопоставления, которые отличают русскую систему согласных от корейской. Поскольку смешение звуков не только вызывает сильный акцент, но и тормозит развитие навыков аудирования (как и других видов речевой деятельности), авторы предлагают перенести работу с трудными звуками, выделенными выше, во вторую половину учебника, чтобы не осложнять процесс формирования самых первых речевых навыков и умений.

Особенности корейской системы согласных звуков в сравнении с русской (меньшее число переднеязычных, отсутствие противопоставлений по глухости/звонкости, твердости/мягкости, отсутствие аффрикат) определяют следующий порядок введения в учебнике основных фонетических противопоставлений в области согласных по степени их трудности для корейских учащихся: 1) по месту и способу образования (для звуков, имеющих аналоги в корейском языке), по глухости/звонкости; 2) по твердости/мягкости; 3) по месту и способу образования (для отсутствующих в корейском языке фонем [ш], [ш:'], [ж]); 4) по наличию/отсутствию аффрикативности.

По наблюдениям авторов учебника, среди наиболее частотных и поддающихся тематическому объединению русских глаголов, а также других частей речи имеется достаточно много слов, не содержащих в себе шипящих и аффрикат. В первой половине учебника работа ведется вокруг глаголов «понимать», «говорить», «любить», «работать», «играть», «знать», «делать», «гулять» и некоторых других. Мы полагаем, что опыт овладения русскоязычными навыками и умениями, сформированный на базе доступного фонетического и грамматического материала, значительно облегчит работу учащихся с материалом, представляющим большую трудность. Однако в единичных случаях в учебнике допускается введение шипящих звуков и аффрикат (как и некоторых грамматических трудностей) в первой половине курса, но только на лексическом уровне и для пассивного владения с последующей их активизацией (например, глагольные формы второго лица единственного числа настоящего времени, требующие звука [ш]).

Что касается падежной системы, то, ввиду временных ограничений, учебник делитее на две части: для активного и пассивного владения. По указанной причине не все падежи представлены формами множественного числа. Многие падежные формы прилагательных и местоимений даются преимущественно на лексическом уровне.

Лексические единицы отобраны таким образом, чтобы с их помощью отработать фонетические навыки и одновременно представить разговорные темы, необходимые для формирования речевых умений. Учебник дает возможность осуществить обучение речевым умениям в рамках следующих тем: «О себе», «Мои друзья», «Моя семья», «Урок русского языка», «Мой университет», «Родной город», «Погода».

Авторы учебника не спешили приступать к работе с вопросительными предложениями с вопросительными словами. Для начала курса, на наш взгляд, наиболее ценны вопросительные предложения без вопросительных слов. Такой тип вопросов лучше обеспечивает повторяемость лексики и грамматических конструкций на коммуникативном уровне, облегчает формирование первых речевых умений.

2. Принцип широкого использования игровых и проблемных форм учебных заданий.

Игровая деятельность имеет свои собственные механизмы мотивации, группового речевого взаимодействия. Проблемные задания мотивируют познавательную активность, направленную на языковой и речевой материал. Учебник стремится включить мотивообразующие механизмы игровых и проблемных заданий в целостный процесс обучения.

3. Принцип рельефности.(두드러진, 뚜렷한, 기복, 돌출부) Он должен нейтрализовать монотонию в учебной работе,

возникающую в результате многократной повторяемости учебного материала, а также активизировать аудиторию, повысить ее познавательный тонус. В учебнике принцип рельефности учебной работы достигается различными приемами: варьированием формы учебных заданий, их целевых установок, ситуативных условий, широким использованием семантических и иллюстративных картинок, а также скороговорок, поговорок, стихов, кроссвордов. Возможности рельефного использования учебного материала расширяет компакт-диск, который прилагается к учебнику. В нем содержится не только озвученный разными голосами материал учебника, но и музыка, русские песни. Эту же функцию выполняет созданный при поддержке университета Пэ Чжэ (г. Тэчжон) веб-сайт, представляющий речевой материал данного учебника посредством разнообразных возможностей компьютерной техники. Адрес веб-сайта, созданного на базе данного учебника: <http://contents.pcu.ac.kr/prof/foreign/08/>.

Принцип рельефности реализуется в учебнике также с помощью текстов, диалогов; они в основном оригинальны и написаны таким образом, чтобы в их композиции был конфликт, интрига.

В заключение авторы учебника выражают признательность художнице Наталье Сысоевой (г. Иркутск), принявшей участие в создании иллюстраций к учебнику, преподавателю русского языка Диане Александровне Ковалевой

(Московский литературный институт им. М. Горького) и Виталине, выпускнице Иркутского госуниверситета, принявшим участие в озвучивании текстов.

Лим Хен Су
Кияновская Л.Ф.
Ким Тэ Чжин

УРОК 1

➾ 모음 [а]. 경자음 [м]. 무성음 / 유성음으로 쌍을 이루는 경자음 [т] / [д]. Гласный звук [а]. Твёрдый согласный звук [м]. Твёрдые согласные звуки, парные по глухости / звонкости [т] / [д]

ЗАДАНИЕ 1 잘 듣고 따라하세요. Слушайте и повторяйте.

а, а, ма, ам, мам;
та, ат, ма-та, ам-ат, там-тат, мат;
да, та-да, да-та, а-да, а-та, дам, там, дат

дом 집 – *том* 권

А а М м Т т Д д

ЗАДАНИЕ 2 다음 단어들을 읽어보세요. 이 단어들을 써 보세요.
Прочитайте следующие слова. Запишите их.

ма́ма 어머니, **там** 거기, **да** 예

ма́ма там да

> 모음 [э], [о], [у], [ы]. 경자음 [н]. 경자음 뒤의 모음 [а]와 [о]의 약화
> Гласные звуки [э], [о], [у], [ы]. Твёрдый согласный звук [н].
> Редукция гласных [а] и [о] после твёрдых согласных

ЗАДАНИЕ 3 들어보세요. Слушайте.

а, э, у, о, ы, ма-мэ-му-мо-мы, ам-эм-ом-ум-ым,
мо, мы, му, мэ, ма, ом, эм, ым, ум, дом, мот, мыт,
дэ, тэ, тут, мы, ты

ком 덩어리 - *кум* 대부 *тут* 저기 - *тот* 그것

э О о У у ы

러시아어 모음 [э]를 발음할 때의 특징
Особенности произношения русского гласного звука [э]

러시아어 모음 [э]는 한국어 모음 [ㅔ]와 [ㅐ]와 상호연관 된다. 한국어 모음과 비교했을 때 모음 [э]의 기본적인 조음적 특징은 혀의 앞부분과 중간부분이 좀더 위로 향하게 되고 혀 등은 좀 더 아래로 내려가며, 입술은 중립이고 혀의 긴장감이 크다. Русский гласный [э] соотносится с корейскими гласными [ㅔ] и [ㅐ]. Его основными артикуляционными особенностями по сравнению с корейскими эквивалентами является более высокий подъём передней и средней части языка, нейтральность губ и большая напряженность языка.

모음[у]를 발음할 때의 특징
Особенности произношения русского гласного звука [у]

러시아어 모음 [у]를 발음할 때 한국어 모음 [ㅜ] 를 발음할 때 보다 혀는 뒤로 더 끌어당겨지고 위로 더 높여진다. 이때 아랫턱은 앞쪽으로 내밀어지게 된다. 입술은 아주 동그랗게 되고, 힘차게 앞으로 내밀어지는데 여기에는 겉 입술뿐만 아니라 속 입술까지 참여한다. При произношении русского [у] язык больше оттянут назад и приподнят выше, чем при произношении корейского [ㅜ]. При этом нижняя челюсть выдвигается вперёд. Губы сильно округляются и энергично выдвигаются вперёд, в этом активно участвует не только внешняя часть губ, но и внутренняя.

ЗАДАНИЕ 4 따라하세요. Повторяйте

э, э-а, а-э, о, о-а, о-э, а-о, э-о, у, у-а, у-о, у-э, а-у, о-у, э-у, ы, ы-а, ы-э, ы-о, ы-у, а-ы, э-ы, о-ы, у-ы, ма-мэ-мо-му-мы, ам-эм-ом-ум-ым, мо, мы, му, мэ, ма, тэ-то-ту-ты, дэ-до-ду-ды, тот, тут, дот, дут

ЗАДАНИЕ 5 따라하세요. Повторяйте

на-но-ну-ны, ан-эн-он-ун-ын, а-да, а-та, а-на, нан, нон, нун, нын, дан, тон, нум, нот, ман, тын, дна, мну, мно, онт

Н н

경자음 [н]을 발음할 때의 특징
Особенности произношения русского твёрдого согласного звука [н]

러시아어 경자음 [н]의 발음은 한국어 자음 [ㄴ]과 상호 관계가 있다. 한국 자음과 비교해 자음 [н]의 조음적 특징은 혀와 윗니의 최소 결합이다. 자음 [н] 조음시에 혀 등 뒷부분이 내려간다. Русский твёрдый согласный [н] соотносится с корейским согласным [ㄴ]. Основной артикуляционной особенностью русского [н], по сравнению с его корейским эквивалентом, является меньшая площадь смычки языка и верхних зубов. Задняя часть спинки языка при артикуляции русского [н] опущена.

ЗАДАНИЕ 6 따라하세요. Повторяйте

та-да-на, тэ-дэ-нэ, то-до-но, ту-ду-ну, нан, нон, нун, нын, дан, тон, нум, нот, ман, тын, нам, мна-дна, мно-дно, мну-дну, онт, унт, ант

ЗАДАНИЕ 7 다음 단어들을 읽어보세요. 이 단어들을 써 보세요.
Читайте слова. Запишите их.

дом 집	**до́ма** 집에	**тут** 여기	**там** 저기, 거기
э́то[1] 이것은	**она** 그녀	**он** 그	**мы** 우리

дома тут это
она мы

회화모델
«Это дом?», «Это дом». 억양유형 1, 3. 억양 중심의 이동
Речевые модели: «Это дом?», «Это дом».
ИК-1, ИК-3. Передвижение интонационного центра

억양중심과 억양유형
Интонационный центр и интонационная конструкция (ИК)

문장에서 목소리 톤이 올라가거나 내려가는 곳을 억양중심이라고 한다. 보통 억양중심은 더 중요한 의미를 갖는 단어(화자의 입장에서)의 역점을 갖는 음절이다. 문어체에서는 보다 더 중요한 의미의 단어는 문장의 마지막에 위치한다. 구어체에서 이러한 단어는 문장의 어느 곳에도 올 수 있다(러시아 문장에서 어순은 자유로운 편이다). 의문사가 없는 의문문에서 목소리 톤은 억양중심에서 강하게 올라간 후 바로 다음 음절에서 급격히 내려온다. 문장 안에서 이러한 목소리 톤의 변동을 억양유형 3 (ИК-3)이라고 한다.

평서문에서는 억양중심에서의 목소리 톤은 내려가고 문장의 끝까지 낮게 소리를 유지한다. 이러한 목소리 톤의 변동을 억양유형 1 (ИК-1)이라고 한다.

---

* 역점이 없는 소리[о]는 짧고 약한 [а]처럼 발음한다. Звук [о] в безударном положении произносится как краткое слабое [а].

Место в предложении, где тон голоса повышается или понижается, называется интонационным центром; обычно это ударный слог наиболее информативного слова (с точки зрения говорящего). В письменной речи наиболее информативное слово находится в конце предложения; в устной речи такое слово может быть в любой части предложения (в русском предложении свободный порядок слов).

В вопросительных предложениях без вопросительного слова тон голоса в интонационном центре резко повышается и на следующем слоге постцентровой части предложения резко понижается. Такое движение тона голоса в предложении называется ИК-3 (интонационной конструкцией № 3).

В повествовательном предложении тон голоса в интонационном центре понижается, голос продолжает звучать низко до конца предложения. Такое движение тона голоса называется ИК-1.

ЗАДАНИЕ 8 다음 문장들과 대화들을 따라하세요.
Повторяйте предложения и диалоги.

1.

1 Это дом. — 1 А[2] э́то ма́ма. — 1 Она́ до́ма.

이것은 집이다. — 그러나 이분은 엄마이다. 그녀는 집에 있다.

2.

- Это дом? — - Это ма́ма? — - Она́ до́ма?
- Да, э́то дом. — - Да, э́то ма́ма. — - Да, она́ до́ма.

3.

- Ма́ма до́ма? — - 엄마는 집에 있습니까?
- Да, до́ма. — - 예, 집에 있습니다.

4.

- Ма́ма до́ма? — - 엄마가 집에 있습니까?
- Да, ма́ма. — - 예, 엄마가 있습니다.

---

2) «А» - 대화의 연결, 추가, 주제의 전환 및 대조의 의미를 가지는 접속사이다. «А»–союз, имеющий значение присоединения, добавления, перехода к другому предмету разговора, сопоставления.

⇒ 경자음 [р]. 단어 마지막에 오는 자음의 무성음화
Твёрдый согласный звук [р].
Оглушение согласных на конце слова

ЗАДАНИЕ 9 들어보세요. Слушайте.

ра, рэ, ру, ро, ры, рат, рот, рыт, рам, а-ра, э-ра, о-ра, у-ра, ы-ра

Р р

ЗАДАНИЕ 10 따라하세요. Повторяйте.

тр-ра, тр-ро, трру, трры, нра, мра, дра, дро, дру, дры, а-ра, о-ро, у-ру, ы-ры, ра-рэ-ро-ру-ры, ар-эр-ор-ур-ыр, рат, рот, рыт, тур, мор, рта-рда, рма, нра, мра, дро, тру

ЗАДАНИЕ 11 다음 단어들과 표현들을 읽고 써보세요.
Прочитайте слова и выражения. Запишите их.

у́тро	아침	**март**	3월
Он рад.	그는 기쁘다.	**Мы ра́ды.**	우리는 기쁘다.
Она́ ра́да.	그녀는 기쁘다.		

Мы рады. Он рад. Она рада.
утро март

ЗАДАНИЕ 12 다음 질문들과 대답들을 읽어보세요.

Читайте вопросы и ответы.

- Он рад?
- Она́ ра́да?

- Да, он рад.
- Да, она ра́да.

무성음/유성음으로 쌍을 이루는 경자음 [к] / [г]
Твёрдые согласные звуки, парные по глухости /звонкости [к] / [г]

ЗАДАНИЕ 13 잘 듣고 따라하세요. Слушайте и повторяйте

у-гу, у-ку, о-го, о-ко, а-га, а-ка, ка-га, ку-гу, ко-го, ка-ко-ку-кэ, га-гэ-го-гу, как, так, кок, мок, гот, кот, гам, гум, кна-гна, кру-гру, нка, тку-дгу, кма, кта, рка

кот 고양이 - *год* [гот] 년, 해

К к Г г

ЗАДАНИЕ 14 다음 단어들을 따라하세요. 아래의 해당 그림에 써 넣으세요.
Повторяйте слова, сделайте подписи под рисунками.

уро́к	과, 수업	**го́род**	도시
ка́рта	지도	**ко́мната**	방
окно́	창문	**друг**	친구
год	년, 해	**подру́га**	여자친구
кот	고양이		

друг карта окно
комната урок

(   )

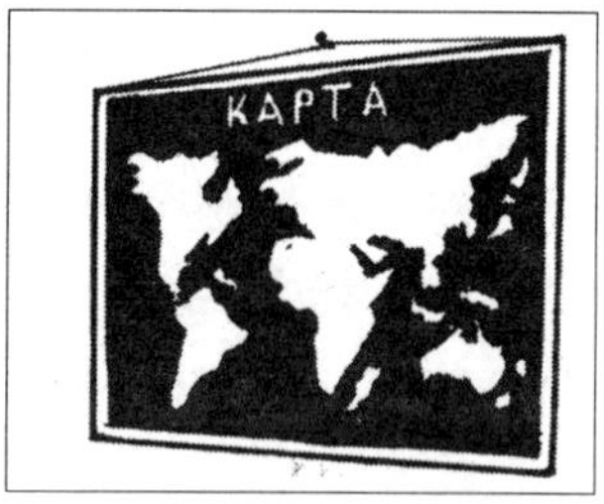

(   )

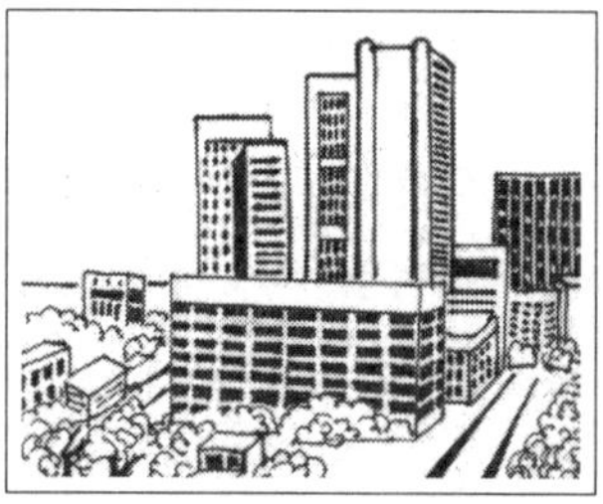

(   )

(   )

(   )

(   )

ЗАДАНИЕ 15 다음 단어 그룹들을 리듬모델에 따라 읽어보세요.
Читайте группы слов в соответствии с их ритмическими моделями.

ТА́	ТА́та	таТА́	ТА́тата
да	ма́ма	она́	ко́мната
там	до́ма	уро́к	
тут	э́то		
год	у́тро		
кот	ка́рта		
дом	го́род		
он	ра́да		
мы	ра́ды		
март			
друг			
рад			

ЗАДАНИЕ 16 다음 단어들을 발음규칙을 생각하면서 읽어보세요.
Читайте слова, припоминая правила чтения.

э́то, она́, окно́, у́тро, го́род, друг, рад, год

ЗАДАНИЕ 17 다음 음절들과 단어들을 읽고 필기체로 쓰세요.
Читайте и пишите письменными буквами слоги и слова.

ыт-ут, ма-та, ум-ым, га-да, до-ду, гу-до, мо-ту, ты-га, ду-ма,
то-мы, том, тут, там, март, да, утро, друг, урок, рады, мы

ЗАДАНИЕ 18 읽고 들으면서 [о]와 [у] 소리를 구별하세요.
Различайте звуки [о] и [у] при чтении и на слух.

му, ом, ут, ну, он, ур, рот, мур, дон, но

ЗАДАНИЕ 19 읽고 들으면서 무성/유성자음 [т]/[д]와 [к]/[г] 소리를 구별하세요.
Различайте глухие и звонкие согласные [т]/[д] и [к]/[г] при чтении и на слух.

та, ды, удо́, ата́, тра, дру, дам, том-дом, ка, го, ку,
ала́, ака́, куда́, гра, кро, гла, клу, кор, гол, кот-гот

ЗАДАНИЕ 20 억양에 주의하면서 문장들을 읽어보세요.
Читайте предложения, следите за интонацией.

1. Он рад.
2. Он рад?
3. Мы ра́ды.
4. Мы ра́ды?
5. Там ко́мната.
6. Тут ко́мната?

ЗАДАНИЕ 21 다음 대화들을 듣고 따라하세요.
Слушайте и повторяйте диалоги.

1.
- Тут уро́к?
- Да, тут уро́к.
- Ка́рта тут?
- Да, ка́рта тут.
- Окно́ там?
- Да, окно́ там.

2. - Это ко́мната?

- Да, э́то ко́мната.

- Там ма́ма?

- Да, там ма́ма.

3. - Это го́род?

- Да, э́то го́род.

- Там друг?

- Да, там друг.

- Он до́ма?

- Да, он до́ма.

단어 «ка́рта», «тут», «уро́к», «она», «подру́га», «дом»등을 사용하여 유사한 대화들을 만드세요. Составьте аналогичные диалоги, используя слова «карта», «тут», «уро́к», «она́», «подруга», «дом»и другие.

ЗАДАНИЕ 22

잘 듣고 따라하세요. Слушайте и повторяйте.

1.
- Тут ко́мната?
- Да, ко́мната.

2.
- Тут ко́мната?
- Да, тут.

단어 «тут», «окно́», «доска́», «там»으로 유사한 대화들을 만드세요.
Составьте аналогичные диалоги со словами «тут», «окно́», «доска́», «там».

ЗАДАНИЕ 23 게임. 다음 빈칸에 끝말잇기가 될 수 있도록 빠진 문자들을 써 넣으세요. 누가 제일 먼저 알아 맞추었나요? Игра. Впишите пропущенные буквы, чтобы получилась цепочка слов. Кто сделает это первым?

1) д _ _ г → г _ _ _ д → д _ м → м _ _ а
2) у _ _ к → к _ т → т _ м → м _ _ т → т _ т

기억력에 의존하여 이 과제를 반복하세요.
Воспроизведите эту цепочку слов по памяти.

ЗАДАНИЕ 24 게임. 다음은 글자들의 순서가 잘못 되어 있습니다. 낯익은 단어들이 될 수 있도록 글자 순서를 맞추어 보세요. 누가 먼저 알아 맞나요? Игра. Найдите правильную последовательность букв, чтобы получились знакомые слова. Кто догадается первым?

накомта, роту, ноко, тарка, укро

ЗАДАНИЕ 25 게임. 문자들이 여러분 앞에 있습니다. 만약 오른쪽에서 왼쪽으로 읽는다면 어떤 단어들이 됩니까? 그림으로 한번 표현해 보세요. Игра. Перед вами буквы. Они станут словами, если вы прочитаете их справа налево. Какие это слова? Попробуйте изобразить их значение с помощью рисунков.

гурд, онко, мод, орту, дорог, трам

ЗАДАНИЕ 26 쌍을 이룬 단어들 가운데 선생님께서 읽으신 단어를 표시하세요. В каждой паре слов отметьте слово, которое прочитал преподаватель.

ка́рта – ко́мната, го́род – уро́к, он – мы, там – тут,
э́то – она́, друг – до́ма, год – кот

ЗАДАНИЕ 27 쌍을 이룬 문장들 가운데 선생님께서 읽으신 문장을 표시하세요.
В каждой паре предложений отметьте предложение, которое прочитал преподаватель.

Она до́ма. - Это дом.	Это класс. - Тут ка́рта.
Она ра́да. - Он рад.	Это ма́ма. - Мы ра́ды.
Там уро́к. - Друг там.	Март. - Утро.

ЗАДАНИЕ 28 다음 아래에 제시된 단어들을 알파벳 순으로 배열하세요.
Приведённые ниже слова запишите в алфавитном порядке.

год, дом, там, у́тро, уро́к, ка́рта, март, го́род, рад, ко́мната, он, э́то, мы

회화연습
Поговорим

ЗАДАНИЕ 29 Анна와 그녀의 엄마 그리고 고양이 Маркиз에 대한 대화를 잘 들어 보세요. 누가 집에 있습니까? 역할을 바꿔 대화를 연습하세요.
Прослушайте диалог об Анне, её маме и коте Маркизе. Скажите, кто дома? Разыграйте диалог.

Здра́вствуй, ма́ма!

Анна: Здра́вствуй, ма́ма!
Мама: Здра́вствуй Анна!
Анна: Ты до́ма?
Мама: Да, до́ма.
Анна: А Марки́з до́ма?
Мама: И Марки́з до́ма.
Анна: Ура́! Марки́з до́ма! Я ра́да!
Мама: И я ра́да!

Это кот Марки́з.

УРОК 2

➾ 무성음/유성음으로 쌍을 이루는 경자음 [с] / [з]
Твёрдые согласные звуки, парные по глухости / звонкости [с] / [з]

ЗАДАНИЕ 1 잘 듣고 따라하세요. Слушайте и повторяйте.

а-са, а-за, са-за, за-са, о-зо, о-со, зо-со, со-зо, у-зу, у-су, зу-су, су-зу, зы-сы, сна-зна, ста-зда, сма-зма, ска-зга, сро-зро, здра-стра, скра-згра, анск, амск, арск, ас, эс, ус, ос, ыс, рос, нос, сор, сын, зам, сон, зонт, сам, зум, сыр, рост, сток, здам, куст, стук, зду

суп 수프 - *зуб* [зуп] 치아

С с З з

ЗАДАНИЕ 2 다음 단어들을 읽고, 그림 아래에 써 넣으세요.
Прочитайте слова, сделайте подписи под рисунками.

страна́	국가, 나라	**су́мка**	손가방
сын	아들	**зонт**	우산
доска́	칠판	**сыр**	치즈
расска́з	이야기	**сок**	주스

доска сумка
страна зонт

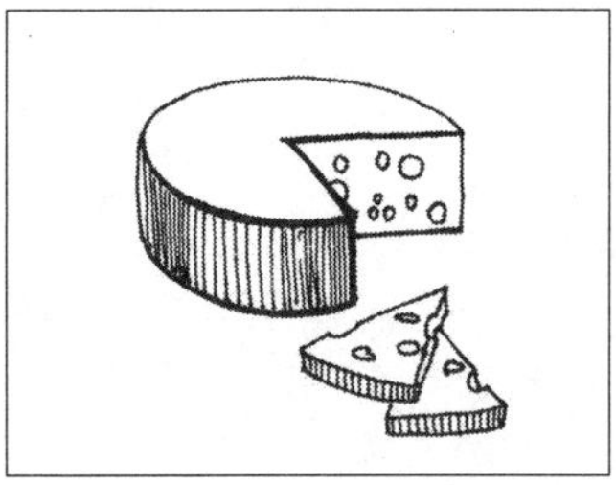

( ) ( ) ( )

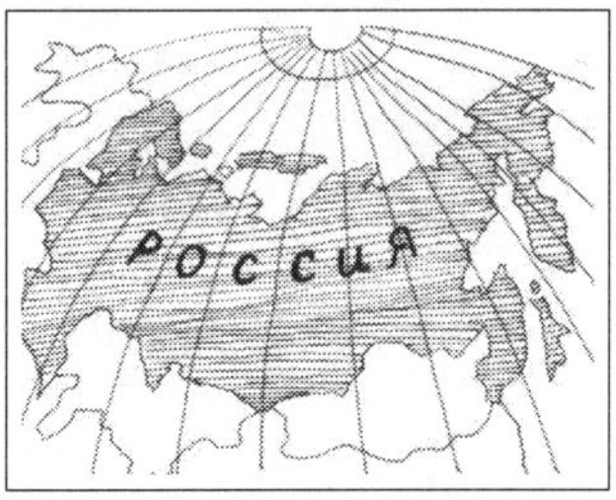

( ) ( ) ( )

⇒ 경자음 [л]
Твёрдый согласный звук [л]

ЗАДАНИЕ 3 들어보세요. Слушайте.

ла-лэ-лу-ло-лы, дла-тла, сла-зла, рла, кла-гла, ал-ул-ыл-эл-ол, олт, алк, ра-ла, ро-ло, ру-лу, ры-лы, рэ-лэ, ол-ор, ул-ур, ыл-ыр, ал-ар, эл-эр, лом쇠지렛대-ром럼주, дал주었다-дар선물, рак게-лак광택, 옻, ла́мпа전등-ра́мпа푸트라이트, рыл, лол

자음 [л]을 발음할 때의 특성
Особенности произношения согласного звука [л]

자음 [л] 발음 시 혀끝은 윗니에 밀착되지만 혀의 나머지 부분들은 뒤로 끌어당겨야 하며 이때 혀의 뒷부분은 위로 올려야 하고 혀의 중앙은 아래로 내려야 한다. 보다 더 쉽게 연습하기 위해서는 모음 [ы] 를 발음하면서 혀의 끝부분을 천천히 윗니의 잇몸쪽으로 옮기면 된다. 이때 유의할 점은 혀 중앙을 조금만 위로 들어 올리면 연음 [л']이 된다는 것이다 (연음 [л']에 대해선 урок 4를 참조). [л] 조음시 혀의 양쪽 끝을 아래로 내리되 치아들과는 닿지 않도록 한다. При произношении согласного звука [л] передняя часть языка зафиксирована у верхних зубов, но основная масса языка оттянута назад, задняя часть языка при этом должна быть приподнята, средняя – опущена. Чтобы добиться этого, рекомендуется произносить звук [ы] и медленно поднимать кончик языка к основанию верхних зубов. Следует иметь ввиду, что даже небольшой подъём средней части языка будет способствовать смягчению твёрдого [л] и приведёт к смешению с другим звуком - мягким [л'] (постановка и отработка мягкого согласного [л'] даётся в уроке 4). При артикуляции [л] края языка опущены и не касаются зубов.

ЗАДАНИЕ 4 따라하세요. Повторяйте.

ы-ыл, ы-лы-лы, у-лу-лу, о-ло-ло, у-ла-ла, гло-глу-глы-гла, о́лга-у́лга-ы́лга-а́лга, о́лка-у́лка-а́лка-э́лка, лу-ло-лэ-лы-ла, ул, ол, ал, эл, кла-гла, сла-зла, стол, стул, дал, лак, лыс, лом, толк, лом-ром, дал-дар, рак-лак, рыл, лор

ЗАДАНИЕ 5

다음 단어들을 읽고 쓰세요. 그림 아래에 단어들을 써 넣으세요.
Читайте и пишите слова, сделайте подписи под картинками.

стул	의자	**класс**	교실, 학급
стол	책상	**сала́т**	샐러드

стол стул класс

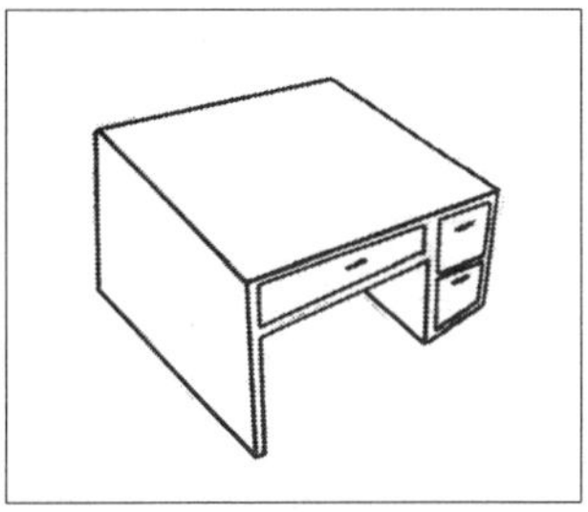
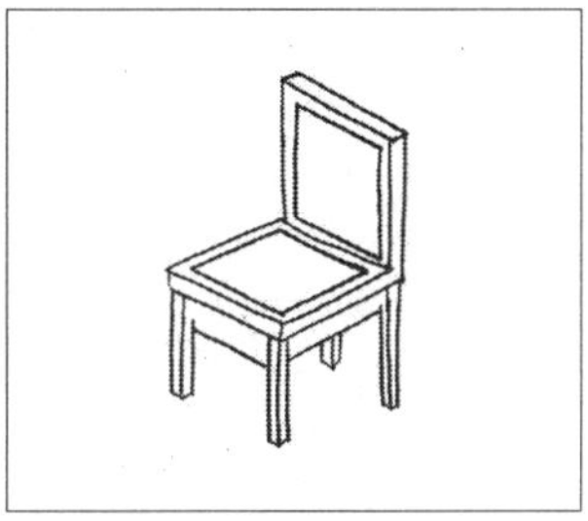

( ) ( ) ( )

ЗАДАНИЕ 6

다음 짧은 문장들을 따라하고 필기체로 다시 쓰세요.
Прочитайте микротекст; перепишите его, используя письменные буквы.

Это класс. Тут стол **и** стул.
Это доска́. А это ка́рта.

Это класс. Тут стол и стул.
Эт А это карта.о доска.

➾ 러시아어 문장의 어순. 문장의 의미적 부분의 구분
Порядок слов в русском предложении. Членение предложения на смысловые части

1) 러시아어 문장에서 단어의 어순은 상대적으로 자유스럽다. 그러나 이 때 문어체에서는 보다 더 중요한 의미를 가지는(화자의 관점에서) 단어를 문장의 마지막에 놓는다. 모든 문장성분이 문장의 마지막에 올 수 있다.

1) В русском предложении относительно свободный порядок слов, но при этом наиболее информативное слово (с точки зрения говорящего) в письменной речи обычно выносится в конец предложения. Этим словом может быть любой член предложения:

1. - Ма́ма **дома**? - 엄마가 집에 있습니까?
   - Да, **до́ма**. - 예, 집에 있습니다.

2. - До́ма **ма́ма**? - 집에 엄마가 있습니까?
   - Да, **ма́ма**. - 예, 엄마가 있습니다.

대화체에서는 보다 더 중요한 의미를 가지는 단어를 문장의 마지막에 놓지 않을 수 있다. 그 이유는 다른 억양 수단들로서 그 단어들을 구분할 수 있기 때문이다 -보다 중요한 의미를 가진 단어의 역점이 있는 음절이 억양의 중심이 된다.

В устной речи наиболее информативное слово может не выноситься в конец предложения, т. к. для его выделения существуют интонационные средства - ударный слог наиболее информативного слова становится центром интонационной конструкции:

1. - **Ма́ма** дома? - 엄마가 집에 있습니까?
   - Да, **ма́ма**. - 예, 엄마가 있습니다.

2. - **Тут** ка́рта? - 여기에 지도가 있습니까?
   - Да, **тут**. - 예, 여기에 있습니다.

2) 러시아어 문장은 보통 2개 혹은 그 이상의 억양유형(ИК)을 가지고 있다. 이 억양유형의 도움으로 러시아어 문장은 의미적 부분들로 나뉜다. 문장의 마지막 의미적 부분에서는 보통 문장과 사고의 마지막을 의미하는 억양유형 1(ИК-1)이 사용되고, 앞부분에서는 ИК-3이나 다른 유형이 사용된다.

2) Русские предолжения обычно содержат в себе 2 и более ИК(интоноцио-нных конструкций). С их помощью предложение делится на смысловые части. В последней смысловой части обычно используется ИК-1, обозначающая конец предложения, мысли. В предыдущих частях – ИК-3 и некоторых другие.

ЗАДАНИЕ 7 다음 문장들과 대화들을 억양에 유의하면서 읽어보세요.

Прочитайте предложения и диалоги, обращая внимание на интонацию.

1) Это доска́, / а э́то ка́рта.

2) Ма́ма тут, / а сын до́ма.

3) Тут стол, / а там стул.

4) - Это сала́т.

- Это сала́т ?

- Да, э́то.

5) - Это сыр.

- Это сыр?

- **Ой,** э́то сок.

ЗАДАНИЕ 8 다음 문장들과 대화들을 따라하세요. 자유로운 어순에 주의하면서, 억양유형의 도움으로 문장의 의미적 부분들이 구분되는 것에도 유의하세요. Повторяйте предложения и диалоги. Обратите внимание на свободный порядок слов в некоторых предложениях, а также на членение предложений с помощью ИК на смысловые части.

1. Тут ко́мната. Там окно́, / а тут ка́рта. (1, 3, 1)
2. Ко́мната, / ка́рта, / окно́ / тут.
3. Тут ко́мната, / ка́рта, / окно́.
4. Там стул, / стол / и доска́.
5. Стул, / стол / и доска́ / там.

6.

- Он до́ма?
- Да, он до́ма.
- Он рад?
- Да, он рад.

- Он до́ма?
- **Нет, не** он.
- Ма́ма до́ма?
- Да, ма́ма.

⇒ 억양유형 4 (ИК-4)
Интонационная конструкция № 4 (ИК-4)

ЗАДАНИЕ 9 억양에 유의하면서 다음 대화들을 따라하세요.
Повторяйте диалоги, обращая внимание на интонацию.

1.

- Стол тут?
- Да, **тут.**
- А стул?(= Стул тут?) (ик 4)
- И* стул **тут.**

2.

- Это доска́?
- Да, э́то **доска́.**
- А э́то?(= Это карта?) (ик 4)
- **А** э́то **ка́рта.**

---

* 접속사 «и»는 결합의 의미를 갖는다. 접속사 «а»는 경계의 이미를 갖고 있다. Союз «и» имеет значение присоединеия. Союз «а» имеет значение разграничения.

3.

- Он там?

- Да, **там.**

ик 4

- А она́?(= Она́ там?)

- **А** она́ **до́ма.**

«сыр», «сала́т», «зонт», «су́мка», «там», «тут», «э́то», «рад»와 다른 단어들로 유사한 대화를 만드세요 Составьте аналогичные диалоги со словами «сыр», «салат», «зонт», «сумка», «там», «тут», «это», «рад» и другими.

평서문에서의 ИК-3 와 ИК-4
ИК-3 и ИК-4 в повествовательных предложениях.

ИК-3은 문장의 어떤 부분들에서 정서적이고 회화적 색채를 부여하고, ИК-4는 중립적이거나 공식적인 느낌을 부여한다. 이 억양구조는 일상적인 대화에서는 상호 바꾸어 쓸 수 있다. ИК-3 в некоторых частях предложения вносит в речь эмоциональную, разговорную окраску. ИК-4 придает речи нейтральное или официальное звучание. Эти ИК в обычной речи взаимозаменяемы.

ЗАДАНИЕ 10 억양에 유의하면서 다음 문장들을 잘 들어보세요. 왼쪽에 주어진 문장들은 오른쪽에 주어진 문장들과 무엇이 다른가요? Прослушайте предложения, обращая внимание на интонацию. Чем отличаются предложения, данные слева, от предложений, данных справа?

1. Там окно́, / а тут ка́рта.	Там окно́, / а тут ка́рта.
2. Тут ка́рта, / доска́, / стол / и стул.	Тут ка́рта, / доска́, / стол, / и стул.
3. До́ма ма́ма / и сын.	До́ма ма́ма / и сын.

ЗАДАНИЕ 11 아래 문장들을 의미적 부분으로 나누세요. 각 부분에 억양중심과 목소리 톤의 변동을 선으로 표시하세요. 문장들을 읽어보세요. Данные предложения разделите на смысловые части. В каждой части обозначьте интонационные центры и движение тона голоса. Прочитайте предложения.

Это го́род. А э́то дом.
До́ма **ма́ма, па́па** и сын.
Это **стол**, а э́то стул.
Там **сыр, сок, су́мка** и зонт.

> ➾ 무성음/유성음으로 쌍을 이루는 [п] / [б], [ф] / [в].
> Твёрдые согласные звуки, парные по глухости / звонкости [п] / [б], [ф] / [в]

ЗАДАНИЕ 12 잘 듣고 따라하세요. Слушайте и повторяйте.

а-ба, а-па, ба-па, па-ба, о-бо, бо, о-по, по, пу-бу, бу-пу,
пы-бы, бы-пы, пра-бра, спра-збра, пла-бла, спа-зба,
спла-збла, пта-бда, пна-бна, пса-бза, пка-бга, рпа-рба,
кпа-гба, ап-эп-уп-оп-ып

пыл 격정, 불길 - *был* 있었다, *пар* 증기 - *бар* 술집, 바

Б б П п

ЗАДАНИЕ 13 다음 단어들을 읽고 쓰세요. 그림 아래에 단어들을 써 넣으세요.

Читайте и пишите слова, сделайте подписи под картинками.

па́па	아빠	**ла́мпа**	램프, 전등
рабо́та	직장	**ры́ба**	생선
спортза́л	실내 운동장	**суп**	국, 수프
парк	공원		

лампа рыба
работа суп

( )

( )

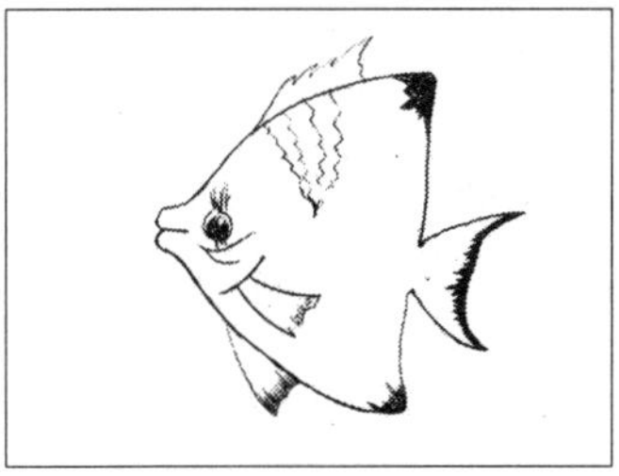

( )

( )

ЗАДАНИЕ 14 듣고 따라하세요. Слушайте и повторяйте.

фа, а-ва-ва, фа-ва, фо, о-во-во, фо-во, фы-вы, фу-ву, а-фа, у-фу, тва-два, вла-фла, ква-гва, фса-вза, фска-взга, аф-эф-уф-оф-ыф, фпа-фта-фка, вба, вда, вга

вот 바로 - *бот* 보트, *был* 있었다 - *выл* 짖다,
фон 배경 - *вон* 밖으로

Ф ф В в

ЗАДАНИЕ 15 다음 단어들을 읽고 쓰세요. 그림 아래에 단어들을 써 넣으세요.
Читайте и пишите слова, сделайте подписи под картинками.

Москвá	모스크바	**звук**	소리, 음향, 음성
автóбус	버스	**слóво**	단어
фотоаппарáт	사진기	**вопрóс**	문제, 질문
футбóл	축구	**фрýкты**	과일
завóд	공장	**зáвтрак**	아침식사
бýква	문자	**вот**	바로

Москва завод
завтрак слово
буква звук

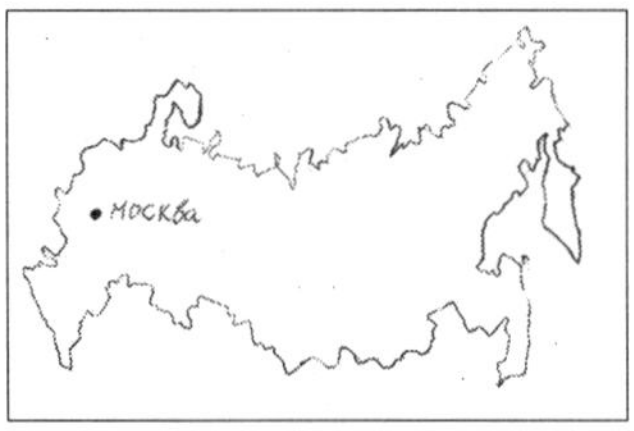

( ) ( ) ( )

Карта тут?

( ) ( ) ( )

ЗАДАНИЕ 16 다음 음절들과 단어들을 읽으세요. 필기체로 쓰세요.
Прочитайте слоги и слова. Напишите их письменными буквами.

до-го, ма-та, ду-гу, пы-ны, во-бо, фа-па, оп-ор, ун-уп, ат-ам, го-до, оп-уф, ол-ом, ал-ам, сок, да-за, зба-два, здан, звук, парк, бу́ква, рабо́та, ры́ба, тут, дом, авто́бус

ЗАДАНИЕ 17 다음 단어들을 리듬 모델에 따라 읽어보세요.
Читайте группы слов в соответствии с их ритмическими моделями.

ТА	**ТАта**	**таТА**	**таТАта**
сыр	сумка	доска	работа
зонт	лампа	страна	автобус
сын	рыба	Москва	
стол	фрукты	завод	
стул	завтрак	вопрос	
класс	буква	спортзал	
парк	слово	рассказ	
звук		футбол	
вот			

ЗАДАНИЕ 18 다음 단어들을 발음 규칙을 생각하면서 읽어보세요.
Читайте слова, припоминая правила чтения.

за́втрак, сло́во, Москва́, заво́д, авто́бус, вопро́с, спортза́л, фотоаппара́т, расска́з, футбо́л

ЗАДАНИЕ 19 다음 대화들을 따라 하세요. 대화들에 해당되는 그림들을 그려보세요.
Повторяйте диалоги. Нарисуйте к диалогам иллюстрации.

1. - Это ма́ма?
   - Да, э́то ма́ма.
   - Она́ до́ма?
   - Да, до́ма.
   - А па́па до́ма?
   - Да.
   - А сын?
   - И он до́ма.

2. - Это парк?
   - Да, э́то парк.
   - Там ма́ма?
   - Да, там ма́ма.
   - Сын там?
   - Да, сын там.
   - А па́па?
   - Па́па до́ма.

ЗАДАНИЕ 20 그림들을 잘 보고 다음 대화들을 읽어보세요. 대화들을 그림들과 상호연관 시켜보세요. Рассмотрите картинки. Прочитайте диалоги. Соотнесите диалоги с картинками.

1

2

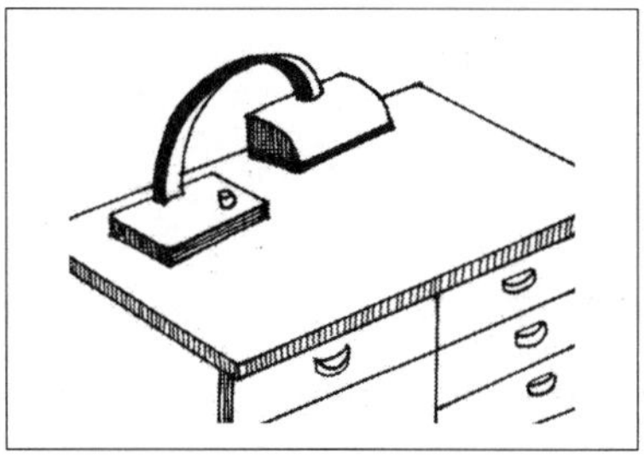

3.

4.

1. - Это класс?
   - Да, э́то класс.
   - Там доска́?
   - Да, там доска́.
   - Это сло́во «Москва́»?
   - Да, э́то сло́во «Москва́».
   - А э́то сло́во «авто́бус»?
   - Да, э́то сло́во «авто́бус».

2. - Это ко́мната?
   - Да, э́то ко́мната.
   - А э́то стол?
   - Да, э́то стол.
   - За́втрак там?
   - Да, там.
   - А фру́кты там?
   - Да, там.
   - А сыр?
   - И сыр там.
   - А сок?
   - И сок там.

3. - Это стол?
   - Да, э́то стол.
   - Тут ла́мпа?
   - Да, ла́мпа.

4. - Это заво́д?
   - Да, э́то заво́д.
   - Па́па там?
   - Да, па́па там.

ЗАДАНИЕ 21 다음 단어들을 주의 깊게 보고, 부족한 문자를 채우세요.
Смотрите слова внимательно, впишите в них недостающую букву.

_ ом, комна _ а, _ ород, _ оска, _ умка, _ ласс, _ ыр, _онт,
_ арк, _ ын, _ авод, _ рукты, _ вук, _ уква, _ автрак, с _ п,
с _ к, _ опрос

ЗАДАНИЕ 22 다음 단어들을 주의 깊게 보고, 빠진 문자 «р» 또는 «л»을 넣으세요. Смотрите слова внимательно. Вставьте пропущенные буквы «р» или «л».

ка _ та, _ ампа, ма _ т, го _ од, сту_ , _ ыба, _ ады,
с _ ово, _ абота, сто _ , ф _ укты, спо _ тза _ ,
фотоаппа _ ат, _ ассказ

ЗАДАНИЕ 23 다음 단어들을 주의 깊게 보고, 빠진 문자 «п» 또는 «ф», «б» 혹은 «в»를 넣으세요. Смотрите слова внимательно. Вставьте в них пропущенные буквы «п» или «ф», «б» или «в».

_ арк, _ ук _ а, з _ ук, _ о _ рос, ра _ ота, а _ то _ ус, ры _ а,
_ рукты, лам _ а, за _ трак, за _ од, _ от

ЗАДАНИЕ 24 게임. 낱말이 이어질 수 있도록 빠진 문자들을 써 넣으세요. 누가 먼저 할까요? Игра. Впишите пропущенные буквы, чтобы получилась цепочка слов. Кто сделает это первым?

з _ в _ д → д _ м → М _ ск _ а → авт _ б _ с → с _ ол → л _ _ па
→ па _ к → к _ а _ с → с _ р → раб _ _ а

기억력에 의존하여 위 과제를 반복하세요.
Воспроизведите эту цепочку слов по памяти.

ЗАДАНИЕ 25 게임. «стол»과 «сын»에서 한 문자만을 바꾸세요. 그럼 여러분에게 익숙한 단어들이 될 것입니다. 어떤 단어들이죠? Игра. В словах «стол» и «сын» замените только по одной букве. У вас получатся другие знакомые слова. Какие?

ЗАДАНИЕ 26 게임. 세로로 빈 칸마다 그림들에 해당되는 글자를 넣으세요. 만약 빈 칸에 알맞은 글자를 넣었다면 여러분은 러시아의 유명한 여가수의 이름을 읽을 수 있습니다. Игра. В клетки по вертикали впишите названия нарисованных предметов (в каждой клетке по одной букве). Если вы сделаете это правильно, по горизонтали вы прочитаете имя популярной российской певицы.

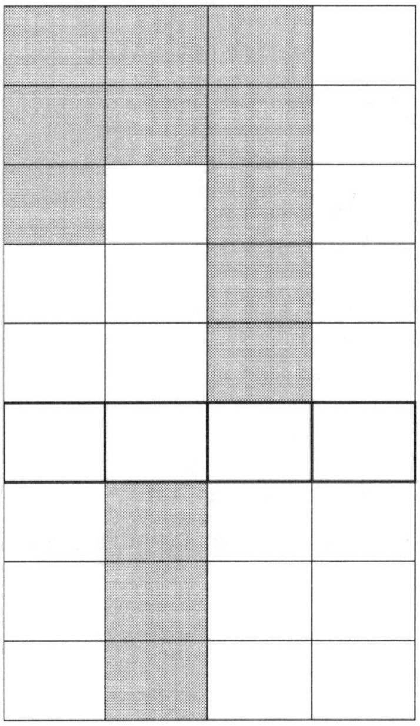

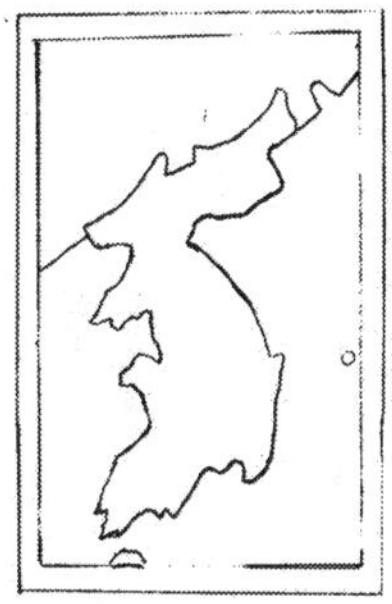

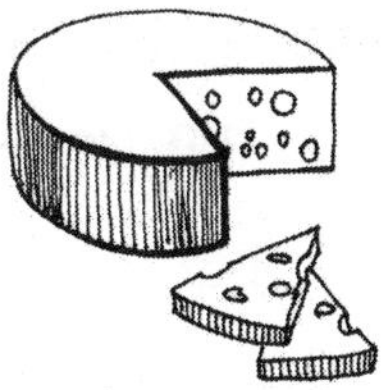

ЗАДАНИЕ 27 다음 대화들을 읽어보세요. 각 구절에서 목소리 톤의 변동을 선으로 표시하세요. 단어 «фотоаппара́т», «заво́д», «тут»를 이용해 유사한 대화들을 만들고 읽어보세요. Прочитайте диалоги. В каждой фразе обозначьте движение тона голоса. Напишите аналогичные диалоги со словами «фотоаппарат», «завод», «тут» и прочитайте их.

- Это ры́ба?
- Да, э́то.

- Это ры́ба?
- Да, ры́ба.

ЗАДАНИЕ 28 다음 대화들을 읽어보세요. 문자 «б», «в», «п», «ф»를 이용해 유사한 대화들을 만드세요. Читайте диалоги. Составьте аналогичные диалоги, используя в них буквы «б», «в», «п», «ф».

1. Л

- Это бу́ква «л» («эл»)?
- Да, бу́ква «л».

- А э́то? Р
- А э́то бу́ква «р» («эр»).

2. З

- Это бу́ква «з» («зэ»)?
- Да, бу́ква «з».

- А э́то? С
- А э́то бу́ква «с» («эс»).

1

ЗАДАНИЕ 29 억양 구분에 유의하면서 다음 문장들을 읽어보세요. Прочитайте предложения, обращая внимание на их интонационное членение.

1. Это бу́ква, / а э́то сло́во.
2. Вот за́втрак. / Тут фру́кты, / сыр / и сок.
3. Вот авто́бус. Там па́па, / ма́ма / и сын.

ЗАДАНИЕ 30 주어진 문장들을 의미적 부분으로 나누세요. 각 부분에 억양의 중심과 목소리 톤의 변동을 선으로 표시하세요. 문장들을 읽어보세요. Данные предложения разделите на смысловые части. В каждой части обозначьте интонационные центры и движение тона голоса. Прочитайте предложения.

1. Это сло́во **«парк»**, а э́то сло́во «расска́з».

2. Вот стол. Там **фотоаппара́т, ла́мпа, зонт,** су́мка.

ЗАДАНИЕ 31 아래 주어진 대화 문장에서 목소리 톤의 변동을 선으로 표시하세요. 대화를 소리내어 읽어보세요. Обозначьте движение тона голоса в предложениях диалога, приведенного ниже. Прочитайте диалог в слух.

- Это спортза́л?
- Да, спортза́л.
- Анна там?
- Да. Там Анна, ма́ма и кот Марки́з.
- А па́па?
- Па́па до́ма.

ЗАДАНИЕ 32 다음 그림들에 대하여 작문하세요. Опишите картинки.

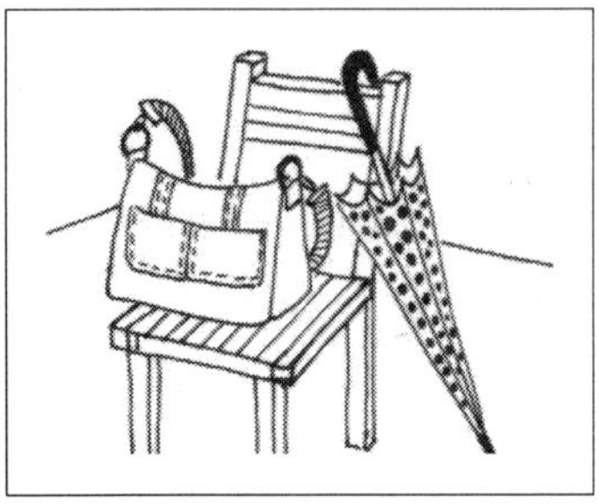

ЗАДАНИЕ 33 다음 단어들을 알파벳 순으로 배열하세요.
Расположите по алфавиту данные слова.

фотоаппара́т, зонт, звук, сло́во, бу́ква, за́втрак, страна́, рабо́та, вопро́с, сок, спортза́л, расска́з

회화연습
Поговорим

ЗАДАНИЕ 34 텍스트를 잘 듣고 본문에 제목을 주세요.
Прослушайте текст. Дайте ему название.

(   )

Это класс. Вот окно́. А э́то стол и стул. Там су́мка.
Вот доска́. Там сло́во «Москва́». Это бу́ква «б», а э́то бу́ква «в».
А э́то сло́во «фотоаппара́т».
Вот ка́рта. Тут страна́ **Росси́я.**

위에 나온 텍스트의 내용과 연관성 있는 다음 문장들을 읽고, 정확한 주장에 대해서는 «да», 틀린 주장에 대해서는 «нет»이라고 말하세요. Прочитайте утверждения, касающиеся содержания текста, приведенного выше. После правильных утверждений говорите «да», неправильных – «нет».

1. Это дом.
2. Там стол и стул.
3. Там зонт.
4. Вот доска́.
5. Там сло́во «рабо́та».
6. Там бу́ква «п» и бу́ква «ф».
7. Вот ка́рта.
8. Это страна́ Росси́я.

ЗАДАНИЕ 35 텍스트를 잘 듣고 본문에 제목을 주세요.
Прослушайте текст. Дайте ему название.

(   )

Утро. Вот стол. Тут за́втрак: сок, сыр, **ко́фе**, фру́кты. А это стул. Тут су́мка и зонт. Ско́ро уро́к.

다음 문장들을 읽어보세요. 위에서 들었던 본문에 따라 틀린 것들을 고치세요. Прочитайте утверждения. Исправьте фактические ошибки в соответствии с содержанием прослушанного текста.

1. Утро. Вот за́втрак
2. Вот стол. Там су́мка и зонт.
3. Там суп, ры́ба, сала́т.
4. Ско́ро уро́к.

노래듣기
Слушаем песню

ЗАДАНИЕ 35 알수의 노래 «Весна́» 를 들어보세요.
Слушайте песню «Весна» Алсу.

Весна́

Алсу

Ста́рая-ста́рая ска́зка
Ночь так длинна́, в не́бе луна́
Са́мая гла́вная та́йна
Есть у меня́ одна́
Си́нее-си́нее мо́ре
А над волно́й свет неземно́й
Мо́жет, узна́ю я ско́ро
Что э́то вдруг со мной

Улете́ли бе́лые мете́ли
Почему́ же мне но́чью не до сна́
Мы с тобо́й знако́мы две неде́ли
Что же ты со мной делаешь весна́
Что же ты...

Чи́стое-чи́стое не́бо
Со́лнце в рука́х, льётся река́
Всё расскажу́ я тебе́
Но вот то́лько не зна́ю как

Ти́хая пе́сня случа́йно
Бу́дет слышна́ во́зле окна́
Са́мая гла́вная та́йна
Есть у меня́ одна́

Улете́ли бе́лые мете́ли
Почему́ же мне но́чью не до сна́

Мы с тобо́й знако́мы две неде́ли
Что же ты со мной делаешь весна́

Улете́ли бе́лые мете́ли
Почему́ же мне но́чью не до сна́
Мы с тобо́й знако́мы две неде́ли
Что же ты со мной делаешь весна́

Улете́ли бе́лые мете́ли
Почему́ же мне но́чью не до сна́
Мы с тобо́й знако́мы две неде́ли
Что же ты со мной делаешь весна́
Что же ты...

번역: 봄*

오래고 오래된 이야기가 (이어지면서)
밤은 깊어만 가고, 하늘엔 달이 떠있네요.
혼자만의 가장 소중한 비밀을
나는 간직하고 있답니다.

푸르고 푸르른 바다
파도 위엔 천상의 빛이 비치네요.
갑자기 이 빛이 나에게 보여진 이유를
나는 곧 알게될지 몰라요.

천지를 뒤 덮은 흰 눈보라가 지나갔어요.
밤이 깊도록 왜 나는 잠이 들 수 없나요.
나와 너는 (겨우) 두 주간 사귀어 왔는데,
봄아 넌 나한테 무슨 짓을 하고 있는거니.
무슨 짓을... 맑고 맑은 하늘이 열려져
태양은 두 손안에 있고, 강은 힘차게 흐르고 있어요.
모든 것을 당신에게 이야기 할 거예요.
하지만 단지 어떻게 할지 모르겠어요.

* 이 번역은 저자들이 원문의 문법적 문맥을 감안하여 작성한 것임.

창문 가까이 잔잔한 노랫소리가
우연인 듯 나에게 들려올 거예요.
혼자만의 가장 소중한 비밀을
나는 간직하고 있답니다.

천지를 뒤 덮은 흰 눈보라가 지나갔어요.
밤이 깊도록 왜 나는 잠이 들 수 없나요.
나는 너와 두 주간 사귀어 왔는데,
봄아 넌 나한테 무슨 짓을 하고 있니.

모스크바의 «성 바실리 성당»

УРОК 3

→ 모음 [и].
단어의 처음이나 모음 뒤 그리고 모음 사이에 오는 자음 [й].
문자 «я», «е», «ё», «ю». 역점이 없는 음절에서 문자 «я»와 «е»읽기
Гласный звук [и]. Согласный звук [й] в начале слова, после гласных и между гласными. Буквы «я», «е», «ё», «ю». Чтение букв «я» и «е» в безударных слогах

ЗАДАНИЕ 1 잘 듣고 따라하세요. Слушайте и повторяйте.

и-и, ы-и, э-и, а-и, о-и, у-и, йа, йэ, йо, йу, ай, эй, ой, уй

ЗАДАНИЕ 2 읽고 쓰세요. Читайте и пишите.

Ии Йй Яя Ее Ёё Юю

Ии Йй Яя Ее Ёё Юю

ЗАДАНИЕ 3 다음 단어들, 단어결합들과 문장들을 따라 하고 쓰세요.
Повторяйте слова, и словосочетания и предложения. Запишите их.

я	나는	**мой роднóй гóрод**	나의 고향도시
я́блоко	사과	**моя́ странá**	나의 나라
столóвая	(구내)식당	**моё окнó**	나의 창문
игрá	경기, 연주, 놀이	**Дóброе ýтро!**	좋은 아침입니다!
Ю́ра	유라<인명>	**Я рад.**	나는<남> 기쁘다.
Байкáл	바이칼<호수명>	**Я рáда.**	나는<여> 기쁘다.
роднóй язы́к*	모국어	**инострáнный язы́к**	외국어

игра яблоко моя столовая
Байкал мой язык

Озеро Байкал 이르쿠츠크 바이칼 호수
http://tambov.fio.ru/vjpusk/vjp008/rabot/06/baykal.jpg

* 문자 «я»는 단어 어간의 역점이 없는 음절에서는 [и]로 발음된다. Буква «я» в безударном слоге в корне слова читается как [и].

ЗАДАНИЕ 4 다음 단어 그룹들을 리듬 모델에 따라 읽어보세요.
Читайте группы слов в соответствии с их ритмическими моделями.

ТА	ТАта	таТА	ТАтата	таТАтата	татаТАта
я	Юра	моё	доброе	столовая	иностранный
мой		моя	яблоко		
		Байкал			
		родной			
		язык			
		страна			
		игра			

ЗАДАНИЕ 5 다음 단어들을 발음 규칙에 따라 읽어보세요.
Читайте данные слова в соответствии с правилами чтения.

мой, моя́, моё, родно́й, язы́к, столо́вая, до́брое, у́тро, я́блоко, понима́ет, иностра́нный

명사의 성. 소유대명사 «мой», «твой», «его́», «её»
Род существительных. Притяжательные местоимения «мой», «твой», «его́», «её»

ЗАДАНИЕ 6 다음 표에 있는 단어들을 읽어보세요. Читайте слова в таблице.

он [남성]		**она́ [여성]**		**оно́ [중성]**	
мой	па́па дом го́род	**моя́**	ма́ма ко́мната ка́рта	**моё**	окно́ я́блоко

	стол стул класс расска́з сок		ры́ба игра́		

ЗАДАНИЕ 7 다음 빈 칸에 단어 «мой», «моя», «моё»를 넣으세요.
Вставьте слова «мой», «моя», «моё».

______ я́блоко	______ ко́мната	______ класс
______ зонт	______ ка́рта	______ ма́ма
______ ла́мпа	______ страна́	______ за́втрак
______ окно́	______ суп	______ дом
______ па́па	______ сын	______ рабо́та
______ го́род	______ стол	______ сок

ЗАДАНИЕ 8 다음 표를 읽어보세요. Читайте таблицу.

я ты он (Юра) она́ (Анна)	мой дом твой родно́й го́род его́ [йиво́] родно́й язы́к её [йийо́] расска́з	моя́ ко́мната твоя́ страна́ его́ рабо́та её сын	моё окно́ твоё я́блоко его́ я́блоко её окно́

ЗАДАНИЕ 9 억양에 유의하면서 대화들을 읽어보세요.
Читайте диалоги, обращая внимание на интонацию.

1. - Это её су́мка?
   - Нет, моя́.

2. - Это его́ стол?
   - Нет, её.

3. - Это твоя́ ко́мната?
 - Да, моя́.

4. - Это твой дом?
 - Да, мой.

5. - Твой родно́й го́род Москва́?
 - Нет, Ирку́тск. А твой?
 - Мой родно́й го́род - Сеу́л.

➾ 연자음 [т'] / [д'], [н']. 자음의 연음 표시. 역점이 없는 문자 «е»읽기
Мягкие согласные звуки [т'] / [д'], [н']. Обозначение мягкости согласных. Чтение буквы «е» в безударном положении

ЗАДАНИЕ 10 들어보세요. Слушайте.

ат-ят-five-ать, эт-ет-еть-эть, ут-ют-ють-уть, ыт-ит-ить-ыть, ан-ян-янь-ань, эн-ен-ень-энь, он-ён-ёнь-онь, та-тя, тэ-те, то-тё, ту-тю, ты-ти, да-дя, дэ-де, до-дё, ду-дю, ды-ди, тя-дя, ти-ди, на-ня, нэ-не, но-нё, ну-ню, ны-ни, нос-нёс,

нить 실 - *ныть* 쑤시다, *тень* 그늘 - *день* 낮

ь ь

ЗАДАНИЕ 11 따라하세요. Повторяйте.

ити́-ти, ты-ти, ти-ты, итя́-тя, та-тя, тя-та, итё-тё, то-тё, тё-то, итю́-тю, ту-тю, тю-ту, иди́-ди, ды-ди, ди-ды, идя́-дя, дя-да, идё-дё, до-дё, дё-до, идю́-дю, ду-дю, ини́-ни, ни-ны, ине́-не, не-нэ, иня́-ня, на-ня, ня-на, инё-нё, нё-но, но-нё, иню́-ню, ню-ну, тя-те-тё-ти, дя-де-дё-дю-ди, ня-не-нё-ню-ни, ыт-ит, ыть-ить, ын-ин, инь-ынь, де́ти, э́ти, день, конь, нет, нить, дать, дет, дня, дней, вде, фтё, бдя, дя́дя, тётя, нос-нёс, нить-ныть, тень-день

ЗАДАНИЕ 12 다음 단어들을 따라하고 써 보세요. Повторяйте и пишите слова.

день	낮, 오후
тетра́дь*	공책
кни́га	책
дикта́нт	받아쓰기
диало́г	대화
текст	본문, 텍스트
зада́ние	과제
студе́нт	남자 대학생
студе́нтка	여자 대학생
карти́на	그림
карти́нка	그림(삽화)
стадио́н	운동장
нет	아니오
не	[부정소사]
оди́н	1
два	2
сего́дня	오늘
Здра́вствуйте!	안녕하세요!
поня́тно	명백하다
не поня́тно	명백하지 않다
понима́ю	나는 이해한다
понима́ет	그(그녀)는 이해한다
понима́ете	당신은 이해한다

день нет диалог

книга студент

тетрадь понятно

* 문자 «е»는 역점 없는 음절에서는 보통 [и]로 읽힌다. Буква «е» в безударном слоге обычно читается как [и].

ЗАДАНИЕ 13

다음 그림들을 보고 그림 아래에 해당 단어를 써 넣으세요.

Рассмотрите рисунки и сделайте к ним подписи.

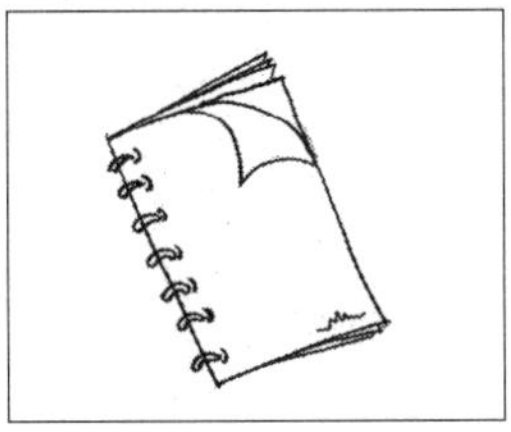

(   )

(   )

(   )

(   )

(   )

(   )

1

(   )

2

(   )

ЗАДАНИЕ 14

다음 단어 그룹들을 리듬 모델에 따라 읽어보세요.

Читайте группы слов в соответствии с ритмическими моделями.

ТА	**ТАта**	**таТА**	**ТАтата**	**таТАта**	**татаТА**
нет	кни́га	дикта́нт	здра́вствуйте	поня́тно	диало́г
день		студе́нт		студе́нтка	стадио́н
текст		тетра́дь		карти́нка	
				сего́дня	

татаТАта	**татаТАтата**
понима́ю	понима́ете
понима́ет	

ЗАДАНИЕ 15 다음 단어들을 발음 규칙에 따라 읽어보세요.
Читайте слова в соответствии с правилами чтения.

поня́тно, не поня́тно, понима́ете, тетра́дь, диало́г, здра́вствуйте, сего́дня

ЗАДАНИЕ 16 다음 표에 있는 단어들을 읽어보세요. Читайте таблицу.

он	она́	оно́
текст день студе́нт дикта́нт диало́г стадио́н	кни́га студе́нтка карти́нка тетра́дь	зада́ние у́тро

ЗАДАНИЕ 17 억양에 유의하면서 대화들을 읽어보세요.
Читайте диалоги, обращая внимание на интонацию.

1. - Это зада́ние оди́н?
   - Нет, э́то зада́ние 2.

2. - Это твоя́ кни́га?
   - Да, моя́.
   - А тетра́дь?
   - И тетра́дь моя́.

3. - Твой друг – Юра?
   - Да, Юра.

4. - Вы понима́ете сло́во «сего́дня»?
   - Да, я понима́ю: "오늘"
   - А сло́во «дикта́нт»?
   - Нет, не понима́ю.

ЗАДАНИЕ 18 다음 대화들을 읽어보세요. 단어 «кни́га»-«тетра́дь», «стадио́н»-«парк»를 이용해 유사한 대화들을 만드세요. Читайте диалоги. Составьте аналогичные диалоги, используя слова: «книга»-«тетрадь», «стадион»-«парк».

- Это диало́г?
- Нет, э́то не диало́г. Это расска́з.

- Это класс?
- Нет, э́то не класс. Это столо́вая.

- Там я́блоко?
- Нет, там не я́блоко. Там сок.

- Это карти́нка?
- Нет, э́то не карти́нка. Это ка́рта.

- Это студе́нтка?
- Это не студе́нтка. Это студе́нт.

- Это у́тро?
- Это не у́тро. Это день.

- Это Юра?
- Нет, э́то не Юра. Это Ди́ма.

- Тут Байка́л?
- Нет, тут не Байка́л. Тут Во́лга.

ЗАДАНИЕ 19 아래 빈칸에 빠진 글자들을 넣으세요. 이 단어들을 읽어보세요.
Вставьте в слова пропущенные буквы, прочитайте эти слова.

_ айк _ л, род _ ой го _од, _одной яз _ к, по _ ятн _ ,
диа _ ог, т _ кс _, д _ бр _ е ут _ о, я _ лок _ , з _ нт,
ст _ ди _ н, з _ д _ ние, ино _ транны _, о _ ин, дв _ ,
сп _ рт _ ал, пони _ аю, _ онимае _

ЗАДАНИЕ 20 다음 쌍을 이룬 단어들 가운데 선생님이 읽은 단어(혹은 단어결합)를 표시하세요. В каждой паре слов отметьте слово (или словосочетание), которое прочитал преподаватель.

родно́й го́род - родно́й язы́к
поня́тно - не поня́тно
моя́ страна́ - моя́ столо́вая
суп - сок
два - дом
расска́з - спортза́л
иностра́нный студе́нт - родна́я страна́
Он понима́ет - вы понима́ете
мой день - мой зонт
диало́г – стадио́н
зада́ние – поня́тно
вопро́с – рабо́та
оди́н – день
твой друг - твоя́ подру́га

→ 무성음/유성음으로 쌍을 이루는 연자음 [к'] / [г'].
Мягкие согласные звуки, парные по глухости / звонкости [к'] / [г']

ЗАДАНИЕ 21 들어보세요. Слушайте.

ка-ки, и-ки, и-ка, а-ки, ки-ке, и-ке, ка-ко-ку-ки-ке, ка-ки-ке, га-ги-ге, ки-ги, ке-ге, гон-ген

кит 고래 – *гид* [г'ит] 안내자

ЗАДАНИЕ 22 따라하세요. Повторяйте.

и-ги-ги, га-ги, и-ки-ки, ка-ки, и-ге-ге, гэ-ге, и-ке-ке, кэ-ке, ки-ги, ке-ге, кит-гит, гон-ген

ЗАДАНИЕ 23 다음 단어들을 따라하세요. 이 단어들을 써 보세요.
Повторяйте слова. Запишите их.

кино́	영화	**Достое́вский**	도스또예프스끼
кинотеа́тр	극장	**ру́сский язы́к**	러시아어
гита́ра	기타	**по-ру́сски**	러시아어로

кино, Достоевский, кинотеатр,
русский язык, гитара, по-русски

ЗАДАНИЕ 24 다음 어결합들과 문장들을 따라하세요. 문장에서 억양의 중심들을 가리키세요. Повторяйте словосочетания и предложения. В предложениях укажите интонационные центры.

ру́сский звук, ру́сская бу́ква, ру́сское сло́во,
мой ру́сский друг, моя́ ру́сская подру́га

Это ру́сский го́род.
Это ру́сская бу́ква «в».
Мой родно́й язы́к – /ру́сский.

Сло́во "식당" /по-ру́сски «столо́вая».

Сло́во "쌀" и сло́во "밥" /по-русски «рис».

Моя́ гита́ра /до́ма.

Тут кинотеа́тр, /а там парк.

연자음 [л'] 과 [р']
Мягкие согласные звуки [л'] и [р']

ЗАДАНИЕ 25 따라하세요. Повторяйте.

ла-ля, лэ-ле, ло-лё, лу-лю, лы-ли, ала́-аля́-ляля́, улу́-улю́-люлю́, ыли́-илы́-или́-лили́, лал-лаль, боль, лён, лень, для, льва, льна, па́льма, пальто́, альбо́м, атле́т

по́лка 선반 – *по́лька* 폴란드 여자, *га́лка* 갈까마귀 – *га́лька* 조약돌,

стал 되었다 – *сталь* 강철, *дал* 주었다 – *даль* 먼 지방,

у́гол 모퉁이, 모서리 – *у́голь* 석탄

연음 [л']의 발음 Произношение мягкого звука [л']

연자음 [л'] 발음시는 경자음 [л] 발음을 할 때의 기본적인 특성이 유지된다(2과 과제 3참조). 그러나 혀의 중간 부분은 아래로 내려지는 것이 아니라 위로 올려져야 한다. 또한 혀 앞부분이 위 입천정과 접촉하는 면적을 현저히 많게 해야 한다. 혀의 양쪽 끝을 윗 송곳니들에 대야한다. При произношении мягкого [л'] основные черты произношения твёрдого [л] сохраняются. Однако, средняя часть языка не опущена, а приподнята. Необходимо также значительно увеличить площадь контакта передней части языка с верхним нёбом. Края языка касаются верхних боковых зубов.

ЗАДАНИЕ 26 따라하세요. Повторяйте.

ы-ылá-и-иля́, ла-ля-ля-ла, ы-ылэ́-и-иле́, лэ-ле, ы-ылó-и-илё, ло-лё, ы-ылу́-и-илю́, лу-лю, ы-ылы́-и-или́, лы-ли, бле, пля, влю, пли, бли, фли, лал-лаль, дал-даль, стал-сталь, у́гол-у́голь, боль, соль, лён, лень, для, льва, льна, пáльма, гáлька, пальтó, альбóм, атлéт, пóлка-пóлька

ЗАДАНИЕ 27 다음 단어들을 따라하세요. 이 단어들을 써 보세요.

Повторяйте слова. Запишите их.

футболи́ст	축구선수	**плюс**	플러스
англи́йский язы́к	영어	**слéва**	왼쪽에
по-англи́йски	영어로	**спрáва**	오른쪽에

ЗАДАНИЕ 28 다음 단어 그룹들을 리듬 모델에 따라 읽어보세요.

Читайте группы слов в соответствии с их ритмическими моделями.

ТА́	**ТА́та**	**таТА́**	**таТА́та**	**татаТА́**
плюс	слéва	кинó	гитáра	футболи́ст
	спрáва	теáтр	по-ру́сски	
	ру́сский	игрá	англи́йский	

ЗАДАНИЕ 29 다음 단어들로 표를 채우세요: «кино́», «гита́ра», «доска́», «мо́ре», «ла́мпа», «окно́», «кинотеа́тр», «футболи́ст», «плюс». Заполните таблицу словами «кино», «гитара», «доска», «море», «лампа», «окно», «кинотеатр», «футболист», «плюс».

он	она́	оно́

ЗАДАНИЕ 30 다음 어결합들과 문장들을 따라하세요. 문장에 억양의 중심들과 유형들을 선으로 표시하세요. Повторяйте словосочетания и предложения. В предложениях обозначьте центры и типы ИК.

англи́йский горо́д, англи́йская бу́ква, англи́йское сло́во

Её родно́й язы́к – /ру́сский.

Его́ родно́й язы́к – /англи́йский.

Ру́сское сло́во «плюс» /по-англи́йски “plus”.

Ру́сское сло́во «футболи́ст», /по-англи́йски “footballer”.

Кни́га сле́ва, /а тетра́дь спра́ва.

Сле́ва Юра, /а спра́ва Анна.

Юра /футболи́ст.

Тут парк /и кинотеа́тр.

Мой друг – /иностра́нный студе́нт.

ЗАДАНИЕ 31 억양에 유의하면서 다음 대화를 읽어보세요. «окно́», «доска́», «карти́на», «кинотеа́тр», «стадио́н»과 다른 단어들을 이용해 유사한 대화를 만드세요. Прочитайте диалог, обращая внимание на интонацию. Составьте аналогичные диалоги со словами «окно», «доска», «картина», «кинотеатр», «стадион» и другими.

- Книга сле́ва? (3)
- Да, сле́ва. (1)
- А тетра́дь?
- И тетра́дь сле́ва. (1)
- А ка́рта? (4)
- А ка́рта спра́ва. (1)

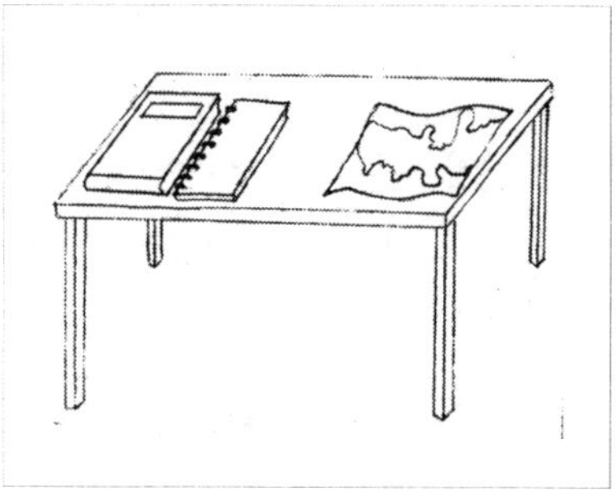

ЗАДАНИЕ 32 다음 단어들과 어결합들에 빠진 문자들을 써 넣으세요.
Вставьте в слова и словосочетания пропущенные буквы.

пл _ с, _ нгл _ йск _ й, яз _ к, гитар _, кин _, ф _ т _ олист,
р _ сски _, ан _ лий _ к _ е слов _

ЗАДАНИЕ 33 따라하세요. Повторяйте.

ра-ря, рэ-ре, ро-рё, ру-рю, ры-ри, ря-ре-рё-рю-ри, рар-рарь,
три, рят, рис, ри-ли, ля-ря, ар-арь-аль, ур-урь-ул-уль

крик 외치는 소리 – *клик* 함성 – *клык* 아래 송곳니

ЗАДАНИЕ 34 따라하세요. Повторяйте.

ири́-ри, ры-ри, ире́-ре, рэ-ре, ирё-рё, ро-рё, ирю́-рю, ру-рю, ри-ря-рё-ре-рю, рар-рарь, бурь, рек, прям, ри-ли, ля-ря, рил-лил, рёл, ляр, рель, руль, прял, рельс, роль, крик-клик-клык

ЗАДАНИЕ 35 말 빨리 연습하기를 외우세요 (처음엔 천천히 나중엔 더 빨리 여러 번 반복하세요). Выучите скороговорку (много раз повторяйте сначала медленно, потом быстрее).

Коро́ль - орёл. 왕은 독수리다.

ЗАДАНИЕ 36 다음 단어들, 어결합들과 문장들을 따라하고 쓰세요. Повторяйте слова, словосочетания и предложения. Запишите их.

Коре́я 한국
Кита́й 중국
по-коре́йски 한국어로
по-кита́йски 중국어로
коре́йский язы́к 한국어
кита́йский язы́к 중국어
три 3
река́ 강
Я говорю́ по-коре́йски. 나는 한국어로 말한다.
Он говори́т по-кита́йски. 그는 중국어로 말한다.
Вы говори́те по-коре́йски. 당신은 한국어로 말한다.

Корея китайский язык
по-корейски три река
Он говорит по-китайски.

ЗАДАНИЕ 37 다음 단어 그룹들을 리듬 모델에 따라 읽어보세요.
Читайте группы слов в соответствии с их ритмическими меделями.

таТА	**таТАта**	**татаТАта**
Китай	Корея	Достоевский
Иркутск	корейский	по-корейски
Москва	английский	по-английски
река	китайский	по-китайски
	понятно	говорите

ЗАДАНИЕ 38 다음 어결합들과 문장들을 따라하세요. 문장에 억양의 중심들과 유형들을 표시하세요. Повторяйте словосочетания и предложения. В предложениях укажите центры и типы ИК.

- коре́йский го́род, коре́йская река́, коре́йское сло́во
- кита́йский звук, кита́йская игра́, кита́йское я́блоко
- Мой родно́й язы́к – /коре́йский.
- Твой родно́й язы́к – /кита́йский
- Ру́сское сло́во «три» / по-коре́йски "삼".
- Моя́ страна́ – /Коре́я, её страна́ – /Кита́й.
- Я говорю́ по-коре́йски, /а она́ говори́т по-кита́йски.
- Мой коре́йский друг – /футболи́ст.
- Моя́ коре́йская подру́га – студе́нтка.
- Это ру́сская река́ Во́лга.

ЗАДАНИЕ 39 다음 단어들과 어결합들에 단어에 빠진 문자들을 써 넣으세요.
Вставьте в слова и словосочетания пропущенные буквы.

_ овори _, к _ ре _ ский, говор_, _ ита _ ск _ й, го _ од,
ко _ ейска _ подр _ га, р _ сска _ рек _

ЗАДАНИЕ 40 게임. 익숙한 단어들이 되도록 음절의 순서를 바르게 하세요.
Игра. Найдите правильную последовательность слогов, чтобы получились знакомые слова.

нипоетма, ратаги, вогорит, якобло, валостоя, настра, коскийрей, граи, нимапою, рювого, накарти, госедня, нотекиатр, васпра, каре

ЗАДАНИЕ 41 아래 주어진 음절들에서 두 단어를 만드세요.
Из приведенных слогов составьте два слова.

сле-спра-ва-ва

( ), ( )

ЗАДАНИЕ 42 다음 텍스트를 읽어보세요. Читайте текст.

Моя́ страна́

Это ка́рта. Тут моя́ страна́. Это Москва́. А э́то река́ Во́лга. Вот мой родно́й го́род Ирку́тск. А э́то Байка́л.

한국지도를 그리고 위 텍스트와 유사하게 여러분 나라에 대한 텍스트 «Моя́ страна́ Коре́я»를 써보세요 Нарисуйте карту Кореи и по аналогии с данным выше текстом напишите текст «Моя страна Корея».

ЗАДАНИЕ 43 억양에 유의하면서 다음 대화들을 들어보세요. 억양의 중심과 유형을 선으로 표시하고 읽어보세요. Слушайте диалоги, следите за интонацией. Обозначьте центр и тип ИК. Прочитайте диалог.

1. – Ру́сский язык – /твой родно́й язы́к?
   – Нет, /иностра́нный. Мой родно́й язы́к – /коре́йский.

2. – Юра твой друг?
   – Да, /он мой друг.
   – Он говори́т по-коре́йски?
   – Нет, не говори́т. Мы говори́м по-ру́сски. Его́ родно́й язы́к – /ру́сский.

동사 «понима́ть», «говори́ть»의 현재형
Глаголы «понимать», «говорить» в формах настоящего времени

ЗАДАНИЕ 44 따라하세요. Повторяйте.

Я понима́ю.	나는 이해한다.	**Мы понима́ем.**	우리는 이해한다.
Ты понимаешь	너는 이해한다.	**Вы понима́ете.**	당신은 이해한다.
Он(она́) понима́ет	그(그녀)는 이해한다	**Они́ понима́ют**	그들은 이해한다.

Я говорю́.	나는 말한다.	**Мы говори́м.**	우리는 말한다.
Ты говоришь	너는 말한다.	**Вы говори́те.**	당신은 말한다.
Он(она́) говори́т.	그(그녀)는 말한다.	**Они́ говоря́т.**	그들은 말한다.

ЗАДАНИЕ 45 다음 단어 그룹들을 리듬 모델에 따라 읽어보세요.

Читайте группы слов в соответствии с их ритмическими моделями.

та**ТА**та	тата**ТА**	тата**ТА**та	тата**ТА**тата
понятно	говорю	говорите	понимаете
	говорит	по-корейски	
	говорим	по-английски	
	говорят	понимаю	
		понимает	
		понимаем	
		понимают	

ЗАДАНИЕ 46 다음 대화를 읽고 한국어로 «сала́т» 와 «бана́н»이 무슨 뜻인지 말해 보세요. Прочитайте диалог и скажите, как по-корейски слова «салат» и «банан».

- Вы понима́ете ру́сское сло́во «сала́т»?
- Нет, не понима́ю. Я пло́хо говорю́ по-ру́сски.
- Сло́во «сала́т» /по-коре́йски "샐러드".
- А! Поня́тно!
- А ру́сское сло́во «бана́н» /понима́ете?
- Понима́ю: /по-коре́йски /э́то "바나나", /а по-англи́йски - /"banana".
- **Пра́вильно**! Вы **уже́ немно́го** говори́те по-ру́сски!

위에 주어진 대화와 유사하게 자신의 대화들을 단어들 «день»-«у́тро», «звук»-«бу́ква», «карти́на»-«карти́нка», «рис»-«молоко́»를 이용해 만드세요. По аналогии с данным выше диалогом составьте свои диалоги, используя слова: «день»-«утро», «звук»-«буква», «картина»-«картинка», «рис»-«молоко».

회화모델 «Как по-корейски слово «мину́та»?». ИК-2
Речевая модель «Как по-корейски слово «минута»?».ИК-2

ЗАДАНИЕ 47 대화를 잘 듣고 따라하세요. Слушайте диалог и повторяйте.

- Как по-коре́йски англи́йское сло́во “sport”?
- Англи́йское сло́во[3] “sport” / по-коре́йски /“스포츠”.
- А как по-ру́сски[4]?
- А по-ру́сски[3] / - «спо́рт[1]».

ЗАДАНИЕ 48 ИК-2를 이용해 문장들을 읽어보세요.
Прочитайте предложения, используя ИК-2.

Здра́вствуйте!	Я ра́д[2]!
Ю́ра[2], /здра́вствуй[2]!	И я ра́да[2]!
До́брое[2] у́тро!	Мы ра́ды[2]!
До́брый[2] день!	Пра́вильно[2]!

Как дела́[2]? 어떻게 지내니?

ЗАДАНИЕ 49 억양에 유의하면서 다음 대화를 들어보세요. 서로 짝을 지어 이 대화를 연습하세요. Слушайте диалог, обращая внимание на интонацию. Воспроизведите его, обращаясь друг к другу.

- Анна, здра́вствуй!
- Здра́вствуй, Ди́ма!

- Как дела́?
- Норма́льно! **А у тебя́?**
- **То́же** норма́льно!
- Я ра́да!
- И я рад!
- **Пока́!**
- Пока́!

회화연습
Поговорим

ЗАДАНИЕ 50 다음 대화 «Пианино» 와 «балет»을 잘 듣고, 이 두 단어가 한국어로 무슨 뜻인지 말하세요. Прослушайте диалог «Пианино» и «балет» и скажите, что значат эти слова по-корейски.

Пиани́но и бале́т

- Вы понима́ете сло́во «пиани́но»?
- Нет, не понима́ю.
- А англи́йское сло́во "piano" /понима́ете?
- Да, понима́ю!
- Как по-коре́йски сло́во "piano"?
- Сло́во "piano" /по-коре́йски "피아노".
- Пра́вильно! А по-ру́сски /«пиани́но»! А сло́во «бале́т» /понима́ете?
- Понима́ю! Сло́во «бале́т» /по-коре́йски "발레".

질문들에 대답하세요. Ответьте на вопросы.

1. Вы понима́ете диало́г «пиани́но» и «бале́т»?
2. Как по-коре́йски сло́во «пиани́но»? А по-англи́йски? А сло́во «бале́т» понима́ете?
3. Вы понима́ете сло́во «му́зыка»? Как по-коре́йски сло́во «му́зыка»?
4. Как по-англи́йски сло́во «текст»?
5. Вы понима́ете сло́во «мину́та»? Как по-англи́йски сло́во «мину́та»?
6. А сло́во «марафо́н» («тэквондо́», «программи́ст», «экономи́ст», «бадминто́н», «те́ннис»)?

ЗАДАНИЕ 51 대화 «пигу»를 잘 들어보세요. «пигу»란 단어의 의미를 러시아어로 어떻게 설명할 수 있는지 말하세요. 말하는 사람들의 이름은 무엇인가요? Прослушайте диалог «пигу». Скажите, как можно объяснить на русском языке значение слова «пигу»? Как зовут говорящих?

Пи́гу

- До́брое у́тро, Сан Су!
- До́брое у́тро, Ка́тя!
- Сан Су, твой родно́й язы́к коре́йский?
- Да, коре́йский.
- **Смотри́**: вот текст. Тут коре́йское сло́во?
- Да, коре́йское: "피구"
- А как э́то по-ру́сски?
- По-ру́сски «пи́гу».
- Не поня́тно!
- Это коре́йская игра́.
- А! Поня́тно! **Спаси́бо**!

다음 문장들을 끝까지 들어보세요. «пигу» 대화 내용을 참고하여 사실과 일치하지 않는 실수들을 고치세요. Прослушайте утверждения. Исправьте фактические ошибки в соответствии с содержанием диалога «пигу».

1. Его́ родно́й язы́к коре́йский.
2. Сан Су ру́сский студе́нт.
3. Сан Су понима́ет сло́во "피구".
4. «Пи́гу» - э́то ру́сская игра́.

УРОК 4

➾ 연자음 [л'], [р'] (계속)
Мягкий согласные звуки [л'], [р'](продолжение)

ЗАДАНИЕ 1 연자음 [л'], [р'] 발음에 유의하면서 다음 단어들과 어결합들을 따라하세요. 이 단어들을 써 보세요. Повторяйте слова и словосочетания, обращая внимание на произношение [л'], [р']. Запишите эти слова.

Кремль	크레믈린	**вто́рник**	화요일
преподава́тель	대학 선생님	**среда́**	수요일
слова́рь	사전	**лимо́н**	레몬
ру́сско-коре́йский словарь 러-한사전			
коре́йско-ру́сский слова́рь 한-러사전			
ле́то	여름	**норма́льно**	괜찮아요
ию́нь	6월	**внима́тельно**	주의깊게
ию́ль	7월	**то́лько**	오직, 단지
понеде́льник	월요일	**люблю́**	(나는) 사랑한다.

лимон июль внимательно
слева понедельник нормально

ЗАДАНИЕ 2 다음 그림들 아래에 단어를 써 넣으세요.
Сделайте подписи под рисунками.

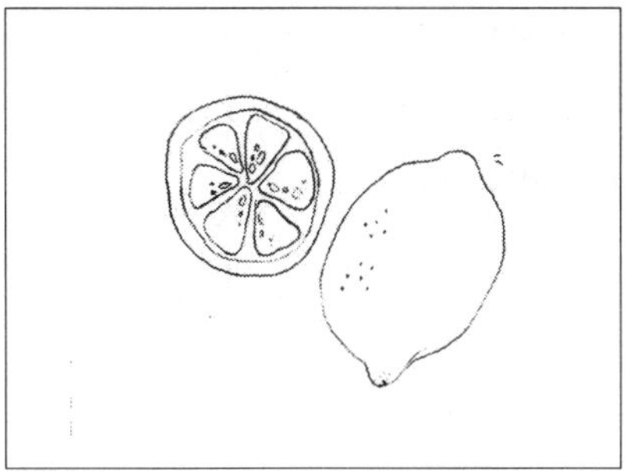

(　　　　　　)

(　　　　　　)

6 월

일	월	화	수	목	금	토
	1	2	3	4	5	6
7	8	9	10	11	12	13
14	15	16	17	18	19	20
21	22	23	24	25	26	27
28	29	30	31			

(　　　　　　)

7 월

일	월	화	수	목	금	토
			1	2	3	4
5	6	7	8	9	10	11
12	13	14	15	16	17	18
19	20	21	22	23	24	25
26	27	28	29	30	30	

(　　　　　　)

(　　　　　　)

7 월

일	월	화	수	목	금	토
			1	2	3	4
5	6	7	8	9	10	11
12	13	14	15	16	17	18
19	20	21	22	23	24	25
26	27	28	29	30	30	

(　　　　　　)

(　　　　　　)

(　　　　　　)

(　　　　　　)

ЗАДАНИЕ 3 다음 단어 그룹들을 리듬 모델에 따라 읽어보세요.
Читайте группы слов в соответствии с их ритмическими моделями.

ТА	**ТА**та	та**ТА**	та**ТА**та	тата**ТА**та
Кремль	лéто	июńь	нормáльно	понедéльник
	слéва	ию́ль	внимáтельно	
	втóрник	лимóн		
	тóлько	люблю́		
		словáрь		
		средá		
		рекá		

тататаТАта
преподавáтель

ЗАДАНИЕ 4 단어들 «лéто», «втóрник», «средá», «лимóн»을 다음 표안에 써 넣으세요. Впишите в таблицу слова «лето», «вторник», «среда», «лимон».

он	онá	онó
словáрь	рекá	óзеро

ЗАДАНИЕ 5 다음 단어들을 발음 규칙에 따라 읽어보세요.
Читайте слова в соответствии с правилами чтения.

внимáтельно, нормáльно, лéто, понедéльник, втóрник,
корéйско-ру́сский словáрь

ЗАДАНИЕ 6 다음 대화들을 잘 듣고 단어들 «пото́м»과 «а́вгуст»의 의미를 말하세요. 각 문장의 억양중심에 주의를 기울이세요. Прослушайте диалоги и скажите, что значат слова «пото́м» и «а́вгуст»? Обратите внимание на интонационный центр каждого предложения.

1. - Ле́то[1]. Ию́нь[1]. Пото́м ию́ль[1].
   - А пото́м[4]?
   - Пото́м а́вгуст[1].
2. - За́втра понеде́льник. Пото́м вто́рник.
   - **А** пото́м?
   - Пото́м среда́.

ЗАДАНИЕ 7 다음 대화들을 잘 들어보세요. 목소리 톤의 변동을 선으로 표시하세요. 이 대화들을 소리내어 읽어보세요. Прослушайте диалоги. Обозначьте движение тона голоса. Прочитайте эти диалоги вслух.

1. - Это преподава́тель?
   - Нет, э́то не преподава́тель.
   Это студе́нт.

2. - Это лимо́н?
   - Нет, э́то не лимо́н.
   Это я́блоко.

3. - Это твой слова́рь?
   - Да, мой, ру́сско-коре́йский.
   - Но э́то коре́йско-ру́сский слова́рь!
   - Да?! Тогда́ э́то не мой слова́рь.
   Это слова́рь Анн**ы**.

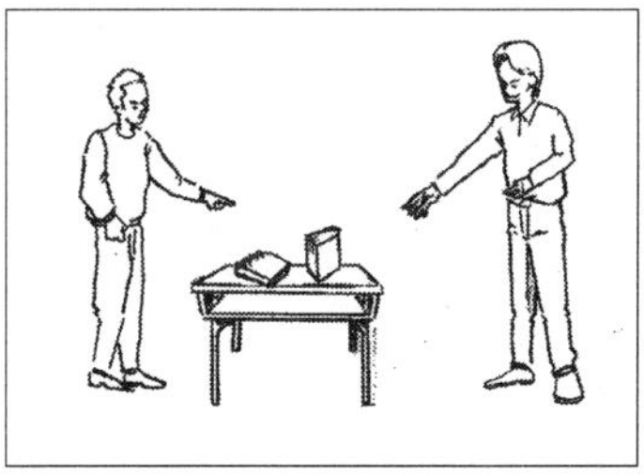

4. - Это Кре́мль[1].
- А э́то[4]?
- Это мой па́па[3] / и мой **брат**[1].
- Твой па́па преподава́тель[3]?
- Да, он преподава́тель[1].
- А твой[4] брат?
- А брат студе́нт[1].

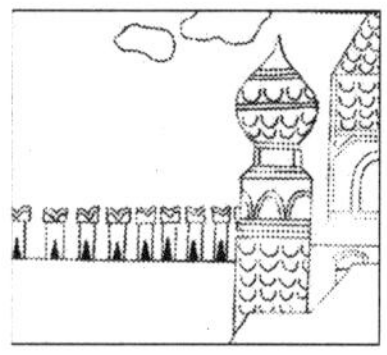

5. - Я люблю́ кино́
- А теа́тр?
- И теа́тр люблю́.

6. - Вы говори́те по-англи́йски?
- Нет, не говорю́. Я говорю́ то́лько по-ру́сски.
- А по-коре́йски?
- **Немно́го.**

ЗАДАНИЕ 8 빈 칸에 부족한 문자들을 써 넣으세요.
Впишите недостающие буквы.

н _ рма _ ьно, _ ним _ тельно, лимо _ , п _ еподав _тель, понед _ л _ ник, _ ека, вто _ ник, _ реда, _ адание, Кре _ ль, сл _ вар _, л _ то, и _ ль, т _ лько, _ ю _ лю, гово _ ит _, завтр _, ав _ уст, бр _ т, п _ ямо

➾ 연자음 [м'], [с'] / [з']. 유성자음 앞 무성자음의 유성음화.
Мягкие согласные звуки [м'], [с'] / [з']. Озвончение парных глухих согласных перед парными звонкими

ЗАДАНИЕ 9 잘 듣고 따라 하세요. Слушайте и повторяйте.

имú-ми, мы-ми, имé-ме, мэ-ме, имя́-мя, мя-ма, имё-мё, мо-мё, имю́-мю, му-мю, ми-мя-ме-мё-мю, эмь, емь, омь, умь, мел, мир, мёт

мать 어머니 – *мять* 부수다, *мёл* – *мол* 방파제

ЗАДАНИЕ 10 다음 말빨리 하기를 배우세요. Выучите скороговорку.

Ма́ма мы́ла Ми́лу, Ми́ла мы́ла ма́му.

어머니는 밀라를 씻기고, 밀라는 어머니를 씻겼다.

ЗАДАНИЕ 11 다음 단어들을 따라 하세요. 이 단어들을 써 보세요. Повторяйте слова. Запишите их.

экза́мен	시험	**мя́со**	고기
ме́сто	자리, 장소	**ме́дленно**	천천히
мел	분필	**бы́стро**	빨리
но́мер	번호	**вме́сте**	함께

экзамен место номер

ЗАДАНИЕ 12 질문들과 대답들을 따라하세요. Повторяйте вопросы и ответы.

Это лимо́н?	– Да, лимо́н. Это лимо́н.
Это мя́со?	– Да, мя́со. Это мя́со.
За́втра экза́мен?	– Да, экза́мен. За́втра экза́мен.
Он говори́т ме́дленно?	– Да, ме́дленно. Он говори́т ме́дленно.
Это его́ ме́сто?	– Да, его́. Это его́ ме́сто.

ЗАДАНИЕ 13 대화들을 잘 듣고 억양의 중심을 선으로 표시하세요. 이 대화들을 읽어보세요. Слушайте диалоги. Обозначьте интонационные центры. Прочитайте эти диалоги.

1. - Я люблю́ ры́бу. А ты?
   - А я не люблю́.
2. - Это твоё ме́сто?
   - Нет, не моё. Это ме́сто Анны.
3. - За́втра уро́к?
   - Нет, за́втра экза́мен – ру́сский язы́к.
4. - Преподава́тель говори́т по-ру́сски бы́стро. Я не понима́ю его́.
   - А мы понима́ем.

ЗАДАНИЕ 14 잘 듣고 따라하세요. Слушайте и повторяйте.

изи́-зи, зы-зи, иси́-си, сы-си, изя́-зя, за-зя, ися́-ся, са-ся,
изе́-зе, зэ-зе, исе́-се, сэ-се, изё-зё, зо-зё, исё-сё, со-сё,
изю́-зю, зу-зю, исю́-сю, су-сю, си-ся-се-сё-сю, зи-зя-зе-зё-зю,
синь, сям, фся, фсё, фсе, весь, ось, юсь, взял, зять, за-да-зя-дя,
дя-за-да-тя, дэ-де-зэ-те, зэ-дэ-зе-де, ды-зы-ди-ти, зи-ди, зя-дя,
зе-де, зё-дё, здесь

корзи́нка 바구니 - *карти́нка* 그림(삽화)

ЗАДАНИЕ 15

다음 단어들을 따라하세요. 이 단어들을 써 보세요.
Повторяйте слова. Запишите их.

Росси́я	러시아	**дека́брь**	12월
музе́й	박물관	**сего́дня**	오늘
о́зеро	호수	**семь**	7
газе́та	신문	**во́семь**	8
о́сень	가을	**де́сять**	10
сентя́брь	9월	**магази́н**	상점
зима́	겨울		

сегодня осень сентябрь восемь

зима музей десять магазин

ЗАДАНИЕ 16

다음 단어 그룹들을 리듬 모델에 따라 읽어보세요.
Читайте группы слов в соответствии с их ритмическими моделями.

ТА	ТАта	таТА	ТАтата	таТАта
мел	осень	зима	озеро	Россия
	место восемь	музей	медленно	экзамен
	номер	сентябрь		сегодня
	быстро	декабрь		газета
	десять			минута
	мясо			
	вместе			

ЗАДАНИЕ 17 다음 세로줄의 단어들을 읽고, 각각의 세로 줄 위에 «он», «онá», «онó»로 제목을 써 넣으세요. Читайте слова в столбиках; озаглавьте каждый столбик словами «он», «онá», «онó».

( )	( )	( )
мéсто óзеро мя́со	сентя́брь нóмер экзáмен музéй мел	Росси́я óсень зимá газéта

자기가 알고 있는 단어로 각각의 세로 줄을 계속 채워 나가세요.
Продолжите столбики своими примерами.

ЗАДАНИЕ 18 다음 단어들을 발음 규칙에 따라 읽어보세요.
Читайте слова в соответствии с правилами чтения.

сегóдня, потóм, твоя́, твоё, экзáмен, здрáвствуйте, óзеро, лéто, словáрь, октя́брь, нормáльно, не поня́тно, мéсто, столóвая, у́тро, оди́н, вóсемь, дéсять, мя́со, бы́стро, мéдленно

ЗАДАНИЕ 19

다음 문장들을 읽고, 억양에 유의하세요.
Читайте предложения, следите за интонацией.

ИК-3	ИК-1
Музе́й тут?	- Да, тут. Музе́й тут.
Магази́н там?	- Да, там. Магази́н там.
Экза́мен сего́дня?	- Да, сего́дня. Экза́мен сего́дня.
Сле́ва газе́та?	- Да, газе́та. Сле́ва газе́та.
Она́ понима́ет сло́во «де́сять»?	- Да, понима́ет. Она́ понима́ет сло́во «де́сять».

ИК-2 ИК-2

Как по-англи́йски /ру́сское сло́во «экза́мен»?
Как по-англи́йски ру́сское сло́во «магази́н»?

ИК-4

А сло́во сентя́брь?
А сло́во октя́брь?

ЗАДАНИЕ 20

다음 대화를 잘 듣고, 누가 이야기 하는지 말하세요.
Прослушайте диалог и скажите, кто говорит.

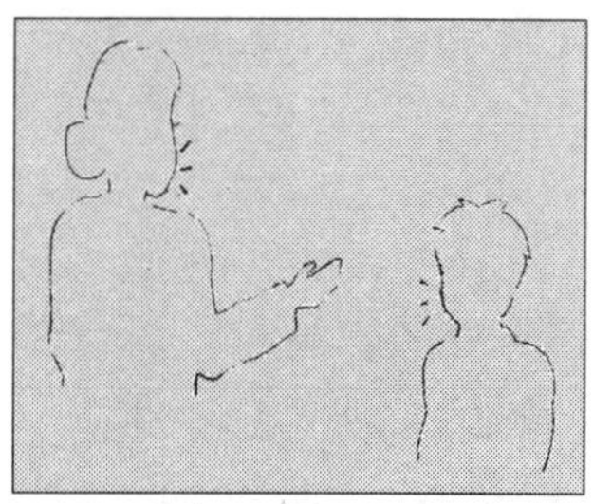

- Июнь, ию́ль, а́вгуст … А пото́м октя́брь?
- Нет, сентя́брь, а пото́м октя́брь.
- Ле́то - это ию́нь, ию́ль и а́вгуст?
- Да.
- А о́сень?
- Осень - это сентя́брь, октя́брь и ноя́брь.
- Понеде́льник, вто́рник …А пото́м?
- А пото́м среда́.

- Сего́дня среда́?
- Нет, сего́дня вто́рник.
- А за́втра?
- А за́втра среда́.

ЗАДАНИЕ 21 다음 문장들을 잘 들어보세요. 문장들에 숫자기호를 써 넣으세요. Прослушайте предложения. Запишите их цифрами.

Оди́н плюс оди́н[3] / **бу́дет** два.
Два плюс оди́н / **бу́дет** три.
Семь плюс оди́н / бу́дет во́семь.
Семь плюс три - / де́сять.
Три плюс три и плюс два / **бу́дет** во́семь.

ЗАДАНИЕ 22 다음 짧은 텍스트를 잘 들어보세요. «суббо́та»는 무엇을 뜻하나요? 각각의 문장을 의문사 없는 ИК-3형 의문문으로 질문하세요. Прослушайте микротекст. Что значит слово «суббота»? К каждому предложению задайте вопросы с ИК-3 (без вопросительных слов).

Это Ди́ма. Он студе́нт.
Вот его ко́мната. Тут стол и стул[1].
Вот его́ слова́рь[4] / и его́ тетра́дь.
Сего́дня **суббо́та**[1]. Сего́дня Ди́ма до́ма.

ЗАДАНИЕ 23 다음 짧은 텍스트를 따라하세요. 텍스트에 어울리는 삽화를 그려 보세요. 텍스트를 자기식으로 다시 써 보세요. Повторяйте микротекст. Сделайте к нему иллюстрацию. Перепишите его.

Вот мой го́род. Там музе́й. Тут стадио́н.
Э́то па́рк. А э́то мой дом.

ЗАДАНИЕ 24 다음 제시된 단어에는 «р» 나 «л»이 부족합니다. 선생님이 읽는 것을 잘 들으면서 빈 칸에 빠진 문자들을 채워 넣으세요. В приведённых словах не хватает буквы «р» или буквы «л». Следите за чтением преподавателя. Вставьте недостающие буквы.

озе _ о, сентяб _ ь, понеде _ ьник, вто _ ник, ию _ ь, октяб _ ь, с _ ова _ ь, с _ еда, _ ето, с _ ева, сп _ ава, т _ и, _ ека, п _ юс, п _ еподавате _ ь, мед _ енно, быст _ о, гово _ ит, _ юбит, _ ампа, _ ыба

ЗАДАНИЕ 25 게임. 만일 당신이 (한글)단어들을 올바르게 러시아어로 번역하여 바르게 세로줄에 써 넣는다면, 당신은 가로줄에서 위대한 러시아시인 아. 에스. 뿌쉬낀이 사랑했었던 계절명을 읽을 수 있습니다. Если вы правильно переведёте слова на русский язык и правильно разместите их в клетках по вертикали (в одной клетке - одна буква), то по горизонтали вы прочитаете название любимого времени года А. С. Пушкина, великого русского поэта.

1. 오늘
2. 러시아 수도
3. 강
4. 책
5. 7월

ЗАДАНИЕ 26 게임. 만일 당신이 (한글)단어들을 올바르게 러시아어로 번역하여 바르게 세로줄에 써 넣는다면(모든 칸을 채워야 함), 당신은 첫 번째 위 가로줄에서 러시아 학문의 창시자인 최초의 위대한 러시아 학자 이름을 읽을 수 있을 겁니다. Игра. Если вы правильно переведёте слова и правильно разместите их в клетках по вертикали (должны быть заполнены все клетки), то в первой верхней горизонтальной строке прочитаете имя первого великого русского учёного, основателя российской науки (1711~1765 гг.)

1. 여름
2. 가을
3. 분필
4. 호수
5. 정상적으로
6. 그는
7. 9월
8. 10월
9. 주의깊게

ЗАДАНИЕ 27 알파벳 순으로 단어들을 배열하세요.
Расположите слова в алфавитном порядке.

экза́мен, но́мер, сего́дня, мел, ме́сто, о́зеро, вме́сте, Росси́я, газе́та, ме́дленно, бы́стро, дека́брь, пря́мо, за́втра, немно́го, магази́н, мину́та

ЗАДАНИЕ 28 그림을 보고 질문에 답하세요.
Посмотрите на картинку и ответьте на вопрос.

Это о́зеро?

ЗАДАНИЕ 29 게임. 만일 당신이 주어진 문자들을 오른쪽에서 왼쪽으로 올바로 읽으면, 당신이 알고 있는 단어가 나타날 것입니다. 어떤 사진이 이 단어의 의미와 일치하나요?
Игра. Если вы правильно прочитаете данные буквы справа налево, у вас получится знакомое слово. Какая фотография соотвествует его значению?

а м и з

회화연습
Поговорим

ЗАДАНИЕ 30 텍스트 «Сон Ми»를 잘 들어보세요.
Прослушайте текст «Сон Ми».

Сон Ми

До́брый день! Меня́ зову́т Сон Ми. Я студе́нтка университе́та Пэ Джэ. Мой родно́й го́род – Тэджо́н.

Мой родно́й язы́к – коре́йский. Я корея́нка. Я немно́го говорю́ по-ру́сски. Моё ру́сское и́мя Анна.

Моя́ подру́га то́же немно́го говори́т по-ру́сски. Её зову́т Тэ Ок. Она́ то́же студе́нтка университе́та Пэ Джэ.

질문에 대답하세요. Ответьте на вопросы к тесту.

1. Сон Ми студе́нтка?
2. Она́ ру́сская студе́нтка?
3. Её родно́й го́род Сеу́л?
4. Она́ говори́т по-ру́сски?
5. Её подру́га ру́сская?
6. Её подру́га говори́т по-ру́сски?

같은 유형으로 자신과 자기 여자친구(남자친구)에 대하여 작문 하세요.
Напишите по аналогии о себе и о своей подруге (своём друге).

ЗАДАНИЕ 31 다음 단어들과 문장들을 따라하세요.
Повторяйте слова и предложения.

ме́дленно	бы́стро
преподаёт 가르치다	то́лько

Она́ говори́т то́лько по-ру́сски.

Он говори́т по-ру́сски и немно́го по-коре́йски.

Он говори́т по-коре́йски ме́дленно.

Он говори́т по-коре́йски ме́дленно, **но** пра́вильно.

Ру́сский язы́к - э́то его́ родно́й язы́к.

Преподава́тель преподаёт коре́йский язы́к.

ЗАДАНИЕ 32 대화 «По-корейски и по-русски»를 잘 들어보세요. 질문에 대답하는 사람이 러시아 여학생인지 한국 여학생인지 말해주세요. Слушайте диалог «По-корейски и по-русски». Скажите, кто отвечает на вопросы: русская студентка или корейская?

По-коре́йски и по-ру́сски

- Вы говори́те то́лько по-коре́йски?
- Нет, не то́лько. Я говорю́ немно́го по-ру́сски.
- А до́ма вы говори́те по-ру́сски?
- Нет! Ма́ма и па́па не говоря́т по-ру́сски! До́ма мы говори́м то́лько по-коре́йски!

대화와 관련된 질문에 대답하세요. Ответьте на вопросы к диалогу.

1. Коре́йская студе́нтка говори́т то́лько по-коре́йски?
2. Она́ говори́т по-ру́сски?
3. До́ма она́ говори́т по-ру́сски?
4. Её ма́ма и па́па говоря́т по-ру́сски?

ЗАДАНИЕ 33 앞 대화 «По-корейски и по-русски»와 이어지는 문장들을 잘 들어보세요. 이 대화에서 질문에 대답하는 사람이 러시아 남학생인지 한국 남학생인지 말하세요. Слушайте продолжение диалога «По-корейски и по-русски». Скажите, кто отвечает на вопросы в этом диалоге: русский студент или корейский?

- А вы говори́те до́ма по-коре́йски?
- Я и ма́ма немно́го говори́м. Ма́ма хорошо́ говори́т по-коре́йски.

Она́ преподаёт коре́йский язы́к.
- А па́па говори́т по-коре́йски?
- Нет, не говори́т.

대화와 관련된 질문들에 대답하세요. Ответьте на вопросы к диалогу.

1. Ру́сская студе́нтка и её ма́ма говоря́т до́ма по-коре́йски?
2. А её па́па говори́т по-коре́йски?
3. Её ма́ма преподаёт ру́сский язы́к?

ЗАДАНИЕ 34 텍스트 «Моя подруга Ми Ра»를 잘 듣고, 미라와 그녀의 여자친구가 한국어로 말할 수 있는지 대답하세요. Прослушайте текст «Моя подруга Ми Ра» и скажите: Ми Ра и её подруга говорят по-корейски?

Моя подруга Ми Ра

Ми Ра – моя́ подру́га. Она́ студе́нтка. Моя́ подру́га говори́т по-коре́йски. Коре́йский – э́то её родно́й язы́к. Она́ говори́т и по-ру́сски. По-ру́сски она́ говори́т ме́дленно, но пра́вильно. Я понима́ю её. Я не говорю́ по-коре́йски. Я ру́сская. Мой родно́й язы́к – ру́сский. Я и Ми Ра говори́м по-ру́сски.

질문들에 대답하세요. Ответьте на вопросы.

1. Ми Ра корея́нка?
2. Её подру́га корея́нка?
3. Ми Ра говори́т по-ру́сски?
4. А её подру́га говори́т по-коре́йски?
5. Ру́сская подру́га хорошо́ понима́ет Ми Ра?

미라와 그녀의 여자친구에 대해서 무엇을 알았는지 이야기해 주세요. 자신의 여자(남자)친구에 대해서 이야기 하세요. Расскажите, что вы узнали 1) о Ми Ра, 2) о её подруге. Расскажите о своей подруге (о своём друге).

ЗАДАНИЕ 35 아. 에스. 뿌쉬킨의 «Жизнь»이란 시를 잘 들어보세요. 마지막 두 줄을 암기하세요. Прослушайте стихотворение А. С. Пушкина «Жизнь». Выучите наизусть последние две строки.

Жизнь*

А. С. Пушкина

Если жи́знь тебя́ обма́нет,	삶이 그대를 속일지라도
Не печа́лься, не серди́сь!	슬퍼하거나 노하지 마시오!
В час уны́ния смири́сь:	우울한 날에는 온화하게 되세요:
День весе́лья, верь, наста́нет.	기쁜 날이 다가올 것을 믿으시오.
Се́рдце в бу́дущем живёт;	마음은 미래에 살아가고,
Настоя́щее уны́ло:	현재는 우울한 것이라오.
Всё мгнове́нно, всё пройдёт;	모든 건 순간이고 모두 지나갈 것이오,
Что пройдёт, то бу́дет ми́ло.	지나가고 나면, 다시 그리워진다오.

* 이 번역은 저자들이 원문의 문법적 문맥을 감안하여 작성한 것임.

러시아 문학의 아버지 뿌쉬킨의 묘

УРОК 5

⇒ 억양 (반복학습)
Интонация (повторение)

ЗАДАНИЕ 1 다음 평서문들을 따라하세요. 억양의 중심을 가리키세요.

Повторяйте повествовательные предложения. Укажите центры ИК.

Это класс.
Это мел.
Это кни́га.
Это сло́во.
Это я́блоко.
Это о́зеро.

Тут река́ Во́лга.
Тут моя́ газе́та.
Это твой родно́й го́род.
Сего́дня понеде́льник.
Это твой преподава́тель.
Это на́ша столо́вая.

이 문장들을 의문문의 억양으로 읽어보세요.
Прочитайте эти же предложения как вопросительные.

Это класс?
Это мел?
Это кни́га?
Это сло́во?
Это я́блоко?
Это о́зеро?

Тут река́ Во́лга?
Тут моя́ газе́та?
Это твой родно́й го́род?
Сего́дня понеде́льник?
Это твой преподава́тель?
Это на́ша столо́вая?

ЗАДАНИЕ 2

억양에 유의하면서 질문과 대답을 따라하세요.
Повторяйте вопросы и ответы, обращая внимание на интонацию.

ИК-3	ИК-1
1. Тут кинотеа́тр?	- Да, тут. Тут кинотеа́тр.
2. Там магази́н?	- Да, там. Там магази́н.
3. За́втра экза́мен?	- Да, за́втра. За́втра экза́мен.
4. Это твой родно́й го́род?	- Да, э́то. Это мой родно́й го́род.
5. Это твой преподава́тель?	- Да, э́то. Это мой преподава́тель.
6. Он говори́т ме́дленно?	- Да, он. Он говори́т ме́дленно.
7. Юра не понима́ет?	- Да, Юра. Юра не понима́ет.
8. Анна говори́т по-кита́йски?	- Нет, не Анна. Ни́на говори́т по-кита́йски.
9. Па́па лю́бит ры́бу?	- Нет, не па́па. Ма́ма лю́бит ры́бу.
10. Твоя́ подру́га говори́т по-ру́сски?	- Да, моя́. Моя́ подру́га говори́т по-ру́сски.

ЗАДАНИЕ 3

아래 대화에서 억양의 중심을 찾으세요. 대화를 읽어보세요.
В данных ниже диалогах найдите центры ИК. Прочитайте диалоги.

1. - Это твоё я́блоко?
   - Да, я́блоко.

2. - Это твоё я́блоко?
   - Да, моё.

3. - Тут её газе́та?
   - Да, газе́та.

4. - Тут её газе́та?
   - Да, её.

5. - Тут её газе́та?
   - Да, тут.

유사한 대화들을 만드세요. Составьте аналогичные диалоги.

ЗАДАНИЕ 4 아래 문장들을 잘 들어보세요. 소리내어 읽어보세요.
Прослушайте предложения. Прочитайте их вслух.

ИК-3	**ИК-4**
Ма́ма до́ма?	А сын? А па́па?
Это музе́й?	А э́то?
Сего́дня уро́к?	А за́втра?
Парк тут?	А о́зеро? А стадио́н?
Он студе́нт?	А его́ подру́га?
Тетра́дь тут?	А кни́га? А слова́рь?

ЗАДАНИЕ 5 아래 문장들을 잘 들어보세요. 소리내어 읽어보세요.
Прослушайте предложения. Прочитайте их вслух.

1. - Ни́на говори́т по-англи́йски?
   - Да, говори́т.
   - А Ди́ма?
   - И Ди́ма говори́т.

2. - Сего́дня экза́мен?
   - Да, экза́мен.
   - А за́втра?
   - А за́втра экску́рсия.

3. - Магази́н сле́ва?
   - Да, сле́ва.
   - А стадио́н?
   - И стадио́н сле́ва.

4. - Она́ студе́нтка?
   - Да, студе́нтка.
   - А он?
   - А он преподава́тель.

단어 «и»와 «а»로 유사한 대화들을 만드세요. 억양에 유의하면서 읽어보세요. Составьте аналогичные диалоги со словами «и» и «а». Прочитайте их. Следите за интонацией.

ЗАДАНИЕ 6 다음 대화를 잘 들어보세요. 억양의 중심에 관심을 기울이면서 억양유형을 선택하세요. Прослушайте диалог. Обратите внимание на центры ИК, определите их типы.

- Это твой стол?
- Да, мой.
- Это твоя́ тетра́дь?
- Да, э́то моя́ тетра́дь.
- А кни́га ?
- И кни́га моя́.
- А слова́рь?
- И слова́рь мой.

- Это твоя́ газе́та?
- Да, моя́.
- Это твой мел?
- Да, э́то мой мел.
- А карти́нка?
- И карти́нка моя́.
- А я́блоко ?
- И я́блоко моё.
- Это всё твоё?
- Да, моё.

- Это мой стол, моя́ тетра́дь, моя́ кни́га, мой слова́рь, моя́ газе́та, мой мел, моё я́блоко и моя́ карти́нка.

ЗАДАНИЕ 7 아래 의문문들과 대답들을 잘 들어보세요.
Прослушайте вопросительные предложения и ответы.

ИК-2	ИК-3	ИК-1
1. Как дела́?	Норма́льно?	Да, норма́льно.
2. Как по-ру́сски сло́во “괜찮게”?	«Норма́льно»?	Да, «норма́льно».
3. Как по-ру́сски /англи́йское сло́во “sport”?	«Спорт»?	Да, “спорт”.
4. Кто говори́т? (= Кто говори́т?)	Ра́дио?	Да, ра́дио.
Кто э́то? (= Кто э́то?)	Ле́на?	Да, Ле́на.
Кто понима́ет сло́во «плюс»?	Юра?	Да, Юра.

이름을 부르면서 친구에게 인사하세요. 의문사 «как», «кто»를 사용하여 친구에게 질문하세요. Поприветствуйте вашего товарища, обратившись к нему по имени. Задайте ему вопросы со словами «как», «кто».

ЗАДАНИЕ 8 억양 받아쓰기. 선생님을 잘 듣고 필요한 곳에 구두점(마침표, 쉼표, 의문부호, 느낌표)을 넣으세요. Интонационный диктант. Слушайте преподавателя, вставьте, где нужно, знаки препинания: точку, запятую, вопросительный и восклицательный знаки.

До́брый день как дела́ интере́сная фотогра́фия э́то твоя́ сестра́ она́ студе́нтка твоя́ сестра́ говори́т по-англи́йски как она́ говори́т по-англи́йски а ты моя́ сестра́ то́же студе́нтка она́ понима́ет по-англи́йски но не говори́т твоя́ сестра́ говори́т по-кита́йски а кто говори́т по-кита́йски ты я не говорю́ по-кита́йски и моя́ сестра́ не говори́т

다시 한 번 위 문장들을 읽고 억양의 중심과 억양의 유형을 선으로 표시하세요. 위 문장들을 소리내어 읽어보세요. Прочитайте предло-жения ещё раз, обозначьте центры и типы ИК. Прочитайте предложения вслух.

> ➾ 경음/연음, 무성음/유성음으로 쌍을 이루는 연자음들
> [п'] / [б'], [ф'] / [в']
> Мягкие согласные, парные по глухости/звонкости, твёрдости/мягкости [п'] / [б'], [ф'] / [в']

ЗАДАНИЕ 9 다음 소리들을 따라하세요. Повторяйте звуки.

и-пи-пи, и-би-би, пы-пи, бы-би, и-пе-пе, и-бе-бе, пэ-пе, бэ-бе, и-пя-пя, и-бя-бя, па-пя, ба-бя, и-пё-пё, и-бё-бё, по-пё, бо-бё, пётр, пир, пять, бел, бить

пил 마셨다 – *бил* 쳤다, 이겼다, *пыл* 화염 – *был* 있었다

ЗАДАНИЕ 10 다음 단어들을 따라하세요. 이 단어들을 써 보세요.
Повторяйте слова. Запишите их.

бизнесмéн	사업가(비즈니스맨)	**обéд**	점심, 점심시간
Сиби́рь	시베리아	**переры́в**	휴식시간(수업간)
библиотéка	도서관	**пять**	5
письмó	편지	**лю́бит**	(그, 그녀는) 사랑한다.
пéсня	노래	**лю́бят**	(그들은) 사랑한다.

перерыв обед мясо

песня Сибирь письмо

ЗАДАНИЕ 11 다음 속담을 외우세요. Выучите пословицу.

Пéрвый блин всегдá кóмом. 한 번 실수는 병가지 상사

ЗАДАНИЕ 12 다음 문장들을 따라하세요. Повторяйте предложения.

1. Её брат лю́бит му́зыку.
2. Они́ лю́бят сок.
3. Скóро переры́в.
4. Обéд дóма.
5. Пять плюс пять будет дéсять.
6. Егó брат бизнесмéн /и сестрá бизнесмéн.
7. Слéва библиотéка, /а спрáва столóвая.
8. Это корéйская пéсня «Арирáн».

이 문장들을 질문억양으로 읽어보세요.
Эти же предложения прочитайте с вопросительной интонацией.

ЗАДАНИЕ 13 다음 문장들을 따라하세요. Повторяйте предложения.

и-ви-ви, и-фи-фи, фы-фи, вы-ви, и-ве-ве, и-фе-фе, вэ-ве, фэ-фе, и-вё-вё, и-фё-фё, фо-фё, и-вя-вя, и-фя-фя, ва-вя, фа-фя, фи-фя-фе-фё, ви-вя-ве-вё, свет, фет, фильм, вит, весь, фен, век, брофь

вить 감다 – *пить* 마시다 – *бить* 치다, 이기다,

вёл 안내했다 – *вол* 거세한 황소

ЗАДАНИЕ 14 다음 단어들을 따라하세요. 이 단어들을 써 보세요.
Повторяйте слова. Запишите их

университе́т	대학교	**февра́ль**	2월
фотогра́фия	사진	**пра́вильно**	옳게, 옳다
фи́рма	회사	**де́вять**	9
фильм	필름, 영화	**приве́т**	만날 때 인사(안녕)
телеви́зор	텔레비전	**извини́те**	미안합니다, 실례합니다
карто́фель	감자	**до свида́ния**	작별인사(다시 만나요)
отве́т	대답	**ви́деть**	보다
вопро́с	질문	**зна́ете**	(당신은) 알고 있다
весна́	봄	**лю́бит**	(그, 그녀는) 사랑한다
апре́ль	4월		

привет университет весна

фотография вопрос видеть
до свидания телевизор
фильм картофель

ЗАДАНИЕ 15 다음 단어 그룹들을 리듬모델에 따라 읽어보세요.
Читайте группы слов в соответствии с их ритмическими моделями.

ТА	**ТАта**	**таТА**	**таТАта**	**татаТА**	**татаТАта**
фильм	песня	обед	картофель	перерыв	извините
спорт	видеть	Сибирь	суббота	молоко	до свидания
пять	любит	весна	гитара	говорю	телевизор
	любят	письмо		говорит	г о в о р и т е
	фирма	ответ		говорят	фотография
	девять	вопрос			
	десять	привет			
	знаю	люблю			
	знает	салат			
	знают	февраль			
		апрель			

ТАтата
правильно
знаете
любите

ЗАДАНИЕ 16 다음 단어를 발음 규칙에 따라 읽어보세요.
Читайте слова в соответствии с правилами чтения.

переры́в, обе́д, телеви́зор, пра́вильно, говори́т, де́вять, де́сять, вопро́с, молоко́, фотогра́фия, бизнесме́н, библиоте́ка

ЗАДАНИЕ 17 다음 표안의 단어들을 읽어보세요. 단어들 «кортóфель», «день», «молокó», «фильм», «Сибúрь», «суббóта», «феврáль»을 이 표안에 써 넣으세요. Читайте таблицу. Впишите в неё слова «кортофель», «день», «молоко», «фильм», «Сибирь», «суббота», «февраль».

он	**онá**	**онó**
обéд переры́в фильм ответ́ вопрóс	пéсня веснá фотогрáфия библиотéка минýта	письмó мя́со ýтро

ЗАДАНИЕ 18 다음 대화를 잘 듣고 점심으로 무엇을 가지고 있는지 말하세요.
Прослушайте диалог и скажите, что у них на обед?

- Это столóвая. Там обéд. Это суп, салáт, мя́со и картóфель.
- Это мя́со?
- Ой, /извинúте, /э́то ры́ба.
- А э́то **кóфе?**
- Ой, /извинúте, /э́то сок.

ЗАДАНИЕ 19 다음 문장들을 잘 들어보세요. 봄과 겨울에 해당하는 달들을 말하세요.
Прослушайте предложения. Назовите весенние и зимние месяцы.

Осень - э́то сентя́брь, октя́брь и ноя́брь.
Зимá - э́то декáбрь, янвáрь и феврáль.
Веснá - э́то март, aпрéль и май.
Лéто - э́то ию́нь, ию́ль и áвгуст.

나열하는 억양인 ИК-3 또는 ИК-4를 이용하여 위 문장을 읽어보세요. Прочитайте данные выше предложения, используя интонацию перечисления (ИК-3 или ИК-4).

ЗАДАНИЕ 20

다음 빈 칸에 의미상으로 필요한 단어들을 써 넣으세요.
В пропуски впишите нужные по смыслу слова.

янва́рь, ________, март, ________, май, _______, ию́ль, ________, сентя́брь, ________, ноя́брь, _________.

ЗАДАНИЕ 21

다음 대화들을 읽고 단어들 «заво́д», «парк», «стадио́н», «библиоте́ка», «университе́т»을 활용하여 연습 하세요. Прочитайте диалоги и разыграйте их, используя слова: «завод», «парк», «библиотека», «стадион», «университет».

- Извини́те, /э́то столо́вая?
- Да, столо́вая.
- **Спаси́бо**!

- Вы не **зна́**ете*, /э́то му**зе́й**?
- Да, му**зе́й**.
- Спа**си́**бо!

ЗАДАНИЕ 22

아래에 제시된 단어들을 의미가 통하는 5개의 그룹으로 나누세요.
Разделите приведённые ниже слова по смыслу на 5 групп.

мя́со, уро́к, мать, переры́в, зима́, Кремль, Во́лга, доска́, сестра́, экза́мен, весна́, сок, Байка́л, мел, брат, о́сень, карто́фель, Сиби́рь, ле́то, ко́фе, Сеу́л, молоко́

* «Вы не знаете, ...»는 질문할 때 사용할 수 있는 정중한 표현으로서 상대방의 동의 없이 누군가에게 말할 때 사용하는 «извините»와 비슷한 표현이다. «Вы не знаете, ...» форма вежливого обращения при вопросе; синонимична слову «извините» в ситуациях обращения к кому-либо без указания адресата.

ЗАДАНИЕ 23 다음 단어들을 알파벳 순으로 써 보세요.
Запишите данные ниже слова по алфавиту.

пéсня, письмó, телеви́зор, фильм, мéсто, нóмер, потóм, феврáль, май, салáт, библиотéка, фи́рма, апрéль

ЗАДАНИЕ 24 게임. 이미 알고 있는 단어들이 되도록 아래 음절들의 바른 순서를 찾아보세요. 누가 제일 먼저 과제를 완성할까요? Игра. Найдите правильную последовательность слогов, чтобы получились знакомые слова. Кто первый выполнит задание?

просво, инизвите, боспаси, яграфофито, навес, перывре, ветот, вильнопра, сняпе, либибокате, нутами, несбизмен

ЗАДАНИЕ 25 다음 대화들을 따라하세요. Повторяйте диалоги.

1. - Сегóдня **вкýсный** зáвтрак?
   - Да! Вкýсный!
   - А обéд?
   - И обéд вкýсный!

2. - Твой пáпа бизнесмéн?
   - Да, бизнесмéн.
   - А мáма?
   - А мáма преподавáтель.

3. - Это твоя́ фотогрáфия?
   - Да, моя́. Это мой университéт. Пря́мо - /библиотéка, /слéва - /стадиóн, /спрáва - /столóвая.
   - А э́то ты?
   - Да, э́то я.

4. - Как по-коре́йски сло́во «пе́сня»?
- Сло́во «пе́сня» /по-коре́йски "노래".
- А как по-коре́йски сло́во «карто́фель»?
- Сло́во «карто́фель» /по-коре́йски "감자".
- Как по-коре́йски сло́во «фильм»?
- Сло́во «фильм» /по-коре́йски "영화".
- А сло́во «фи́рма»?
- Сло́во «фи́рма» /по-коре́йски "회사".

ЗАДАНИЕ 26 낱말 맞추기. 만일 당신이 아래 (한글)단어들을 올바르게 러시아어로 번역하여 낱말 맞추기 빈 칸에 써 넣는다면, 굵게 표시된 가로 줄에서 러시아의 위대한 작곡가며 러시아 국민 오페라 창시자의 성을 읽을 수 있을 겁니다. Кроссворд. Если вы правильно переведёте слова и впишите их в клетки кроссворда, то по горизонтали в выделенных клетках вы прочитаете фамилию великого русского композитора, родоначальника русской национальной оперы.

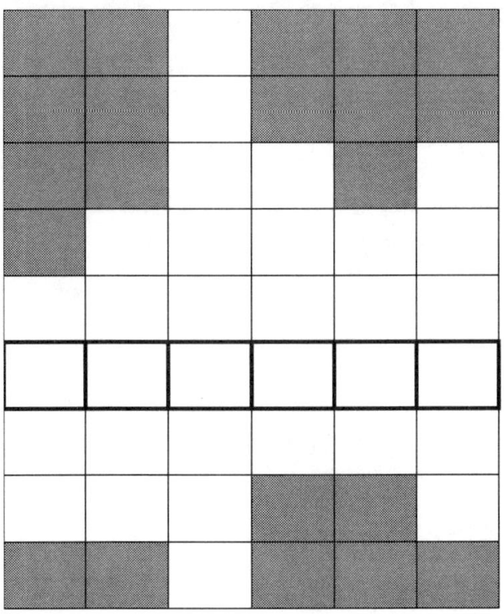

1. 게임
2. 영화, 필름
3. 텔레비전
4. 봄
5. 강
6. 기타(악기)

⇨ 언어예절: 소개, 인사, 작별
Речевой этикет: знакомство, приветствие, прощание.

ЗАДАНИЕ 27 대화 «Как тебя́ зову́т?»을 잘 듣고 나서, 이 대화의 제목이 무슨 뜻인지 말해주세요. Прослушайте диалог «Как тебя зовут?» и скажите, что значит название диалога?

Как тебя́ зову́т?

- Ты но́вая студе́нтка?
- Да.
- А как тебя́ зову́т?
- Меня́ зову́т Юля.
- А меня́ зову́т Ле́на.

- Юля, познако́мься: э́то моя́ подру́га. Её зову́т Зи́на.
- Ра́да познако́миться!
- И я ра́да!

어형 «новая»와 «познакомься», «познакомиться»는 무엇을 의미하나요? Что значат словоформы «новая», «познакомься», «познакомиться»?

ЗАДАНИЕ 28 다음의 언어예절의 관용적 표현을 읽어보세요. 이 관용적 표현들을 아래에 제시된 대화들의 빈 곳에 넣으세요. Прочитайте формулы речевого этикета. Вставьте их в приведенные ниже диалоги.

Как вас(тебя́) зову́т?

Меня́ зову́т Ива́н.

Познако́мьтесь!

Познако́мься!

Рад (ра́да, ра́ды) познако́миться! (= Очень прия́тно!)
Извини́те.
Спаси́бо.
Вы не зна́ете, ...

1. - …………………?
   - Меня́ зову́т Аня. А как тебя́ зову́т?
   - …………………

2. - Это мой друг.
   - ………………?
   - Да, меня́ зову́т Серге́й.

3. - Это твой друг?
   - Да, э́то мой друг Воло́дя. Воло́дя, ..………..: э́то но́вый студе́нт Ива́н.

4. - ....! Это Зи́на, а э́то Аня. Зи́на моя́ подруга А Аня но́вая студе́нтка.

5. - Вас зову́т Ле́на?
   - Да, Ле́на.
   - ....

6. - ...., стадио́н тут?
   - Извини́те, я не зна́ю.

7. - Ле́на, ... Это мой друг Алексе́й.

8. - Меня́ зову́т Ни́на. Я ра́да ....

ЗАДАНИЕ 29 다음 단어 그룹들을 리듬모델에 따라 읽어보세요.
Прочитайте группы слов в соответствии с их ритмическими моделями.

ТА	ТАта	таТА	таТАта	татаТАта	татаТАтата
рад	очень	зовут	приятно	извините	познакомиться
вас		меня	спасибо	познакомься	
		тебя		познакомьтесь	

ЗАДАНИЕ 30 러시아 남성과 여성 이름에서 완전명과 단명을 읽어보세요. 단명은 나이가 같거나 아이나 젊은 사람을 대할 때와 같이 비공식적인 상황에서 사용된다는 것을 기억하세요. 약간 거리가 있는 관계인 것을 강조하기 위해서는 완전명을 사용합니다. Прочитайте полные и краткие формы русских мужских и женских имён. Запомните, что краткие формы используются в неофициальной обстановке при обращении к равным по возрасту, а также при обращении к детям, молодым людям. Чтобы подчеркнуть некоторую дистанцию в отношениях, используют полные формы.

Еле́на, Ле́на	Дми́трий, Ди́ма, Ми́тя
Юлия, Юля	Ви́ктор, Ви́тя
Анна, Аня	Влади́мир, Воло́дя, Во́ва
Ольга, Оля	Ива́н, Ва́ня
Анастаси́я, На́стя	Никола́й, Ко́ля

ЗАДАНИЕ 31 공식적인 상황과 나이가 젊거나 위치가 낮은 사람이 어른(보통 중년의 사람들)을 대할 때는 이름과 부칭을 합쳐서 사용합니다. 호칭시 성은 보통 사용되지 않습니다. 이름과 부칭으로 사람을 대하는 사례를 읽어보세요. В официальной обстановке, а также при обращении младших по возрасту и положению к старшим(обычно к людям среднего возраста) используются сочетания имени и отчества. Фамилии при обращении, как правило, не используются. Прочитайте примеры обращения к человеку по имени и отчеству.

Еле́на Ви́ктор**овна**!　　　Дми́трий Ви́кторович!

Юлия Ива́н**овна**! Николáй Ивáн**ович**!
Ольга Влади́мир**овна**! Ивáн Влади́мир**ович**!
Анна Николá**евна**! Ви́ктор Дми́три**евич**!

ЗАДАНИЕ 32 ИК-2 와 ИК-1 을 활용하여 다음 문장들을 따라하세요.
Повторяйте предложения, используя ИК-2 и ИК-1.

1. - Елéна Ви́кторовна, познакóмьтесь! Это Ольга Влади́мировна.
2. - Ивáн, э́то нóвый преподавáтель. Её зовýт /Юлия Николáевна.
3. - Волóдя, дóбрый день! Познакóмься: /Это мой нóвый друг Ивáн.
4. - Аня,/ дóброе ýтро! Это моя́ нóвая знакóмая. Её зовýт Ни́на. Аня и Ни́на, познакóмьтесь.
5. - Рáда познакóмиться!
   - И я рáда! Очень прия́тно!

ЗАДАНИЕ 33 읽어보세요. Читайте.

(я) **Меня́ зовýт Юля.**
(ты) **Тебя́ зовýт Ди́ма? А тебя́ зовýт Зи́на?**
(он) **Егó зовýт Ви́ктор.**
(она) **Её зовýт Елéна.**
(вы) **Вас зовýт Елéна Ви́кторовна? А вас зовýт Влади́мир?**

ЗАДАНИЕ 34 다음 단어들을 발음규칙에 따라 읽어보세요.
Прочитайте слова в соответствии с правилами чтения.

зовýт, её, егó, меня́, тебя́, моя́, моё, твоя́, твоё, сегóдня, познакóмитесь, познакóмься, познакóмьтесь, познакóмиться

ЗАДАНИЕ 35 과제27에 있는 대화를 외우고, 남자이름 혹은 당신의 선생님 이름을 활용하여 그 대화를 바꾸어 연습하세요. Выучите диалог из задания 27 и разыграйте его, используя мужские имена, имя вашего преподавателя.

ЗАДАНИЕ 36 다음 대화를 잘 듣고 단어 «и́мя» и «фами́лия»가 무슨 뜻인지 말하세요. Прослушайте диалог и скажите, что значит слово «имя» и «фамиля»

- Как вас зову́т?
- Моё и́мя Влади́мир. Моя́ фами́лия Ивано́в.
- А как вас зову́т?
- Моё и́мя Еле́на. Моя́ фами́лия Ивано́ва.
- Вы брат и сестра́?
- Да.

다음 질문에 대답하세요: 왜 Влади́мир와 Еле́на가 남매라고 짐작할 수 있습니까? Ответьте на вопрос: почему можно предположить, что Владимир и Елена брат и сестра?

대화를 다시 한 번 읽고 단어 «Ивано́в», «Ивано́ва»를 표에 넣으세요. Прочитайте диалог ещё раз и впишите слова «Иванов», «Иванова» в таблицу.

он	она́

위 대화를 외우고 다른 러시아 이름과 성(예: Смирно́в, Серо́в, Ре́пин, Моро́зов, Королёв, Анто́нов)으로 바꾸어가면서 연습하세요. Выучите диалог и разыграйте его. Используйте другие русские имена и фамилии (например: **Смирнов, Серов, Репин, Морозов, Королёв, Антонов)**

ЗАДАНИЕ 37 빈칸에 알맞은 단어를 써 넣으세요.

Вставьте во фразы недостающие слова.

1) Как тебя́ ________ ?
2) Вы брат и ________?
3) Моё и́мя ________.
4) Моя́ фами́лия ________ .
5) Её зову́т ____________.
6) Его́ зову́т__________.
7) Познако́мьтесь: ________ зову́т Ольга, а _______ зову́т Юрий.
8) Ле́на, ____________________. Это мой друг Алексе́й.
9) Меня́ зову́т Ни́на. Я ра́да __________________.

ЗАДАНИЕ 38 다음 텍스트를 읽고 «про́сто»란 단어가 한국어로 무슨 뜻인지 말하세요. 누가 자신에 대해서 이야기하고 있나요? Прочитайте текст и скажите, как по-корейски слово «просто»? Кто рассказывает о себе?

Ивано́вы

Мы брат и сестра́. Меня́ зову́т Еле́на, **про́сто** Ле́на. Я студе́нтка. И брат студе́нт. Его́ зову́т Влади́мир, **про́сто** Воло́дя, Во́ва. Моя́ фами́лия Ивано́ва. И брат Ивано́в. И па́па Ивано́в. И ма́ма Ивано́ва. Мы - Ивано́в**ы**.

Ивано́в란 성에 붙은 «-а», «-ы»의 의미는 무엇인가요?
Что значат окончания «-а» и «-ы» в фамилии «Иванов»?

질문에 대답하세요. Отвечайте на вопросы.

1. Как её зову́т?
2. Она́ преподава́тель?
3. А её брат студе́нт?
4. Как его́ зову́т?
5. Его́ фами́лия Ивано́в?
6. Её фами́лия Ре́пина?
7. А ма́ма – Моро́зова?
8. А па́па – Королёв?

ЗАДАНИЕ 39 쌍을 이룬 단어들과 쌍을 이룬 문장들이 주어져 있습니다. 각 쌍에 선생님께서 읽어준 단어나 문장을 표시하세요. Даны пары слов и пары предложений. В каждой паре отметьте те слова или предложения, которые прочитал преподаватель.

понеде́льник - вто́рник, слова́рь - октя́брь, ме́сто - о́сень,
мел - и́мя, экза́мен - газе́та, фами́лия - столо́вая, переры́в - Сиби́рь,
извини́те - телеви́зор, фильм - фи́рма, февра́ль - янва́рь,
ви́деть - де́вять, письмо́ - пе́сня, библиоте́ка - бизнесме́н

Её зову́т Юля. - Его́ зову́т Юра.
Это моя́ подру́га. - Это мой друг.
Как вас зову́т? - Как его́ зову́т?
Мел там? - Там мел?
Это стол. Там ла́мпа и кни́га. - Это стол. Там тетра́дь и слова́рь.
Ра́да познако́миться. - Прия́тно познако́миться.
Познако́мьтесь! - Познако́мься!
Очень прия́тно. - Рад познако́миться.

ЗАДАНИЕ 40 억양 받아쓰기. 다음 텍스트를 잘 듣고, 필요한 곳에 구두점(마침표, 콤마, 물음표)을 찍으세요. Интонационный диктант. Прослушайте тексты, вставьте, где нужно, знаки препинания: точку, запятую, вопросительный знак.

1. Это доска́ да мел там мел там вот студе́нтка её зову́т Юля нет её зову́т Зи́на а э́то её друг а как его́ зову́т его́ зову́т Ива́н он студе́нт э́то его́ кни́га да его́ э́то его́ кни́га тетра́дь и слова́рь
   Ива́н понима́ет текст понима́ет а Зи́на и Зи́на понима́ет

2. До́брый день как дела́ норма́льно ну пока́

구두점을 찍고 본문을 다시 써 보세요. 문장의 처음에는 대문자를 사용하세요. 억양에 유의하면서 이 텍스트들을 읽어보세요. Перепишите текст, расставив знаки препинания; используйте в начале предложений заглавные буквы. Прочитайте эти тексты, обращая внимание на интонацию.

형용사 단어미형인 «рад»는 성과 수에 따라 변한다.
Краткое прилагательное «рад» изменяется по родам и числам.

Я рад (ра́да).	Мы ра́ды.
Ты рад (ра́да).	Вы ра́ды.
Он рад, она ра́да.	Они ра́ды.

Он рад

Она́ ра́да.

Они́ ра́ды.

ЗАДАНИЕ 41 다음 대화들을 따라하세요. Повторяйте диалоги.

1.

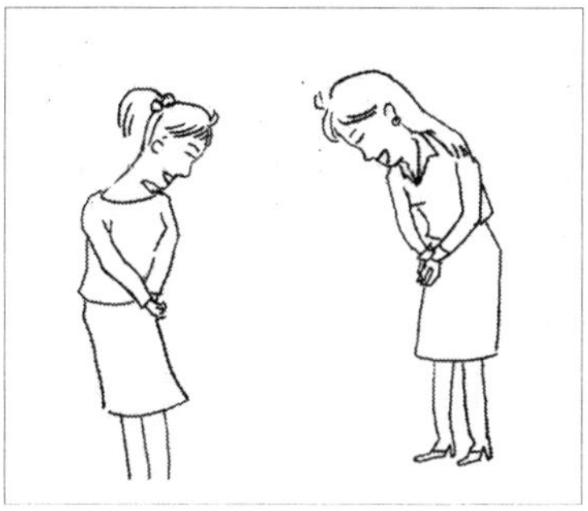

- Здра́вствуйте! Ра́да вас* ви́деть!
  안녕하세요! 당신을 뵙게 되어서 기뻐요.
- Здра́вствуйте! И я ра́да вас ви́деть!
  안녕하세요! 저도 당신을 뵈어서 기쁩니다.

....

- До свида́ния! Всего́ до́брого!
  안녕히 가세요! 좋은 일만 생기세요!
- До свида́ния!
  안녕히 가세요.

2.

- Приве́т! 안녕
- Приве́т! Ра́да тебя́ ви́деть! 안녕! 만나서 반갑다!

---

* 어형 «вас»는 «вы»에서 만들어 졌다. «вы»는 대화상대가 한사람인 경우 상대에 대한 강조된 존경을 표현하거나, 대화상대가 두 명 혹은 그 이상인 것을 의미한다. Словоформа «вас» образована от слова «вы». «Вы» обозначает подчёркнуто уважительное обращение к одному собеседнику или обращение к двум и более собеседникам.

- И я ра́да тебя́ ви́деть. Как дела́? 나도 만나서 반가워. 어떻게 지내?
- Норма́льно. 잘 지내.

....

- Пока́! 잘 가!
- Пока́! 잘 가! Ско́ро уви́димся! 곧 보자~!

대화들을 다시 한 번 잘 듣고 억양의 중심과 억양유형을 선으로 표시하세요. 대화들을 읽어보세요. Прослушайте диалоги еще раз. Обозначьте центры и типы ИК. Прочитайте диалоги.

ЗАДАНИЕ 42

다음 단어 그룹들을 리듬 모델에 따라 읽어보세요.
Читайте группы слов в соответствии с их ритмическими моделями.

ТАта	**таТА**	**ТАтата**	**таТАтата**	**татаТАтата**
видеть	привет	здравствуйте	увидимся	до свидания
рада	пока	д о б р о е		
рады	всего	доброго		
скоро	дела			
добрый				

ЗАДАНИЕ 43

다음 문장들의 빈 칸에 빠진 문자들을 넣으세요.
Вставьте в предложения пропущенные буквы.

До _ р _ й _ ень!
Д _ бро _ ут _ о!
С _ оро _ видим _ я!
В _ ег _ д _ бр _ го!
Н _ рмал _ _ о!

_ ада _ ас в _ д _ ть!
Ка _ д _ ла?
П _ иве _ !
_ др _ в _ _ вуй!
Д _ с _ ида _ ия!
По _ а!

ЗАДАНИЕ 44 다음 단어들을 발음 규칙에 따라 스스로 읽어보세요.
Читайте слова самостоятельно в соответствии с правилами чтения.

до́брое, здра́вствуйте, рад, всего́, до́брого, пока́, норма́льно, ско́ро

ЗАДАНИЕ 45 1) 러시아에서는 부모들이 어떻게 러시아어로 작별인사를 하나요? 2) 부모들은 퇴근 한 후 서로 어떻게 인사를 하나요? 3) 러시아에서는 교수와 대학생이 서로 어떻게 인사를 하나요? 그럼 (고등학교)선생님과 학생들은 어떻게 인사를 하나요? 헤어지는 인사는 어떻게 하나요? 4) 친구들은 만날 때나 헤어질 때 서로에게 무슨 말을 하나요? 5) 여러분은 아침이나 낮에 만날 때 러시아어로 서로에게 무슨 말을 하나요? 여러분은 러시아어로 어떻게 작별인사를 하나요?

1) Как прощаются по-русски родители в России? 2) Как они приветствуют друг друга после работы? 3) Как будут приветствовать друг друга преподаватель и студент в России? А учитель и школьник? Как они попрощаются? 4) Что скажут друг другу при встрече и при расставании друзья? 5) Что вы скажете друг другу по-русски при встрече утром, днём? Как вы попрощаетесь друг с другом по-русски?

ЗАДАНИЕ 46 여러분 앞에 그림이 있습니다. 화가가 그림에 붙인 제목을 혼동하였네요. 실수를 고치세요. Перед вами картинки. Художник перепутал подписи к ним. Исправьте ошибку.

Приве́т!

Извини́те!

Пока́!

Здра́вствуйте!

ЗАДАНИЕ 47 다음의 상황에 맞는 대화를 만드세요. 당신들은 대학 동료들입니다 (선생님과 대학생, 오랜 친구들). 만나는 인사하고, 대화하고 작별인사를 하세요. Напишите диалоги для следующей ситуации. Вы – университетские товарищи (преподаватель и студент, старые друзья); поздоровайтесь друг с другом, поговорите, попрощайтесь.

동사 «лю́бить»의 현재형
Глагол «любить» в формах настоящего времени

ЗАДАНИЕ 48 따라하세요. Повторяйте.

Я **люблю́.** 나는 사랑한다.
Ты **лю́бишь**. 너는 사랑한다.
Он (она) **лю́бит.** 그(그녀는)사랑한다.

Мы **лю́бим**. 우리는 사랑한다.
Вы **лю́бите.** 당신은 사랑한다.
Они **лю́бят.** 그들은 사랑한다.

Я люблю́ о́сень.
Моя́ подру́га лю́бит ле́то.
Мы лю́бим родно́й язы́к.
Они́ лю́бят родно́й го́род.

Она́ лю́бит говори́ть.
Она́ лю́бит мно́го говори́ть.
Она́ лю́бит говори́ть бы́стро.
Мы лю́бим говори́ть по-ру́сски.

- Вы **лю́бите** ко́фе?
- Да, **люблю́**.

- Вы лю́бите **ко́фе**?
- Да, **ко́фе**.

ЗАДАНИЕ 49 적당한 동사를 채워 넣으세요. Вставьте подходящие глаголы.

1. Вы ________спорт?
2. Вы __________ но́вое сло́во?
3. Вы __________ по-англи́йски?
4. Мы __________ родно́й язы́к.
5. Я __________ текст.
6. Она́ не __________ о́сень.
7. Я не __________ вопро́с.
8. Мой брат не ___________ молоко́.

ЗАДАНИЕ 50 다음 대화를 잘 들어보세요. 한국어로 «рис»가 무엇인지 말하세요. Прослушайте диалог. Скажите, как по-корейски «рис»?

- Вы лю́бите рис?
- Извини́те, я не понима́ю вопро́с.
- Вы не понима́ете сло́во «рис»?
- Да, не понима́ю.
- Сло́во «рис» по-англи́йски "rice". А по-коре́йски ...
- А! Понима́ю! По-коре́йски "밥"! Да, я люблю́ рис!
- Мы лю́бим рис!

ЗАДАНИЕ 51 음식을 뜻하는 단어들을 읽고 당신과 당신의 형 혹은 누이는 무엇을 좋아하는지 작문하세요. 모르는 단어는 사전에서 찾으세요. Прочитайте слова, обозначающие еду, и напишите, что любите вы, ваш брат или сестра. Незнакомые слова посмотрите в словаре.

молоко́, йо́гурт, сок, пе́пси, спрайт, ко́фе, чай, сыр, хлеб, рис, карто́фель, сала́т, фру́кты, бана́ны, я́блок**и**, лимо́ны, ки́ви, **апельси́ны, мандари́ны**

회화연습
Поговорим

ЗАДАНИЕ 52 다음 단어들과 표현들을 암기하세요. Выучите слова и выражения.

Прия́тного аппети́та!	맛있게 드세요!
Вам то́же прия́тного аппети́та!	당신도 역시 맛있게 드세요!
вку́сный	맛있는

вку́сный рис, вку́сная ры́ба, вку́сное я́блоко, вку́сный за́втрак, вку́сный обе́д

ЗАДАНИЕ 53 대화 «Чай и́ли ко́фе?»를 들어보세요. 마리나와 올가가 차와 커피중 무엇을 좋아하는지 말하세요. Слушайте диалог «Чай или кофе?» Скажите, Марина и Ольга любят чай или кофе?

Чай и́ли ко́фе?

Марина: Столо́вая тут. Вот суп, мя́со, рис, карто́фель. Там сала́т, ко́фе, чай, фру́кты. Ольга, вы лю́бите рис и́ли карто́фель?
Ольга: Я люблю́ рис. А вы?
Марина: А я люблю́ карто́фель. Вы лю́бите сала́т?
Ольга: Сала́т я не люблю́. А э́то сок? Я люблю́ сок.
Марина: Вы лю́бите чай и́ли ко́фе?
Ольга: Чай.
Марина: И я чай. Прия́тного аппети́та!
Ольга: И вам прия́тного аппети́та!
Марина: Вку́сный обе́д?
Ольга: Вку́сный!

위 대화에서 나온 먹거리를 뜻하는 단어들의 목록이 아래에 주어졌습니다. 다시 한 번 위 대화를 잘 듣고 마리나는 무엇을 좋아하고, 올가는 무엇을 좋하는지 아래 목록에 표시하세요. 당신은 무엇을 좋아하는지 말하세요. 먹거리 목록을 확장해 보세요. Ниже дан список слов из диалога, обозначающих еду. Прослушайте ещё раз диалог и отметьте в этом списке, что любит Марина и что любит Ольга. Скажите, что любите вы? Расширьте список.

рис, картóфель, салáт, сок, чай, кóфе

ЗАДАНИЕ 54 대화 «Мя́у! Здрáвствуйте!»를 잘 들어보세요. 질문에 답하세요. Прослушайте диалог «Мя́у! Здравствуйте!» Ответьте на вопросы.

Мяу! Здравствуйте!

- Мя́у! Здрáвствуйте! Меня́ зову́т Марки́з. А как вас зову́т?
- Здрáвствуй, Марки́з! Меня́ зову́т Ди́ма.
- Ди́ма! Вы лю́бите молокó?
- Нет, не люблю́. Я люблю́ сок, чай, кóфе.
- Фу! Не говори́те «сок», «чай», «кóфе». Я э́то не люблю́. А вы лю́бите мя́со?
- Мя́со я люблю́.
- И я люблю́!
- Марки́-из! Вот молокó!
- Ну, до свидáния!
- До свидáния, Марки́з!

Вопрóсы:

1. Что лю́бит Ди́ма: молокó или мя́со?
2. Что не лю́бит кот Марки́з?

당신이 고양이 마르끼스와 지마에 대해 무엇을 알아냈는지 이야기 하세요. 대화를 연습하세요. Расскажите, что вы узнали о коте Маркизе и о Диме. Разыграйте диалог.

ЗАДАНИЕ 55 다음 대화들과 문장들을 따라하세요.
Повторяйте диалоги и предложения.

1. - Ты лю́бишь фру́кты?
   - Да, люблю́.
2. - Ты лю́бишь фру́кты?
   - Да, фру́кты.
3. - Ты лю́бишь кни́ги?
   - Да, люблю́.
4. - Ты лю́бишь кни́ги?
   - Да, кни́ги.

- Я люблю́ спорт.
- Я люблю́ спорт, а ма́ма не лю́бит спорт.
- Ма́ма лю́бит о́сень.
- Ма́ма лю́бит о́сень, а я люблю́ ле́то.
- Я люблю́ бале́т.
- Я и моя́ подру́га лю́бим бале́т.
- Я понима́ю её, а она́ понима́ет меня́.
- Ма́ма лю́бит меня́, а я люблю́ её.
- Моя́ подру́га лю́бит меня́, а я люблю́ её.
- Я люблю́ говори́ть по-коре́йски.
- Моя́ подру́га На́стя /лю́бит говори́ть по-англи́йски.
- Я люблю́ говори́ть по-коре́йски, а моя́ подру́га На́стя /лю́бит говори́ть по-англи́йски.

- Он понима́ет, а я не понима́ю.
- Он понима́ет вопро́с, а я не понима́ю.
- Она́ говори́т, а я не говорю́.
- Он говори́т по-англи́йски, а я не говорю́ по-англи́йски.
- Сестра́ лю́бит, а брат не лю́бит.
- Сестра́ лю́бит сыр, а брат не лю́бит сыр.

ЗАДАНИЕ 56 대화 «На́стя и Ира подру́ги?»를 잘 들어보세요. 이라와 나스쨔가 무엇을 좋아하는지 제시된 단어 목록에 표시하세요. Прослушайте диалог «Настя и Ира подруги?». Отметьте в списке приведенных слов, что любит Ира и что любит Настя.

спорт, кино́, бале́т, кни́ги, ле́то, о́сень, ко́фе, чай

На́стя и Ира подру́ги?

Вера: На́стя – твоя́ подру́га?

Ира: Да.

Вера: Но ты лю́бишь спорт, а она́ не лю́бит спорт. Ты лю́бишь кино́, а она́ лю́бит бале́т.

Ира: Я и На́стя лю́бим кни́ги.

Вера: Это хорошо́. Но ты говори́шь по-англи́йски, по-кита́йски, а она́ не говори́т по-англи́йски и по-кита́йски.

Ира: Но я и она́ говори́м по-ру́сски!

Вера: Ты лю́бишь ле́то, а она́ лю́бит о́сень; ты лю́бишь ко́фе, а она́ лю́бит чай....

Ира: **Это не ва́жно!** Она́ лю́бит меня́, а я люблю́ её.

질문에 대답하세요. Ответьте на вопросы:

1. На́стя говори́т по-кита́йски? А по-англи́йски?
2. Ира говори́т по-кита́йски и по-англи́йски?
3. Ира и На́стя подру́ги?

다음 문장들을 계속하세요. Продолжите предложения.

1. Ира лю́бит кино́, а На́стя ....
2. Ира лю́бит кни́ги, и На́стя ....
3. Ира лю́бит ле́то, а ....
4. Ира лю́бит ко́фе, а ....
5. Ира говори́т по-англи́йски, а ....
6. Ира лю́бит спорт, а На́стя ....

누가 무엇을 좋아하는지 서로 알아내보세요. 과제를 풀면서 대화 «На́стя и Ира подру́ги?»의 언어 자료를 활용해보세요. Узнайте друг у друга, кто что любит. При выполнении задания используйте языковой материал диалога «Настя и Ира подруги?»

УРОК 6

회화모델 Речевые модели:
«Это книга или тетрадь?», «Это не тетрадь, а словарь»

ЗАДАНИЕ 1 다음 질문들을 따라하세요. 이 질문들에 대답하세요. 억양에 유의하세요.
Повторяйте вопросы. Дайте на них ответы. Следите за интонацией.

Это кни́га и тетра́дь?

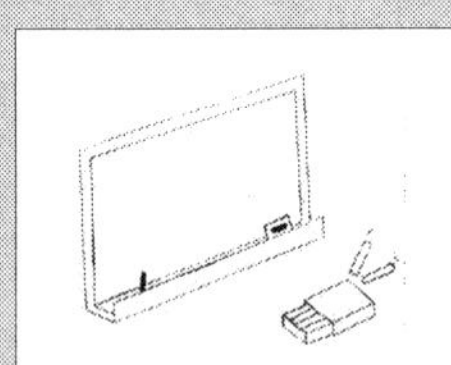

Это мел и доска́?

Это ры́ба и карто́фель?

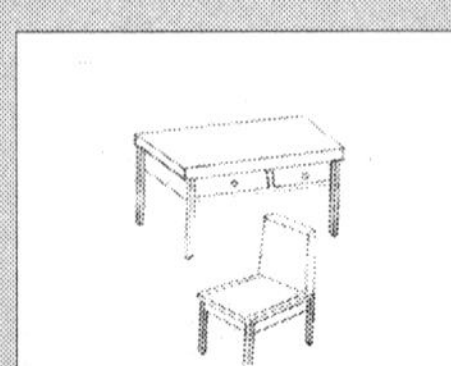

Это стол и стул?

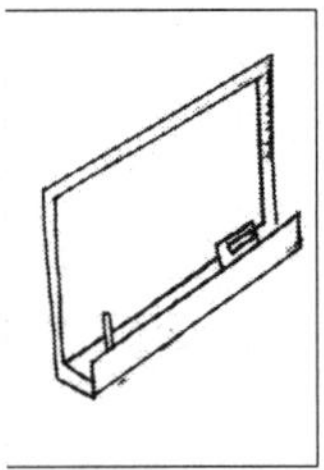

Это доска́ и ка́рта?　　Это студе́нт и студе́нтка?

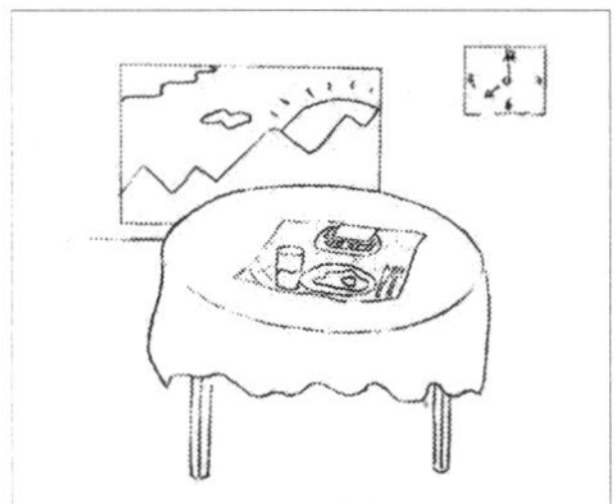

Это стол и за́втрак?　　Это слова́рь и газе́та?

Это преподава́тель и студе́нт?

ЗАДАНИЕ 2 다음 질문들을 따라 하세요. 억양(억양유형 1, 2, 3)에 유의하면서 질문에 대답하세요. Повторяйте вопросы, следите за интонацией (ИК-1, ИК-2, ИК-3). Отвечайте на вопросы.

Это слова́рь /и́ли тетра́дь?　　Это ка́рта / и́ли карти́на?

Это студéнт и́ли студéнтка?

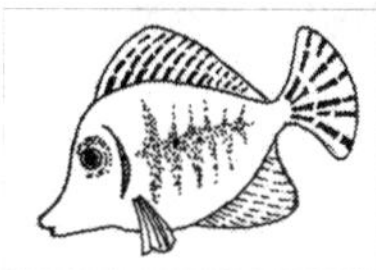

Это ры́ба и́ли мя́со?

Это пáпа и́ли сын?

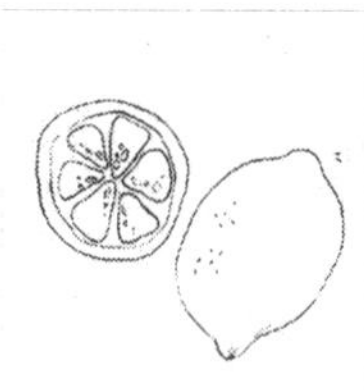

Тут я́блоко и́ли лимóн?

Это карти́нка и́ли фотогрáфия?

Это зáвтрак и́ли обéд?

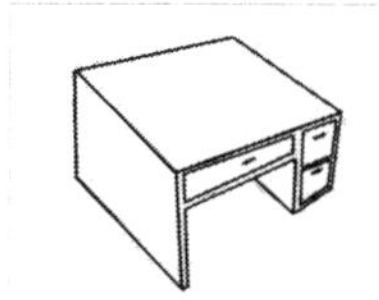

Это стол и́ли стул?

Это кóфе и́ли сок?

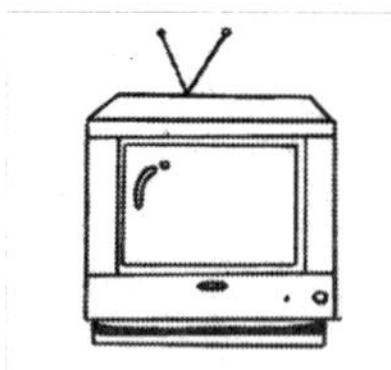

Это рáдио и́ли телеви́зор?

Яблоко тут?

Это вопрóс и́ли отвéт?

Это кинотеáтр и́ли библиотéка?

ЗАДАНИЕ 3 따라하세요. Повторяйте.

1. Онá говори́т по-ру́сски и́ли по-англи́йски?
2. Он говори́т по-коре́йски и́ли по-кита́йски?
3. Студе́нт говори́т по-ру́сски бы́стро и́ли ме́дленно?
4. Сестра́ лю́бит сок и́ли фру́кты?

다음 단어들을 사용하여 유사한 질문들을 만드세요: «сле́ва»-«спра́ва», «тут»-«там», «за́втра»-«сего́дня», «приве́т»-«здра́вствуйте», «диало́г»-«текст». Составьте аналогичные вопросы со словами «сле́ва»-«спра́ва», «тут»-«там», «за́втра»-«сего́дня», «приве́т»-«здра́вствуйте», «диало́г»-«текст».

ЗАДАНИЕ 4 다음 질문에 대답하세요. Отвечайте на вопросы.

1. Вы лю́бите футбо́л и́ли гольф?
2. Ма́ма лю́бит ко́фе и́ли чай?
3. Вы говори́те по-ру́сски бы́стро и́ли ме́дленно?
4. Друг говори́т сло́во «пока́» и́ли «до свида́ния»?

ЗАДАНИЕ 5 다음 질문들에 대답하세요. Отвечайте на вопросы.

1. Москва́ - страна́ и́ли го́род?
2. Петербу́рг - страна́ и́ли го́род?
3. Байка́л - мо́ре и́ли о́зеро?
4. Во́лга - о́зеро и́ли река́?
5. Росси́я - страна́ и́ли го́род?
6. Ивано́в - э́то и́мя и́ли фами́лия?
7. Ива́н - э́то и́мя и́ли фами́лия?
8. Ломоно́сов - э́то и́мя и́ли фами́лия?

ЗАДАНИЕ 6 억양(억양유형 2, 3)에 유의하면서 질문과 대답을 따라하세요.

Повторяйте вопросы и ответы, следите за интонацией (ИК-2, ИК-3).

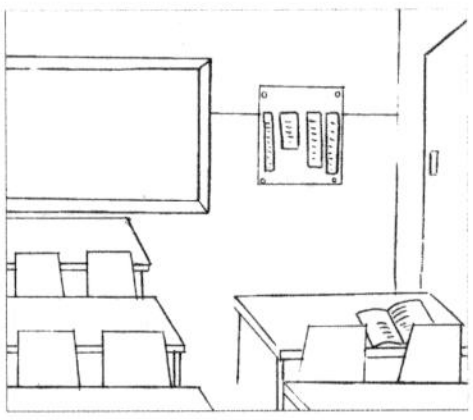

- Это столóвая?
- Нет, э́то не столóвая, / а класс.

- Это кáрта?
- Нет, э́то не кáрта, а карти́нка.

- Это студéнт?
- Нет, э́то не студéнт, / а преподавáтель.

- Мáма тут?
- Нет, мáма не тут, а там.

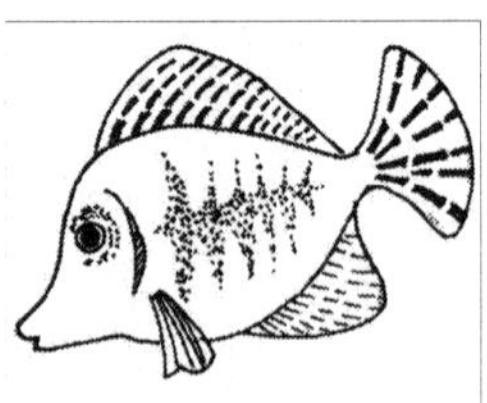

- Это мя́со?
- Нет, э́то не мя́со, а ры́ба.

ЗАДАНИЕ 7 범례에 따라 질문들에 대답하세요.

Отвечайте на вопросы по образцу:

- Это за́втрак?

- Нет, э́то не за́втрак, а обе́д.

Это тетра́дь?

Это карти́нка?

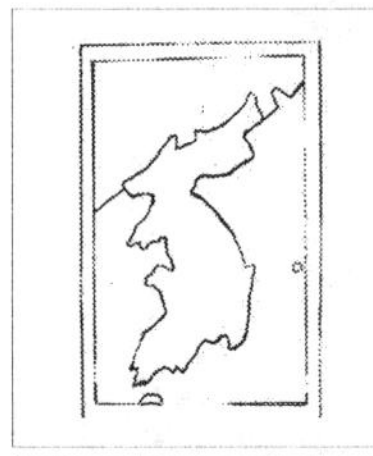

Это стадио́н?

Это музе́й?

Это карто́фель?

Это класс?

Это стол?

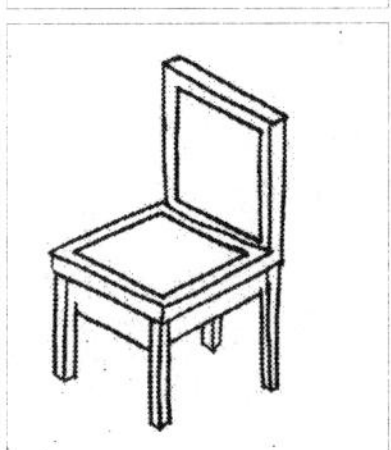

Там за́втрак?

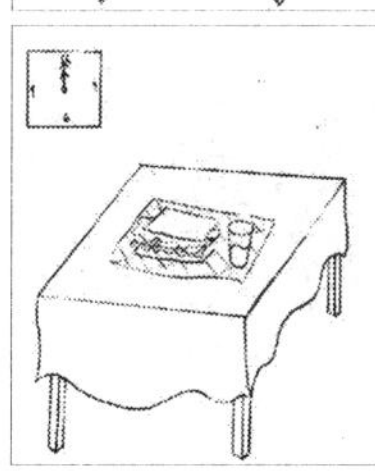

ЗАДАНИЕ 8 다음 대화를 잘 들어보세요. Прослушайте диалог.

- Извини́те, / э́то университе́т?
- Нет, э́то не университе́т, а музе́й.
- Спаси́бо!

다음 단어들을 사용하여 유사한 대화를 만드세요: «парк», «стадио́н», «заво́д», «библиоте́ка». Составьте диалоги по аналогии. Используйте слова «парк», «стадион», «завод», «библиотека».

ЗАДАНИЕ 9 억양 받아쓰기. 필요한 곳에 구두점을 찍으세요. 짧은 텍스트를 만들고 문장의 처음은 대문자로 쓰세요. Интонационный диктант. Расставьте, где нужно, знаки препинания. Перепишите микротекст, в начале предложений пишите заглавные буквы.

Ивано́в э́то твоё и́мя и́ли фами́лия э́то моя́ фами́лия
моё и́мя Влади́мир про́сто Воло́дя
а твоя́ фами́лия Ким пра́вильно
а зову́т тебя́ Мин Су да Мин Су
ты говори́шь то́лько по-коре́йски и по-ру́сски
нет я говорю́ и по-кита́йски

위에 주어진 문장에서 휴지(休止)가 있는 곳에 "/" 기호로 표시하세요. 각각의 억양중심을 찾고, 억양유형을 정하세요. 다시 한 번 문장을 읽어보세요. В предложениях, данных выше, укажите знаком " / ", где паузы. Найдите центр каждой ИК. Определите тип ИК. Прочитайте предложения ещё раз.

회화모델 речевые модели:
«Где кни́га?», «Кни́га на столе́.»,
«Кни́га на столе́ /или в столе́?»

ЗАДАНИЕ 10 다음 질문들과 대답들을 따라 하세요.
Повторяйте вопросы и ответы.

- Где кни́га? Кни́га тут? - Да, кни́га тут.
- Где письмо́? Письмо́ до́ма? - Да, оно́ до́ма.
- Где слова́рь? Слова́рь спра́ва? - Нет, слова́рь не спра́ва, /а сле́ва.
- Где тетра́дь? Тетра́дь спра́ва? - Да, тетра́дь спра́ва.
- Где доска́ ? Доска́ пря́мо? - Да, доска́ пря́мо.
- Где ма́ма? Ма́ма там? - Да, ма́ма там, /до́ма.

ЗАДАНИЕ 11 다음 그림을 잘 보고 질문들을 따라하고 대답하세요.
Рассмотрите картинку, повторяйте вопросы и отвечайте на них.

Где окно́ ?
Где телеви́зор?
Где стол?
Тетра́дь сле́ва?
Газе́та спра́ва?
А карти́на?

ЗАДАНИЕ 12 다음 질문들과 약식 대답들을 읽어보세요.
Читайте вопросы и краткие ответы.

- Где студе́нт и студе́нтка? - **В** университе́те.
- Где преподава́тель и студе́нт? - **В** музе́е.
- Где фотогра́фия? - **В** газе́те.
- Где Ю́ра? - **В** авто́бусе.

잘 듣고 대답하세요. «Где?»라는 질문에 대답할 때 전치사 «на»와 함께 사용하는 명사들을 기억하세요. Прослушайте и ответьте. Запомните существительные, которые употребляются с предлогом «на» при ответе на вопрос «Где?»:

- Где па́па? - **На заво́де.**
- Где река́? - **На карти́нке.**
- Где подру́га? - **На стадио́не.**
- Где Юля? - **На реке́.**
- Где ма́ма? - **На рабо́те.**

ЗАДАНИЕ 13 다음을 따라 하세요: 무성자음 앞에 있는 전치사 «в»는 [ф]로 발음된다는 것을 기억하세요. Повторяйте. Запомните: предлог «в» перед глухим согласным звуком произносится как [ф].

парк - в па́рке   сло́во - в сло́ве
кни́га - в кни́ге   ко́мната - в ко́мнате
Коре́я - в Коре́е   страна́ - в стране́

ЗАДАНИЕ 14 다음을 따라 하세요. 약간의 명사들은 «Где?»라는 질문에 대답하면서 역점의 위치가 바뀐다는 것에 유의하세요. Повторяйте. Обратите внимание на то, что у некоторых существительных, отвечающих на вопрос «Где?», изменяется место ударения.

слова́рь - в словаре   стол - в столе́
Кремль - в Кремле́   календа́рь - **в/на** календаре́

ЗАДАНИЕ 15 다음의 어형들을 기억하세요. Запомните словоформы.

тетрáд**ь** (онá)	- в тетрáд**и**
Сиби́р**ь** (онá)	- в Сиби́р**и**
Япóн**ия**	- в Япóн**ии**
задáн**ие**	- в задáн**ии**
столóв**ая**	- в столóв***ой***

ЗАДАНИЕ 16 따라하세요. Повторяйте.

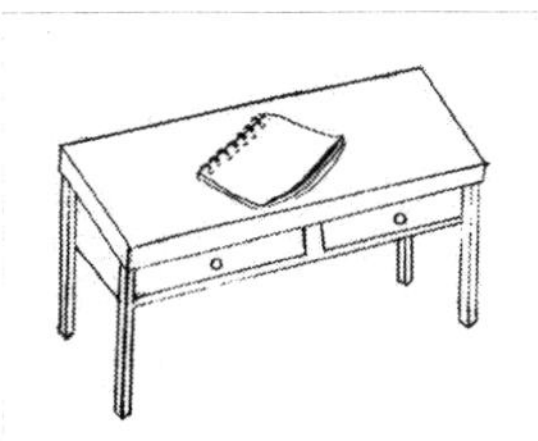

Тетрáдь **на** столé.

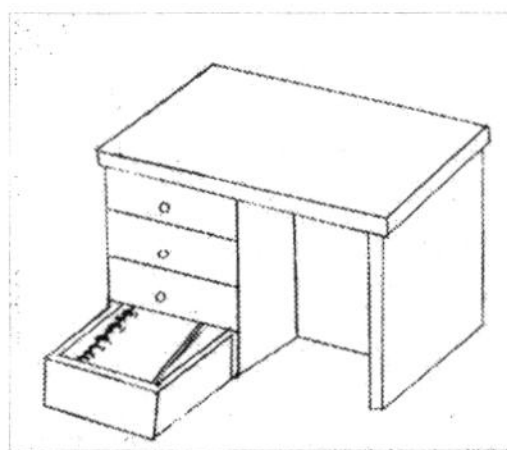

Тетрáдь **в** столé.

Письмó **на** кни́ге.

Письмó **в** кни́ге.

Слóво **в** словарé.

Тетрáдь **на** словарé.

ЗАДАНИЕ 17 다음 질문들과 대답들을 따라하세요. Повторяйте вопросы и ответы.

- Где ма́ма и па́па? Ма́ма и па́па в па́рке?
- Да, они́ в па́рке.

- Где студе́нт и студе́нтка? Они́ в столо́вой?
- Да, студе́нт и студе́нтка в столо́вой.

- Где письмо́? Письмо́ на столе́?
- Да, оно́ на столе́.

- Где па́па? Он на заво́де?
- Да, па́па на заво́де.

- Где слова́рь? Слова́рь в су́мке?
- Да, он в су́мке.

- Где письмо́? Письмо́ в словаре́?
- Да, письмо́ в словаре́.

- Где вопро́с? Вопро́с на доске́?
- Да, вопро́с на доске́.

- Где отве́т? Отве́т в тетра́ди?
- Да, отве́т в тетра́ди.

위 질문과 대답을 서로에게 읽어 주세요. 책을 덮은 후 대답하세요.
Читайте друг другу вопросы и ответы. Отвечайте, закрыв книгу.

ЗАДАНИЕ 18 다음 질문들을 읽어보세요. 그림을 보고 대답하세요.
Читайте вопросы. Смотрите на картинки и отвечайте.

Где сло́во «ма́ма»?

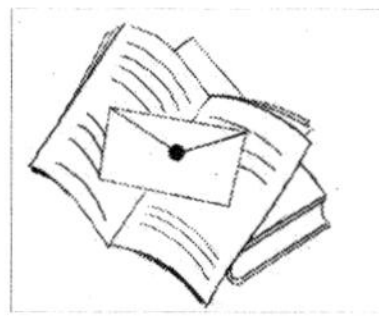

Где письмо́?

Где Юля и Зи́на?

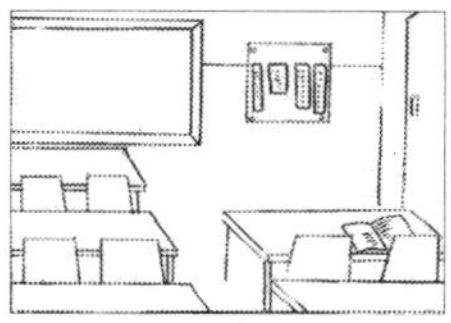

Где доска́?

Где сло́во «Москва́»?

Где тури́ст?

Где о́зеро Байка́л? Где го́род Сеу́л?
Где Кре́мль? Где го́род Ирку́тск?

ЗАДАНИЕ 19 과제 18번에 있는 그림을 보세요. 질문을 따라 하고 대답하세요.
Смотрите на картинки в задании 18, повторяйте вопросы и отвечайте на них.

- Сло́во «Москва́» на доске́ и́ли в тетра́ди?
- Доска́ в кла́ссе и́ли в столо́вой?
- Юля и Зи́на в столо́вой и́ли до́ма?
- Тури́ст в Москве́ и́ли в Сеу́ле?
- **Гру́ппа** в кла́ссе и́ли в па́рке?
- Обе́д в кла́ссе и́ли в столо́вой?

ЗАДАНИЕ 20 다음 그림을 보고 질문들에 대답하세요.

Смотрите на картинки и отвечайте на вопросы.

На карти́нке зима́ и́ли ле́то?

12월

일	월	화	수	목	금	토
	1	2	3	4	5	6
7	8	9	10	11	12	13
14	15	16	17	18	19	20
21	22	23	24	25	26	27
28	29	30	31			

На календаре́ вто́рник и́ли среда́?

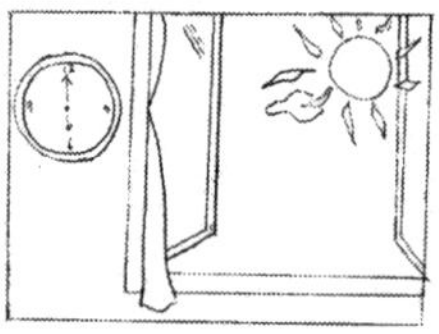

На карти́нке у́тро и́ли день?

На фотогра́фии сын и́ли дочь?

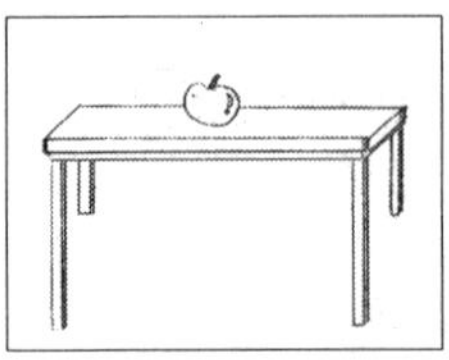

На столе́ лимо́н и́ли я́блоко?

На ка́рте **Монго́лия** или Коре́я?

ЗАДАНИЕ 21 따라하세요. Повторяйте.

Не до́ма, а в па́рке.
Не в кинотеа́тре, а на уро́ке.
Не на стадио́не, а до́ма.

Не су́мка, а зонт.
Не Во́лга, а Байка́л.
Не ру́сско-англи́йский слова́рь,
а ру́сско-коре́йский.

Не в Ирку́тске, а в Москве́.
Не в Росси́и, а в Коре́е.

Не Ю́ля, а её подру́га.

ЗАДАНИЕ 22 다음 질문과 대답을 따라하세요. Повторяйте вопросы и ответы.

- Где ма́ма и сын? Ма́ма и сын до́ма? - Нет, они́ не до́ма, а в па́рке.
- Где Зи́на? Зи́на в кинотеа́тре? - Нет, Зи́на не в кинотеа́тре, а на уро́ке.
- Где Юра? Юра на стадио́не? - Нет, он не на стадио́не, а до́ма.
- Где твой брат? Он в Ирку́тске? - Нет, он не в Ирку́тске, а в Москве́.
- Где твоя́ подру́га? Она́в Росси́и? - Нет, она́ не в Росси́и, а в Коре́е.
- Где сло́во «да»? Оно́ в вопро́се? - Нет, сло́во «да» не в вопро́се, а в отве́те.
- Где окно́? Оно́ спра́ва? - Нет, оно́ не спра́ва, а сле́ва.

- Где доска́? Она́ спра́ва? - Нет, доска́ не спра́ва и не сле́ва, а прямо.

* * *

- На столе́ су́мка? - Нет, на столе́ не су́мка, а зонт.
- На фотогра́фии Во́лга? - Нет, на фотогра́фии не Во́лга, а Байка́л.
- В столо́вой Юля? - Нет, в столо́вой не Юля, а её подру́га.
- На стадио́не твой брат? - Нет, на стадио́не не брат, а его́ друг.

ЗАДАНИЕ 23 다음 그림들을 보고, 과제 22번에 주어진 범례에 따라 질문들에 대답하세요. Смотрите на рисунки и отвечайте на вопросы по образцам, данным в задании 22.

Окно́ в столо́вой?

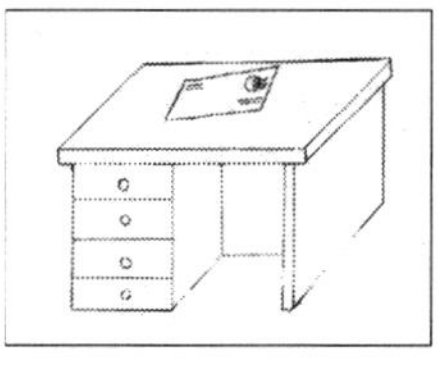

Письмо́ в су́мке?

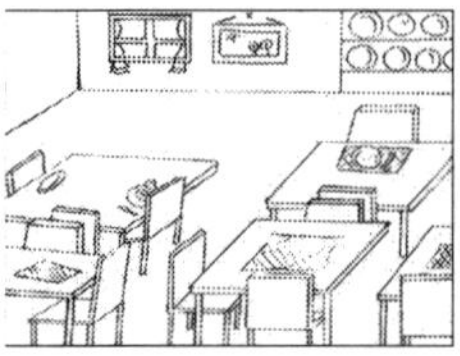

Обе́д до́ма?

Брат и сестра в Сеу́ле?

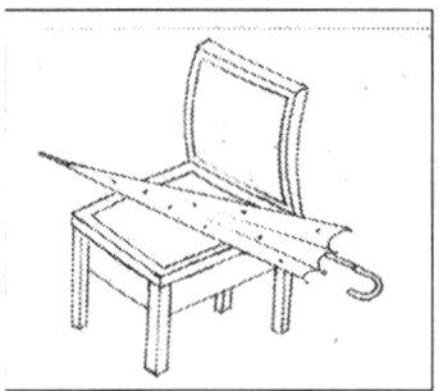

Зонт на столе́?

Фильм в кла́ссе?

ЗАДАНИЕ 24 다음 문장에서 억양의 중심에 밑줄을 긋고, 억양유형을 말하세요. 문장들을 읽어보세요. Подчеркните интонационный центр, укажите тип интонационной конструкции. Прочитайте предложения.

Ди́ма и Юра на уро́ке? Нет, они́ не на уро́ке, а до́ма.

Гру́ппа в кла́ссе и́ли в столо́вой?

회화연습 Поговорим
동사 «работать», «знать», «играть»의 현재형
Глаголы «работать», «знать», «играть»
в форме настоящего времени

회화모델 Речевая модель
«Я знаю, как(кто, где) ...»

ЗАДАНИЕ 25 다음 단어와 문장들을 따라하세요.
Повторяйте слово и предложения.

Я рабо́таю. 나는 일한다.
Ты рабо́таешь. 너는 일한다.
Он(она́) рабо́тает. 그(그녀는) 일한다.
Мы рабо́таем. 우리는 일한다.
Вы рабо́таете. 당신은 일한다.
Они́ рабо́тают. 그들은 일한다.

вме́сте 함께, 같이
Кто э́то? 이 분은 누구입니까?
Кто он? 그는 누구입니까?
Кто рабо́тает? 누가 일하고 있습니까?
Мы рабо́таем вме́сте. 우리는 함께 일합니다.
Я люблю́ рабо́тать. 나는 일하는 것을 좋아합니다.
Моя́ ма́ма рабо́тает в библиоте́ке, а па́па - /на заво́де.

ЗАДАНИЕ 26 다음 대화를 잘 듣고, 한 쪽 대화자의 형이 누구인지 말하세요.
Прослушайте диалог и скажите, кто брат одного из участников диалога.

- Кто э́то?
- Это мой брат.
- Он рабо́тает?
- Да, рабо́тает.
- Кто он?
- Он **программи́ст**.

ЗАДАНИЕ 27 다음 대화를 잘 들어보세요. "오늘 그녀의 누이는 일합니까?"라는 질문에 대답하세요. Прослушайте диалог. Ответьте на вопрос: её сестра сегодня работает?

- Твоя́ сестра́ рабо́тает?
- Да, рабо́тает.
- А сего́дня?
- Сего́дня не рабо́тает, сего́дня суббо́та.
- Сего́дня она́ до́ма?
- Да, до́ма.

ЗАДАНИЕ 28 다음 대화를 잘 듣고 질문들에 대답하세요.
Прослушайте диалог. Ответьте на вопросы.

- Твоя́ ма́ма до́ма?
- Да, до́ма.
- Она́ не рабо́тает?
- Нет, рабо́тает.
- Кто она́?
- Она́ **экономи́ст.**

Вопросы:
1. Где её ма́ма?
2. Она́ рабо́тает?
3. Кто она́?

ЗАДАНИЕ 29 다음 대화를 잘 듣고 "그녀의 친구는 누구입니까?"란 질문에 대답하세요.
Прослушайте диалог, ответьте на вопрос: кто её друг?

- Твой друг Ива́н рабо́тает?
- Нет.
- Он студе́нт?

- Нет.
- А кто он?
- Он футболи́ст.
- А-а! Он спортсме́н!

ЗАДАНИЕ 30 다음 대화를 잘 듣고 1) 안나의 어머니와 아버지는 어디에서 일하고 직업이 무엇인지, 2) 니나의 어머니와 아버지는 어디서 일하고 직업이 무엇인지 말해보세요. Прослушайте диалог и скажите, 1) где работают мама и папа Анны, кто они, 2) где работают мама и папа Нины, кто они.

- Анна, где рабо́тает твой па́па?
- В университе́те.
- Он преподава́тель?
- Нет, он экономи́ст.
- А твоя́ ма́ма рабо́тает?
- Да, она́ рабо́тает в библиоте́ке. Она́ **дире́ктор.**
  Ни́на, а где рабо́тают **твои́** ма́ма и па́па?
- Па́па рабо́тает в **автосе́рвисе**. Он бизнесме́н. А ма́ма рабо́тает в фи́рме. Она́ **секрета́рь**.

여러분들의 부모는 어디서 일하고 누구인지 서로 서로 질문해보세요. 필요한 단어는 사전에서 찾으세요. Расспросите друг друга, где работают ваши родители, кто они. Нужные слова найдите в словаре.

ЗАДАНИЕ 31 다음 단어와 표현들을 따라하세요. Повторяйте слово и выражения.

за́втра	내일
Дава́йте пойдём на футбо́л!	축구 보러 갑시다!
Дава́йте за́втра пойдём на футбо́л!	내일 축구 보러 갑시다!
Дава́йте за́втра вме́сте пойдём на футбо́л!	내일 함께 축구 보러 갑시다!

ЗАДАНИЕ 32 대화 «Дава́йте пойдём на футбо́л!»를 잘 들어보세요. 꼴랴, 유라 그리고 이반의 직업이 무엇인지 말하세요. Прослушайте диалог «Давайте пойдём на футбол!». Скажите, кто Коля, Юра и Иван?

Дава́йте пойдём на футбо́л!

Коля: Юра, познако́мься! Это мой брат Ива́н!

Юра: Здра́вствуй, Ива́н!

Иван: Здра́вствуй, Юра!

Коля: Я и Юра рабо́таем вме́сте. Юра то́же программи́ст.

Юра: А ты, Ива́н, рабо́таешь?

Иван: Нет, не рабо́таю. Я спортсме́н, футболи́ст. Ты лю́бишь футбо́л?

Юра: Да, люблю́.

Иван: Ты за́втра рабо́таешь?

Юра: За́втра? За́втра суббо́та. Нет, не рабо́таю.

Иван: Дава́йте за́втра пойдём вме́сте на футбо́л!

Юра, Коля: Дава́йте!

위 대화에 관한 질문들에 대답하세요. Ответьте на вопросы к диалогу.

1. Юра за́втра рабо́тает?
2. За́втра понеде́льник?
3. Юра лю́бит футбо́л?
4. Он пойдёт за́втра на футбо́л?
5. Ива́н, Юра и Ко́ля пойду́т на футбо́л вме́сте?

꼴랴와 유라에 대해 무엇을 알아냈는지 작문하세요. 시작하는 문장: «Это Коля. А это его друг Юра. Они ......».
Напишите, что вы узнали о Коле и Юре. Начните так: «Это Коля. А это его друг Юра. Они ......»

ЗАДАНИЕ 33 다음 문장들을 따라하세요. Повторяйте предложения.

я зна́ю	나는 안다.	**мы зна́ем**	우리는 안다.
ты зна́ешь	너는 안다.	**вы зна́ете**	당신은 안다.
она зна́ет	그녀는 안다.	**они зна́ют**	그들은 안다.

Я зна́ю, как вас зову́т.
Я зна́ю, кто твой брат.
Я зна́ю, где твой зонт.
Я зна́ю, где библиоте́ка.
Я зна́ю, где рабо́тает твой брат.
Я зна́ю, как по-коре́йски сло́во «домино́».

Вы зна́ете, где столо́вая? = Вы не зна́ете, где столо́вая?
Ты не зна́ешь, где мой зонт?

Ди́ма, /ты зна́ешь, как её зову́т?

Ни́на,/ ты не зна́ешь, как он говори́т по-англи́йски?

ЗАДАНИЕ 34 «Ты не зна́ешь, где (как, кто) ......?»로 시작하는 문장으로 서로에게 질문을 이어가세요. 단어 «моя́ тетра́дь», «мой слова́рь», «мел», «река́ Во́лга», «Юля», «Юра»등을 사용하세요. Задайте друг другу по цепочке вопрос, который начните так: «Ты не знаешь, где (как, кто) ......?» Используйте слова «моя тетрадь», «мой словарь», «мел», «река Волга», «Юля», «Юра» и др.

ЗАДАНИЕ 35 다음 문장들을 따라하세요. Повторяйте предложения.

я игра́ю	나는 경기한다.	**мы игра́ем**	우리는 경기한다.
ты игра́ешь	너는 경기한다.	**вы игра́ете**	당신은 경기한다.
он игра́ет	그는 경기한다.	**они игра́ют**	그들은 경기한다.

Я игра́ю в футбо́л. 나는 축구경기를 한다.
Я игра́ю в лото́. 나는 로또를 한다.

- Ты игра́ешь в лото́?
- Да, игра́ю.

- Ты игра́ешь в лото́?
- Да, в лото́.

Я игра́ю в футбо́л на стадио́не.
Он игра́ет в лото́ на столе́.
Я люблю́ игра́ть в лото́ до́ма.
Я не люблю́ игра́ть в пинг-по́нг на стадио́не.
Я игра́ю в пинг-по́нг в спортза́ле.

- Вы лю́бите игра́ть в **бадминто́н?**
- Нет, мы не лю́бим игра́ть в бадминто́н. Ни́на и Ко́ля лю́бят.

ЗАДАНИЕ 36 «Ты игра́ешь в ....?»라는 문장으로 서로에게 질문을 이어가세요. 단어 «баскетбо́л», «волейбо́л», «те́ннис», «пинг-по́нг», «бадминто́н», «гольф», «бейсбо́л», «пи́гу», «бо́улинг»등을 사용하세요. Задайте друг другу по цепочке вопрос: «Ты играешь в ....?» Используйте слова: «баскетбол», «волейбол», «теннис», «пинг-понг», «бадминтон», «гольф», «бейсбол», «пигу», «боулинг» и др.

ЗАДАНИЕ 37 대화 «Где слова́рь?»를 잘 들으세요. 질문들에 대답하세요. Прослушайте диалог «Где словарь?». Ответьте на вопросы:

Где словарь?

- Ма́ма, ты не зна́ешь, где мой слова́рь?
- На столе́.
- На столе́ нет.
- Ну, тогда́ в столе́.
- И в столе́ нет.
- Ну, я не зна́ю. Па́па зна́ет.
- Па́па, /ты не зна́ешь, где мой слова́рь?
- Зна́ю. Где ты игра́ешь в лото́? На **дива́не?**

- Да, на дива́не. А-а! Мой слова́рь на дива́не!

Вопросы:

1. Где слова́рь?
2. Кто говори́т?

질문들에 대답하세요. Отвечайте на вопросы:

1. Ма́ма зна́ет, где слова́рь?
2. Где сын игра́ет в лото́?
3. Па́па зна́ет, где сын игра́ет в лото́?
4. Па́па зна́ет, где слова́рь?

대화의 내용을 짧게 요약하세요. дочь не зна́ет... 으로 시작하세요.
Кратко изложите содержание диалога. Начните так: дочь не знает ... .

ЗАДАНИЕ 38 다음 문장들을 따라하세요. Повторяйте предложения.

Вы зна́ете, как по-коре́йски сло́во «бадминто́н»?

Вы зна́ете, как по-коре́йски сло́во «спортза́л»?

Я зна́ю, где он игра́ет в те́ннис: он игра́ет в те́ннис в спортза́ле.

Я зна́ю, где вы игра́ете в футбо́л: вы игра́ете в футбо́л на стадио́не.

ЗАДАНИЕ 39 마리나와 올가의 «Вы игра́ете в бадминто́н?» 대화를 잘 듣고 질문들에 대답하세요. Прослушайте диалог Марины и Ольги «Вы играете в бадминтон?» Ответьте на вопросы:

Вы игра́ете в бадминто́н?

Марина : Ольга, вы лю́бите спорт?

Ольга : Да, осо́бенно бадминто́н.

Марина : Вы игра́ете в бадминто́н?

Ольга : Да, **немно́го.**

Марина : Где?

Ольга : В па́рке /и́ли в спортза́ле. А вы игра́ете в бадминто́н?

Марина : Нет, не игра́ю.

Ольга : А спорт лю́бите?

Марина : Люблю́. Я игра́ю в те́ннис. Мой сын то́же лю́бит те́ннис. Мы игра́ем вме́сте. А ваш сын игра́ет в бадминто́н?

Ольга : Нет, он не лю́бит бадминто́н. Он игра́ет в футбо́л.

Вопросы:

1. Где Ольга игра́ет в бадминто́н?
2. Кто лю́бит игра́ть в те́ннис?

대화의 내용과 관련된 질문들에 대답하세요.
Ответьте на вопросы к содержанию диалога.

1. Мари́на игра́ет в бадминто́н?
2. Ольга лю́бит спорт?
3. Её сын лю́бит бадминто́н?

다음 질문들에 대답하세요. Ответьте на вопросы.

- Приве́т

....

- Ты лю́бишь спорт?

....

- Я люблю́ волейбо́л и игра́ю в волейбо́л. А ты?

....

- Твой друг игра́ет в футбо́л?

....

- Вы игра́ете вме́сте?

....

- Ты лю́бишь бо́улинг?

....

- Ты игра́ешь в университе́те в те́ннис?

....

- А в пи́гу ты игра́ешь?

....

- Где студе́нтки игра́ют в пи́гу?

....

- Пи́гу – э́то коре́йская игра́?

....

- Ну, пока! Скоро уви́димся!

....

대화 «Вы игра́ете в бадминто́н?»을 다시 한 번 잘 듣고 마리나와 올가에 대해 무엇을 알아냈는지 작문하세요. Прослушайте диалог «Вы играете в бадминтон?» ещё раз и напишите, что вы узнали о Марине и Ольге.

ЗАДАНИЕ 40 다음 단어 그룹들을 리듬 모델에 따라 읽어보세요.
Прочитайте слова в соответствии с ритмическими моделями.

ТА	**ТАта**	**таТА**	**татаТА**	**таТАта**
знать	Фирма	диван	календарь	директор
кто	вместе	спортзал	говорить	немного
	скоро	турист	понимать	
		играть	программист	**тататаТАта**
		лото	бизнесмен	библиотека
			домино	
			апельсин	
			мандарин	
			секретарь	

다음 단어들을 알파벳 순서대로 나열하세요.
Напишите слова в алфавитном порядке.

тури́ст, календа́рь, говори́ть, рабо́тать, игра́ть, знать, экономи́ст, кто, программи́ст, бизнесме́н, фи́рма, дива́н, осо́бенно, спортза́л, домино́, вме́сте, лото́, ско́ро, автосе́рвис, библиоте́ка, секрета́рь, дире́ктор, немно́го

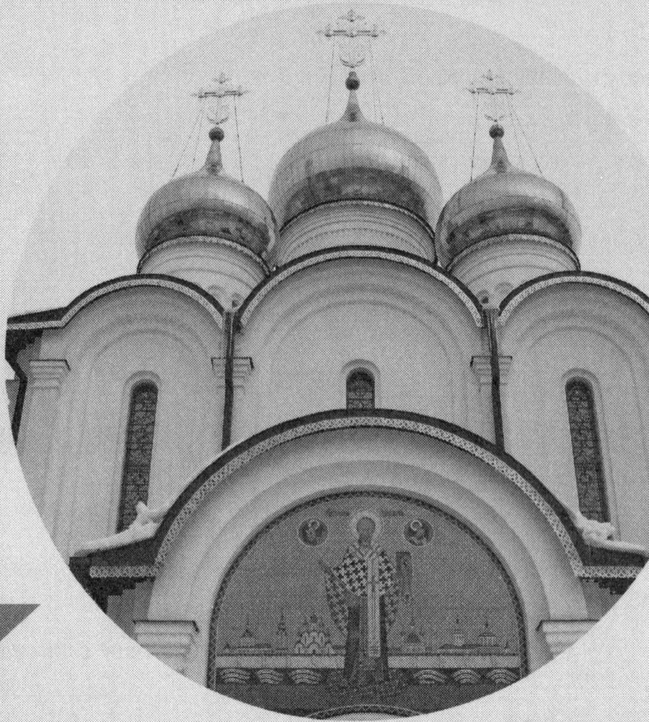

УРОК 7

➾ 동사 형태 «есть» / «нет»이 있는 문장. 동사 형태 «есть» / «нет»이 있는 문장에서의 억양중심
Предложения с глагольными формами «есть» / «нет». Интонационный центр в предложениях с глагольными формами «есть» / «нет».

«На столé тетрáдь», «Слéва кни́га», «Кни́га на тетрáди» 와 같은 유형의 문장들에는 존재의 의미가 내재되어 있다. 이러한 존재의 의미는 말하는 사람이 보기에 중요한 것이 아니기 때문에 어휘-문법적 표현으로 나타내지 않는다. 그러나 존재의 유 /무에 대한 정보가 말하는 사람에게 더욱 중요하게 될 때에는 같은 문장들에서 동사 형태 «есть»(«нет»)가 사용된다. 이 경우 동사 형태는 억양의 중심이 된다.

В предложениях типа «На столе тетрадь», «Слева книга», «Книга на тетради», подразумевается значение наличия. Оно не имеет лексико-грамматического выражения, так как не является важным с точки зрения говорящего. Однако, когда информация о наличии / отсутствии становится наиболее важной, в подобных предложениях употребляется глагольная форма «есть» («нет»). Она становится интонационным центром.

앞에서 언급한 바와 같이, 대화체에서는 보다 더 관심의 초점이 되는 단어는 문장의 모든 곳에 올 수 있다. 그렇기 때문에 억양의 중심은 더 관심의 초점이 되는 단어가 놓인 위치에 따라 문장의 끝에서 중간이나 처음으로 옮겨질 수 있다. 예를들면: Как говорилось ранее, в разговорной речи наиболее информативное слово может находиться в любой части предложения, поэтому интонационный центр может передвигаться с конца предложения в его середину или начало - в зависимости от места расположения наиболее информативного слова. Примеры:

- **На столе́[3] тетра́дь? – Да, на столе́.**	**На столе́ тетра́дь.**
- **На столе́ тетра́дь[3]? – Да, тетра́дь.**	**На столе́ тетра́дь.**
- **На столе́ есть[3] тетра́дь? – Да, есть.**	**На столе́ есть тетра́дь.**
- **Есть[3] на столе́ тетра́дь? – Да, есть.**	**Есть на столе́ тетра́дь.**
- **Тетра́дь на столе́ есть[3]? – Да, есть.**	**Тетра́дь на столе́ есть.**

의문문(의문사 없는)에서는 약식 대답에 사용되는 단어가 항상 억양의 중심이다. 의문문에서 단어 «есть (нет)»은 약식 대답에서 «есть (нет)»이 활용될 경우에만 사용될 수 있다.

В вопросительных предложениях (без вопросительного слова) интонационным центром всегда является то слово, которое употребляется(или подразумевается) в кратком ответе.

Слово «есть (нет)» в вопросительном предложении может употребляться в том случае, когда оно употребляется (подразумевается) в кратком ответе.

ЗАДАНИЕ 1 다음 질문과 대답을 따라하세요. Повторяйте вопросы и ответы.

1. - Тут преподава́тель / и́ли студе́нт?
   - Преподава́тель. Тут преподава́тель.

2. - Тут преподава́тель / и́ли там?
   - Тут преподава́тель.

3. - Тут есть преподава́тель / и́ли нет его́?
   - Есть. Тут есть преподава́тель.

4. - Есть тут преподава́тель?
   - Да, есть. Есть тут преподава́тель.

5. - Преподава́тель тут есть?
   - Да, есть. Преподава́тель тут есть.

6. - На столе́ есть газе́та?
   - Да, есть. На столе́ есть газе́та.

ЗАДАНИЕ 2 다음 그림을 보세요. 질문들과 대답들을 읽어보세요.
Смотрите на картинку. Читайте вопросы и ответы.

1. - На столе́ есть газе́та / и́ли **нет** газе́т**ы**?
   - Есть. На столе́ есть газе́та.

2. - На столе́ есть карти́нка / и́ли нет карти́нк**и**?
   - Нет. На столе́ нет карти́нк**и**.

3. - На столе́ есть кни́га и́ли **нет** кни́г**и**?
   - Нет. На столе́ **нет** кни́г**и**.

4. - На столе́ есть бана́н / или **нет** бана́н**а**?
   - Есть. На столе́ есть бана́н.

5. - На столе́ есть лимо́н / или **нет** лимо́н**а**?
   - Нет. На столе́ **нет** лимо́н**а**.

6. - На столе́ есть письмо́ / или **нет** письм**а́**?
   - Нет. На столе́ нет письма́.

7. - А ла́мпа? Есть / или нет?

- Есть. Ла́мпа есть.

8 - А фотогра́фия? Есть / или нет?

- Нет. Фотогра́фи**и** **нет**.

ЗАДАНИЕ 3 따라하세요. Повторяйте.

он	**она́**
есть мел - нет ме́л**а**	есть сестр**а́** - нет сестр**ы́**
есть уро́к - нет уро́ка	есть гита́ра - нет гита́ры
есть переры́в - нет переры́ва	есть Зи́на - нет Зи́ны
есть экза́мен - нет экза́мена	есть бу́ква - нет бу́квы
есть дом - нет до́ма	есть су́м**к**а - нет су́мк**и**
есть авто́бус - нет авто́буса	есть дос**к**а́ - нет доск**и́**
есть звук - нет зву́ка	есть кни́**г**а - нет книг**и**
есть друг - нет дру́га	есть подру́**г**а - нет подру́г**и**
есть музе́**й** - нет музе́**я**	есть фотогра́фи**я** - нет фотогра́фи**и**
есть слова́р**ь** - нет *словар**я́***	есть тетра́д**ь** - нет тетра́д**и**
есть стол - нет *стола́*	*есть столо́в**ая** - нет столо́в**ой***
есть зонт - нет *зонта́*	

оно
есть о́зеро - нет о́зера
есть ме́сто - нет ме́ста
есть сло́во - нет сло́ва
есть я́блоко - нет я́блока
есть **мо́ре** - нет мо́р**я**
есть ко́фе - нет ко́фе

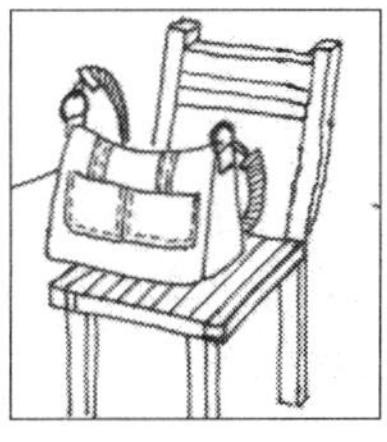

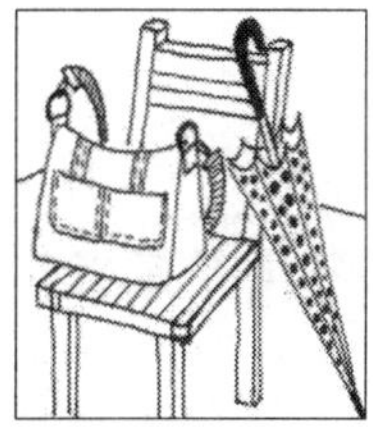

필요한 어형들을 넣고 읽어보세요.
Вставьте нужные словоформы. Прочитайте их.

есть Ни́на – нет ______.	есть календа́рь – нет ______.
есть Ди́ма – нет ______.	есть Ива́н – нет ______.
есть сын – нет ______.	есть зада́ние – нет ______.
есть пиани́но – нет ______.	есть дива́н – нет ______.
есть библиоте́ка – нет ______.	есть **секрета́рь** – нет ______.

ЗАДАНИЕ 4 따라하세요. 다음 그림을 보세요. 질문들을 따라하고 대답하세요.
Смотрите на рисунок. Повторяйте вопросы и отвечайте на них.

На столе́ есть суп и́ли нет су́па?
На столе́ есть сала́т и́ли нет сала́та?
На столе́ есть ры́ба и карто́фель и́ли нет ры́бы и карто́феля?
На столе́ есть ко́фе и́ли нет ко́фе?
На столе́ есть сок и́ли нет со́ка?
На столе́ есть я́блоко и́ли нет я́блока?
А бана́н?
А лимо́н?

ЗАДАНИЕ 5 다음 질문들에 대답하세요. 그 대답들을 써 보세요.
Отвечайте на вопросы. Запишите ответы.

В кла́ссе есть обе́д?
В столо́вой есть доска́?
На стадио́не есть музе́й?
В кинотеа́тре есть мел?

В словаре́ есть диало́г? В па́рке есть мо́ре?
В авто́бусе есть телеви́зор? На доске́ есть сло́во «футбо́л»?

ЗАДАНИЕ 6 다음 대화를 잘 들어보세요. 사전에 «пельме́ни»란 단어가 있습니까? 한국어로 «пельме́ни»는 어떻게 됩니까? Прослушайте диалог. Скажите, в словаре есть слово «пельмени»? Как по-корейски «пельмени»?

- Вот слова́рь. Это ру́сско-коре́йский слова́рь.
- Там есть сло́во «Сиби́рь»?
- Да, в словаре́ есть сло́во «Сиби́рь».
- Как по-коре́йски «Сиби́рь»?
- «Сиби́рь» по-коре́йски "시베리아".
- А сло́во «**пельме́ни**»? Есть?
- Да, есть.
- Как по-коре́йски «пельме́ни»?
- "만두".

ЗАДАНИЕ 7 다음 속담을 외우세요. Выучите поговорку.

Без му́ки нет нау́ки.

고난 없이 학문은 없다.

ЗАДАНИЕ 8 경쟁게임. 어떤 팀이 다른 팀에게 단어 «есть»를 이용해 더 많은 질문을 할 수 있을까요? 옳은 질문과 옳은 대답을 하면 1점씩 받습니다. Игра-соревнование. Какая команда задаст больше вопросов другой команде со словом «есть»? За правильный вопрос и правильный ответ каждая команда получает по одному очку.

ЗАДАНИЕ 9 억양에 유의하면서 다음 질문과 대답을 잘 들어보세요.
Слушайте вопросы и ответы, следите за интонацией.

- Тут ко́фе? (Тут ко́фе и́ли сок?) - Ко́фе.
- Тут ко́фе? (Тут ко́фе и́ли там?) - Тут.
- Тут твой ко́фе? - Да, мой.
- Тут есть твой ко́фе? - Да, есть.
- На столе́ кни́га? (На столе́ кни́га и́ли тетра́дь?) - Кни́га.
- На столе́ кни́га? (На столе́ и́ли в су́мке кни́га?) - На столе́.
- Кни́га на столе́? (Кни́га на столе́ и́ли в су́мке?) - На столе́.
- На столе́ есть кни́га? (На столе́ есть кни́га и́ли нет кни́ги?) - Есть.

ЗАДАНИЕ 10 억양에 유의하면서 다음 대화를 따라하세요. 대화를 반복하여 연습하세요. Повторяйте диалог, следите за интонацией. Разыграйте его.

- На столе́[3] есть тетра́дь?
- Нет.
- В столе́[3] тетра́дь?
- Нет, на сту́ле.
- На сту́ле[3] тетра́дь?
- Да, на сту́ле.
- На сту́ле[3] тетра́дь?
- Да, тетра́дь.
- Нет, на сту́ле не тетра́дь,[3] / а кни́га![2]
- А где тетра́дь?[4] А-а! Тетра́дь в су́мке![2]

ЗАДАНИЕ 11 그림들과 약식대답들을 보고 빈 칸을 의문의 문구들로 채우세요.

По рисункам и кратким ответам восстановите вопросительные фразы.

__________________ ? - Да, есть.

__________________ ? - Да, в па́рке.

__________________ ? - Да, о́зеро.

__________________ **?** - Да, в газе́те.

__________________ **?** - Да, есть.

«КОФЕ»

«ЛАМПА»

__________________? - Да, бу́ква «ф».

__________________? - Да, в сло́ве «ко́фе».

__________________? - Да, есть.

__________________? - Нет, не бу́ква «ф».

__________________? - Нет, не в сло́ве «ла́мпа», а в сло́ве «ко́фе».

__________________? - Нет.

⇨ 회화모델 речевые модели:
«У меня́ есть брат», «У меня́ брат (а не сестра́)»,
«У меня́ нет бра́та"»

ЗАДАНИЕ 12 다음 질문들과 대답들을 따라하세요. Повторяйте вопросы и ответы.

- **У тебя́** есть слова́рь?	- Да, **у меня́** есть слова́рь.
너에게 사전이 있니?	- 예, 저에게 사전이 있습니다.
- **У вас** есть мел?	- Да, **у меня́** есть мел.
당신에게 분필이 있습니까?	- 예, 저에게 분필이 있습니다.
- **У вас** в кла́ссе есть телеви́зор?	- Да, **у нас** в кла́ссе есть телеви́зор.
당신 학급에 텔레비전이 있습니까?	- 예, 저희 학급에 텔레비전이 있습니다.
- **У него́** есть брат?	- Да, **у него́** есть брат.
그에게 형이 있습니까?	- 예, 그에게 형이 있습니다.
- **У неё** есть подру́га?	- Да, **у неё** есть подру́га.
그녀에게 여자친구가 있습니까?	- 예, 그녀에게 여자 친구가 있습니다.

я - **у меня́**	мы - **у нас**	он - **у него́**
ты - **у тебя́**	вы - **у вас**	она́ - **у неё**

- У тебя́ есть сестра́? - Нет, у меня́ нет сестры́.
- У него́ есть брат? - Нет, у него́ нет бра́та.
- У неё есть гита́ра? - Нет, у неё нет гита́ры.
- У вас в кла́ссе есть ка́рта? - Нет, у нас в кла́ссе нет ка́рты.

- ***У тебя́ есть вре́мя?***	너 시간이 있니?
- ***Нет, у меня́ нет вре́мени.***	아니 나는 시간이 없어.

ЗАДАНИЕ 13 다음 대화들을 잘 들으세요. 서로에게 비슷한 질문들을 해보세요.
Прослушайте диалоги. Задайте подобные вопросы друг другу.

1. 

- У тебя́ брат / и́ли сестра́?
- У меня́ сестра́. А у тебя́?
- И у меня́ сестра́.

2 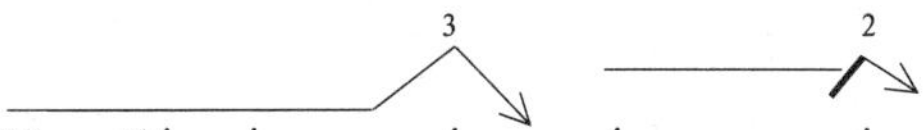

- У тебя́ до́ма гита́ра / и́ли пиани́но?
- У меня́ пиани́но. А у тебя́?
- А у меня́ гита́ра.

3.

- У тебя́ есть слова́рь?
- Нет.

4.

- У тебя́ слова́рь?
- Нет, не у меня́.

5.

- У тебя́ слова́рь?
- Нет, тетра́дь.

ЗАДАНИЕ 14 다음 질문들을 잘 듣고 대답들을 적어보세요.
Слушайте вопросы и пишите ответы.

У вас есть друг (подру́га)?
У вас есть его́ (её) фотогра́фия?
У него́ (неё) есть гита́ра?
У него́ (неё) сего́дня есть экза́мен?
Ваш слова́рь у него́ (неё)?
А **ва́ша** тетра́дь?

ЗАДАНИЕ 15 낱말 맞추기. 빈 칸에 알맞은 단어들을 넣으면 가로 칸에서 러시아 고대 수도의 이름을 읽을 수 있습니다. 역순으로 문자가 쓰여진 단어들이 배열되어 있습니다. 알아 맞춰 보세요. Кроссворд. Если вы правильно впишите в клетки слова, то по горизонтали прочитаете название древней столицы России. Расположены эти слова с обратным порядком букв. Догадайтесь!

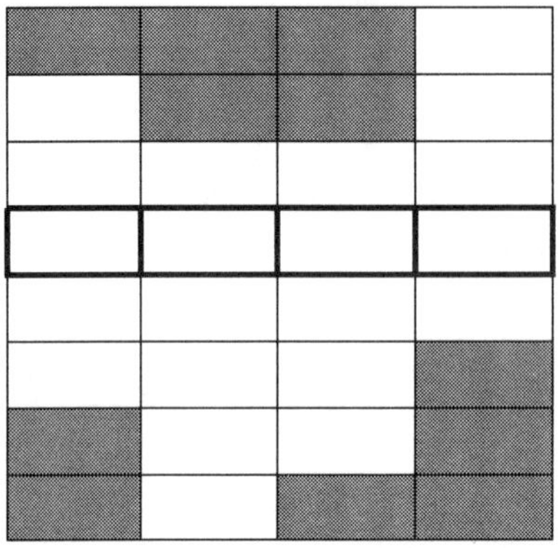

оволс
тскет
янсеп
голаид

⇨ 회화모델 речевые модели:
«У меня́ два бра́та и две сестры́», «В кла́ссе два окна́»

ЗАДАНИЕ 16 읽어보세요. Читайте.

он	**она́**
оди́н друг - два, три друг**a**	одна́ ко́мната - **две**, три ко́мнат**ы**
оди́н звук - два, три зву́ка	одна́ бу́ква - две, три бу́квы
оди́н вопро́с - два, три вопро́са	одна́ группа - две, три группы
оди́н отве́т - два, три отве́та	одна́ кни́га - две, три кни́г**и**
оди́н го́род - два, три го́рода	одна́ ре**ка́** - две ре**ки́**
оди́н дом - два до́ма	одна́ тетра́д**ь** - две тетра́д**и**
оди́н музе́**й** - два музе́**я**	одна́ пе́сня - три пе́сни
оди́н язык - два *языка́*	одна́ фотогра́фи**я** - две фотогра́фи**и**
оди́н стол - два *стола́*	
оди́н слова́рь - два *словар**я́***	
оди́н день - два ***дня***	

оно	
однó слóво - два, три слóв**а** однó мéсто - два, три мéста однó я́блоко - два я́блока однó задáние - три задáни**я** однó **мóре** - два мóр**я**	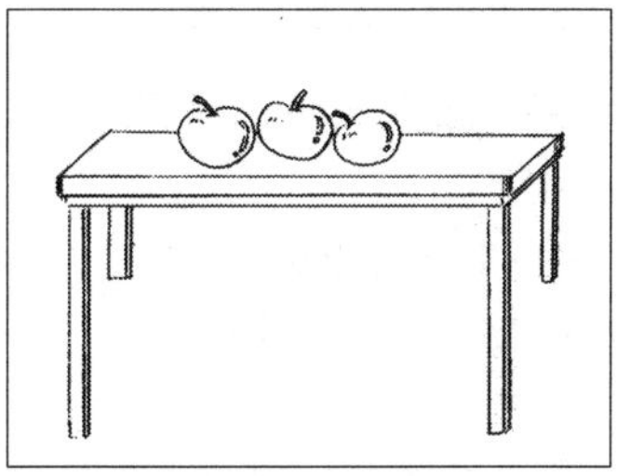

ЗАДАНИЕ 17 억양의 중심에 주의하면서 다음 대화들을 따라하세요.
Повторяйте диалоги, обращая внимание на центр ИК.

1. - У тебя´ есть тетрáдь?
   - Нет.
2. - У тебя́ две тетрáди?
   - Да, две.
3. - В клáссе есть преподавáтель?
   - Да, есть.
4. - В клáссе нóвый преподавáтель?
   - Да, нóвый.
5. - У негó **краси́вый гóлос**?
   - Да, краси́вый.
6. - У неё **прия́тная улы́бка**?
   - Да, прия́тная.

ЗАДАНИЕ 18 다음 대화들을 따라하세요. Повторяйте диалоги.

1. - У тебя́ есть подрýга?
   - Да, есть.
   - У тебя́ однá подрýга?
   - Да, у меня́ однá подрýга.

2. - У тебя́ есть брат?
   - Да, есть.

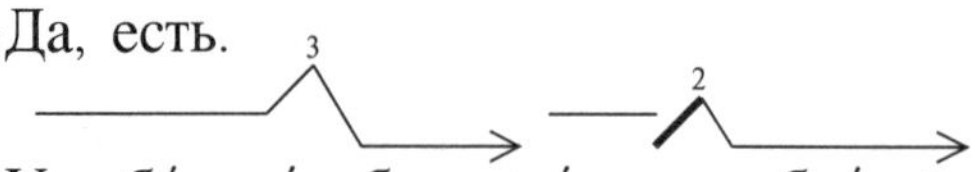

   - У тебя́ оди́н брат / и́ли два бра́та?
   - У меня́ три бра́та!

3. - У вас есть сестра́?
   - Да, есть.
   - У вас одна́ сестра́?
   - Да, одна́.
   - А брат? Есть?
   - Да, есть. У меня́ оди́н брат.

4. - В сло́ве «мы» - / две бу́квы, / в сло́ве «она́» - / три бу́квы. А в сло́ве «он»?
   - В сло́ве «он» /две бу́квы.

5. - В сло́ве «я» / одна́ бу́ква.
   - А звук оди́н?
   - Нет, в сло́ве «я» / одна́ бу́ква, / но два зву́ка: / [й] / и [а].

ЗАДАНИЕ 19 질문들에 대답하세요. Отвечайте на вопросы.

В кла́ссе одно́ окно́?
В кла́ссе две доски́?
На столе́ три тетра́ди?
У вас оди́н слова́рь?
У вас одна́ сестра́?
У вас оди́н брат?
У вас в кла́ссе есть друг и́ли подру́га? Оди́н (одна́)?
У вас до́ма есть дива́н?
У вас краси́вый дива́н?

ЗАДАНИЕ 20 다음 그림을 보고 물건의 수를 세고 나서, 아래 문장들을 완성하세요.
Рассмотрите рисунок и продолжите фразу, назвав количество предметов.

В ко́мнате оди́н(одна́)..........
В ко́мнате два(две) ....
В ко́мнате три ....

ЗАДАНИЕ 21 억양 받아쓰기. 필요한 곳에 구두점을 찍은 후, 문장의 첫 글자로 대문자를 사용하여 짧은 텍스트를 다시 써 보세요. 억양의 중심에 밑줄을 그으세요. 텍스트를 읽어보세요. Интонационный диктант. Расставьте, где нужно, знаки препинания, затем перепишите данный микротекст, используя в начале предложений заглавные буквы. Подчеркните интонационные центры. Прочитайте текст.

У тебя́ оди́н брат и́ли два бра́та у меня́ оди́н брат а сестра́ есть нет сестры́ у меня́ нет твой брат рабо́тает нет он студе́нт

ЗАДАНИЕ 22 문장이 될 수 있도록 다음 단어들을 바른 순서로 배열하세요. 억양에 주의하면서 소리내어 읽어보세요. Расставьте слова в правильном порядке, чтобы получились предложения. Прочитайте их вслух, обращая внимание на интонацию.

1. Две неё и бра́та сестры́ у три.
2. О́зера нас у па́рке в нет.
3. В где стадио́н университе́те?
4. У в два университе́те нас стадио́на.
5. Го́роде или музе́я два в три?
6. Экза́мен у сего́дня меня́.
7. Диало́г не он понима́ет.
8. Сок твой лю́бит молоко́ брат или.
9. Футбо́л за́втра на пойдём дава́йте вме́сте!
10. Музе́й не где зна́ете вы?
11. Нет меня́ сего́дня у вре́мени.
12. Игра́ть в вы в лю́бите те́нис па́рке?
13. По-ру́сски моя́ немно́го говори́т подру́га.
14. Моя́ лю́бит подру́га по-ру́сски говори́ть.
15. Лю́бит брат не мой пельме́ни.
16. Есть Сиби́ри в Байка́л о́зеро.
17. Прия́тный у го́лос неё.

ЗАДАНИЕ 23 다음 단어를 알파벳 순으로 써 보세요.
Запишите слова в алфавитном порядке.

дива́н, пельме́ни, прия́тный, аппети́т, улы́бка, го́лос, краси́вый, вре́мя, пиани́но, гита́ра, секрета́рь, дире́ктор

회화연습
Поговорим

«встре́ча»의 상황에서의 언어예절
Речевой этикет в ситуации «встреча»

ЗАДАНИЕ 24 ИК-2를 사용하면서, 따라하세요. Повторяйте. Используете ИК-2.

Пойдём на футбо́л! Дава́йте пойдём вме́сте на футбо́л!
Пойдём на уро́к!
Пойдём на экза́мен!
Пойдём в кинотеа́тр! Дава́йте пойдём в кинотеа́тр!
Пойдём в музе́й! Дава́йте пойдём в музе́й!
Пойдём на стадио́н! Дава́йте пойдём на стадио́н!

Пойдём в библиоте́ку!
Пойдём на рабо́ту!
Пойдём в столо́вую! Дава́йте пойдём в столо́вую!

ЗАДАНИЕ 25 다음 대화를 따라하세요. Повторяйте диалог.

1. - Куда́ **вы идёте? Вы идёте** в столо́вую?
   - Да. **Мы идём** в столо́вую. А ты?
   - **Я иду́** в библиоте́ку.

2. - Куда́ **ты идёшь**?
   - **Я иду́** в спортза́л. Пойдём вме́сте!
   - Нет, **я занята́. Я иду́** на уро́к.
   - Ну, пока́!
   - Пока́!

3. - **Ты идёшь** в университéт?
   - Нет.
   - А кудá **ты идёшь**?
   - **Я идý** в парк. А ты?
   - **Я идý домóй.**

4. - У тебя́ есть свобóдное врéмя?
   - Нет, **я зáнят**. У меня́ сейчáс урóк.

ЗАДАНИЕ 26 다음 문장들을 따라하세요. Повторяйте предложения.

Я **идý.**	나는 간다.	Мы **идём.**	우리는 간다.
Ты **идёшь.**	너는 간다.	Вы **идёте.**	당신은 간다.
Он **идёт.**	그는 간다.	Они **идýт.**	그들은 간다.

Я идý в библиотéку.
Онá идёт в парк.
Мы идём в магази́н.
Вы идёте на стадиóн.
Они́ идýт в университéт.

Вы идёте в кинотеáтр / и́ли в музéй?
Ты идёшь в столóвую / и́ли на урóк?

Сегóдня онá занятá.
Он зáнят: он игрáет в футбóл.
Они зáняты: у них сегóдня экзáмен.

ЗАДАНИЕ 27 다음 단어들에 빠진 문자들을 넣으세요.
Вставьте в слова пропущенные буквы.

куд _ , в _ емя, св _ б _ дно _ , _ омой,
_ анят _, п _ йд _ м, _ дёте

ЗАДАНИЕ 28 다음 단어 그룹들을 리듬 모델에 따라 읽어보세요.
Читайте группы слов в соответствии с ритмическими моделями.

ТАта	**таТА**	**ТАтата**	**таТАта**	**татаТА**
голос	диван	заняты	пельмени	секретарь
время	пойдём	музыка	приятный	занята
занят	иду		улыбка	
дома	идёшь		красивый	
кофе	идёт		давайте	
фирма	идут		идёте	
вкусный	домой		сегодня	
	куда			
	кафе			

ЗАДАНИЕ 29 다음 문장들에 빠진 단어들을 써 넣으세요.
Вставьте в предложения пропущенные слова.

1. Ни́на, у тебя́ __________ свобо́дное вре́мя?
2. Дава́йте __________ в парк!
3. У меня́ сего́дня нет __________, я занята́, у ______ экза́мен.
4. Извини́, мы __________, мы идём в библиоте́ку.
5. __________ вы идёте?
6. Мы __________ на стадио́н.
7. Мы __________ на стадио́не в футбо́л.
8. __________ вы игра́ете в те́ннис?

ЗАДАНИЕ 30 다음 대화를 잘 듣고, 까쨔가 오늘 축구 보러 갈 것인지 말하세요. Прослушайте диалог «У меня завтра экзамен» и скажите: Катя пойдёт сегодня на футбол?

У меня́ за́втра экза́мен

- Ка́тя, приве́т!
- Приве́т, Ле́на! Как дела́?
- Норма́льно. А у тебя́?
- То́же норма́льно.
- Ка́тя, у тебя́ есть **свобо́дное** вре́мя? Пойдём на футбо́л! Сего́дня игра́ют **на́ши** студе́нты.
- Нет, у меня́ сего́дня нет вре́мени – у меня́ за́втра экза́мен.
- Извини́! Пока́!
- **Ну ла́дно**, пока́!

왜 까쨔가 축구를 보러 가지 않는지 말하세요. 화자의 이름을 바꿔 대화를 연습하세요. Скажите, почему Катя не пойдёт на футбол? Разыграйте диалог.

ЗАДАНИЕ 31 대화 «Встре́ча»를 잘 듣고 Света와 Юра그리고 Ми Ра가 어디에서 이야기하고 있는지 말하세요. Прослушайте диалог «Встре́ча» и скажите, где разговаривают Света, Юра и Ми Ра?

Встре́ча

- Приве́т, Све́та! Приве́т, Ю́ра!
- Приве́т, Ми Ра!
- Куда́ вы идёте?
- Мы идём в кафе́. Пойдём с на́ми!
- Пойдём!
- Вот, на́ше кафе́. Мы лю́бим э́то ме́сто. Тут вку́сный ко́фе и прия́тная му́зыка.
- Да, тут хорошо́!

- Ми Ра, у тебя́ есть брат и́ли сестра́?
- У меня́ есть то́лько брат. Сестры́ нет.
- А кто твой брат? Он рабо́тает?
- Да, он рабо́тает в фи́рме. У него́ хоро́шая рабо́та. Он рад.
- А где его́ фи́рма? В Сеу́ле?
- Нет, в Тэджо́не. Это **наш** родно́й го́род.
- У него́ есть **семья́**?
- Нет, **семьи́** у него́ нет.
- А подру́га?
- Подру́га есть. Они́ рабо́тают вме́сте.
- А вот и ко́фе! Вку́сный?
- Вку́сный!

질문들에 대답하세요. Отвечайте на вопросы.

1. Куда́ иду́т Све́та и Юра?
2. Ми Ра пойдёт в кафе́?
3. У Ми Ра есть сестра́?
4. Где рабо́тает брат?
5. Где его́ рабо́та?
6. У него́ хоро́шая рабо́та?
7. У него́ есть подру́га?
8. В кафе́ вку́сный ко́фе?
9. Там прия́тная му́зыка?

서로에게 유사한 질문들을 해보세요. 자신의 형제(자매)에 대한 이야기를 써 보세요. 역할을 바꿔 대화 «Встре́ча»를 연습하세요. Задайте аналогичные вопросы друг другу. Напишите рассказ о своём брате (своей сестре). Разыграйте диалог «Встре́ча».

ЗАДАНИЕ 32 다음 문장들에 빠진 단어들을 써 넣으세요.
В предложения вставьте пропущенные слова.

1. Ра́да _________ ви́деть!
2. Оля, Юля, ___________________: э́то моя́ но́вая подру́га Ле́на.
3. Как _________ зову́т?

4. Прия́тно ______________!
5. Пойдём с ____________!
6. И вам ________________ аппети́та!
7. У тебя́ есть ____________________ вре́мя?
8. Всего́ ______________!
9. ________________ уви́димся!

ЗАДАНИЕ 33 대화 «Новая подруга»를 듣고 "내일 여자친구들이 어디로 갑니까?" 라는 질문에 대답하세요. Слушайте диалог «Новая подруга». Ответьте на вопрос: куда идут подруги завтра?

Но́вая подру́га

- Приве́т, Юля!
- Приве́т Ни́на! Ра́да тебя́ ви́деть!
- Юля! Познако́мься, э́то моя́ но́вая подру́га. Её зову́т Све́та. Её фами́лия Серо́ва.
- Очень прия́тно! Ра́да познако́миться!
- Очень прия́тно! Куда́ вы идёте?
- Мы идём в столо́вую. Пойдём с на́ми!
- **С удово́льствием!** А где у вас столо́вая?
- Тут, ря́дом. Вот она́. Пожа́луйста, вот обе́д: суп, рис, ры́ба, сала́т.
- Извини́те, я не люблю́ ры́бу. Тут есть мя́со?
- Да, вот, пожа́луйста.
- Спаси́бо.
- Прия́тного аппети́та!
- И вам прия́тного аппети́та!
- Вку́сный обе́д?
- Да, о́чень вку́сный!
- Юля, у тебя́ за́втра есть свобо́дное вре́мя? Мы идём в кинотеа́тр.
- Да, есть.
- Дава́йте пойдём в кинотеа́тр вме́сте?

- Дава́йте!
- Ну, ла́дно. Я иду́ домо́й. Пока́!
- Пока́ Ни́на!
- До свида́ния! За́втра уви́димся! Всего́ до́брого!

질문들에 대답하세요. Отвечайте на вопросы.

1. Подру́ги иду́т в кафе́?
2. Куда́ идёт Све́та?
3. Све́та лю́бит ры́бу?
4. Обе́д вку́сный?
5. У Све́ты за́втра есть свобо́дное вре́мя?
6. Она́ пойдёт за́втра в кинотеа́тр?

대화를 암기하고 역할을 바꿔 연습하세요.
Выучите диалог наизусть и разыграйте по ролям.

УРОК 8

➾ 무성음/유성음으로 쌍을 이루는 경자음 [ш] / [ж].
Твёрдые согласные звуки, парные по глухости/звонкости [ш] / [ж].

[ш] 와 [ж]를 발음할 때, 입술은 앞으로 조금 내밀어지고 입가가 넓혀져 조여진다. 혀는 뒤로 끌어 당겨진다. 혀 앞부분과 끝은 입천장으로 들어 올려지고, 혀의 중간은 아래로 내려지고 혀의 뒷 부분은 위로 올려진다. 이러한 혀의 상태를 만들기 위해서는 다음과 같은 방법을 사용할 수 있다: 혀 끝을 연구개쪽으로 들어 올려 굽혀야 한다(영어의 [r]발음처럼). 이런 상태에서는 혀의 중간부분이 위로 올려질 수 없다는 점이 매우 중요하다. 입술은 내밀어져야만 한다. [ш]는 무성음이고, [ж]는 유성음으로 성대를 울려서 발음되어진다.

При произношении звуков [ш] и [ж] губы слегка выпячены, растянуты и напряжены в углах рта. Язык оттянут назад. Передняя часть и кончик языка подняты к альвеолам, средняя часть языка опущена, задняя часть языка приподнята. Чтобы добиться такого положения языка, можно использовать следующий приём: поднять и загнуть кончик языка в сторону мягкого нёба (как при произношении английского [r]) - при таком положении средняя часть языка не может быть поднята, что очень важно. Губы должны быть выпячены. Звук [ш] – глухой. звук [ж] – звонкий, произносится с участием голосовых связок.

ЗАДАНИЕ 1 잘 듣고 따라하세요. Слушайте и повторяйте.

а-ша, а-шэ, о-ша, у-шу, ы-ша, и-ша, и-ши, аш-эш, ош-уш, иш,
са-ша, су-шу, сэ-шэ, зо-шо, шу-зу, фшо-фсё

шёл [шол] 갔다 - *зол* 악의있는, *шут* 어릿광대 - *суд* [сут] 재판

Ш ш

ЗАДАНИЕ 2 따라하세요. Повторяйте.

шшшо-шо, шшшу-шу, шшшы-шы, кшшо, кшшу, кшшы,
о-шо, у-шу, уш, ош, ша, шэ, ыш, аш, эш, шпи, шви, шки, шли, што, шло,
шко, шпу, шпа, са-ша, шо-со, су-шу, сэ-шэ, шу-зу,
зо-шо, фшо-фсё, сут-шут, шол-зол

ЗАДАНИЕ 3 다음 동사들을 읽어보세요. Прочитайте глаголы.

понима́ешь, зна́ешь, лю́бишь, говори́шь, рабо́таешь, игра́ешь, идёшь,
пойдёшь

ЗАДАНИЕ 4 다음 속담을 암기하세요. Выучите поговорку.

Ти́ше* е́дешь – да́льше бу́дешь.

천천히 걷는 자가 멀리 간다.

* "ш"뒤의 문자 "е" 는 [ш]를 연음으로 만들지 않고 [э]처럼 발음된다. Буква "е" после "ш" не смягчает

ЗАДАНИЕ 5 다음 단어들을 따라하세요. 이 단어들을 써 보세요. Повторяйте слова. Запишите их.

ба́бушка 할머니
де́душка 할아버지
ко́шка 고양이
шко́ла 학교
каранда́ш 연필
шу́тка 농담, 익살
оши́бка 실수
большо́й 큰
ма́ленький 작은
шко́льный 학교의
дома́шнее зада́ние 숙제
ваш (ва́ша, ва́ше) ** 당신들의
наш (на́ша, на́ше) 우리들의
шесть 6
слу́шай 들어라
слу́шайте 들어보세요
спра́шивай * 물어라
спра́шивайте 물으세요
пиши́ 써라
пиши́те 쓰세요
сади́сь 앉아라
сади́тесь 앉으세요
говори́ 말해라
говори́те 말하세요
рабо́тай 일해라
рабо́тайте 일하세요
иди́ 가라(오라)
иди́те 가세요(오세요)
де́лай 해라
де́лайте 하세요
игра́й 놀아라
игра́йте 노세요
пешко́м 걸어서

карандаш кошка шутка
маленький ваша шесть
слушайте спрашивайте

звук [ш] и произносится как [э].

* 문자 “ш”와 “ж” 뒤의 문자 “е” 는 이 소리들을 연음으로 만들지 않고 [э]처럼 발음한다. 먀흐끼 즈낙과 “и” 역시 [ш]와 [ж]소리를 연음으로 만들지 않는다. “ш” “ж” 뒤의 문자 “и”는 “ы”처럼 읽힌다. Буква “е” после “ш” и “ж” не смягчает эти звуки произносится как [э]. Мягкий знак и буква “и” также не смягчают звуки [ш] и [ж]. Буква “и” после “ш” и “ж” читается как “ы”.

** “ш”뒤의 문자“и” 는 항상 문자 “ы”처럼 읽히고 소리 [ш]는 경음으로 남는다. Буква “и” после “ш” всегда читается как буква “ы”, а звук [ш] остаётся твёрдым.

ЗАДАНИЕ 6 다음 그림들을 잘 보세요. 그림 아래 적힌 자막들을 읽어보세요.
Рассмотрите картинки. Прочитайте подписи.

большóй стул и мáленький стул

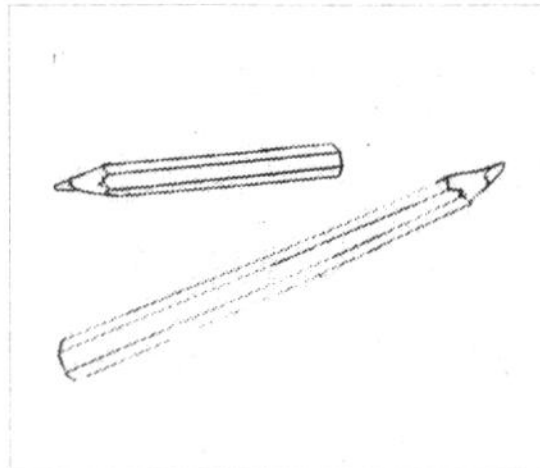

большóй карандáш и мáленький карандáш

собáка и кóшка

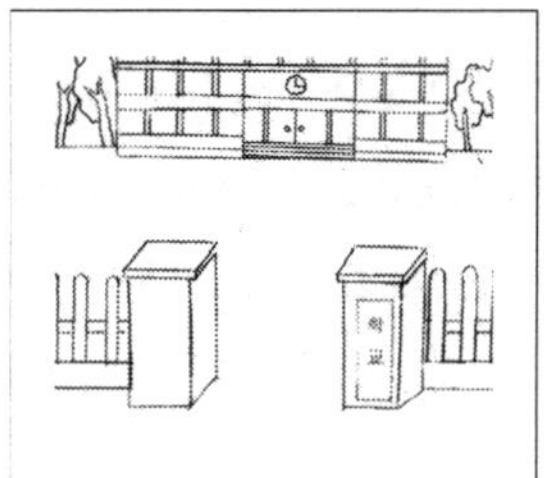

нáша шкóла

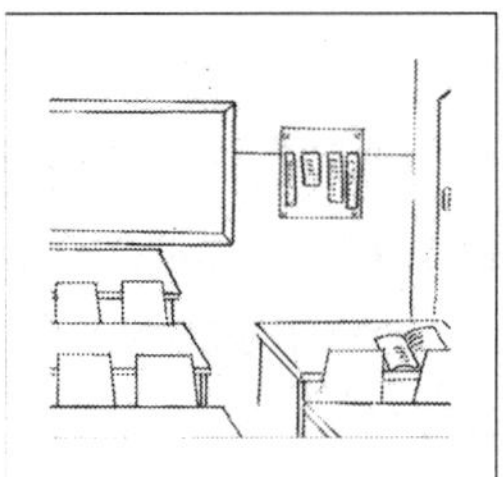

наш класс

3 + 3 = 6

Три плюс три – шесть.

ЗАДАНИЕ 7 다음 표현들을 외우세요. Выучите выражения.

Иди́те к доскé!

Слýшайте внимáтельно!

Дéлайте домáшнее задáние! 숙제를 하세요!

ЗАДАНИЕ 8 질문들을 읽고 대답하세요. [ш]발음에 유의하세요(문자 «ь»는 [ш]소리를 연음화 하지 않는다). Читайте вопросы, отвечайте на них. Следите за произношение звука [ш](буква «ь» не смягчает звук [ш]).

1. Ты говори́шь бы́стро?
2. Ты понима́ешь на уро́ке?
3. Ты лю́бишь йогурт?
4. Ты зна́ешь пе́сн**ю** «Катю́ша»?
5. Сего́дня ты рабо́таешь?
6. Ты игра́ешь в **ша́шки(**서양 바둑)?
7. За́втра ты идёшь на экза́мен?
8. Ты пойдёшь с на́ми в музе́й?
9. Ты **всегда́** де́лаешь дома́шнее зада́ние?
10. Ты слу́шаешь внима́тельно на уро́ке?
11. Ты пи́шешь на уро́ке на доске́?
12. Ты е́дешь в университе́т и́ли идёшь пешко́м?

➾ 단수 주격에서 형용사와 소유대명사의 명사와의 일치
Согласование прилагательных и притяжательных местоимений с существительными в именительном падеже единственного числа.

ЗАДАНИЕ 9 따라하세요. Повторяйте.

я -	мой больш**о́й** дом,	моя́ больш**а́я** шко́ла,	моё больш**о́е** окно́
ты -	твой большо́й дом,	твоя́ больша́я шко́ла,	твоё большо́е окно́
он -	его́ большо́й дом,	его́ больша́я шко́ла,	его́ большо́е окно́
она -	её большо́й дом,	её больша́я шко́ла,	её большо́е окно́
мы -	наш большо́й дом,	на́ша больша́я шко́ла,	на́ше большо́е окно́
вы -	ваш большо́й дом,	ва́ша больша́я шко́ла,	ва́ше большо́е окно́

они - их большóй дом   их большáя шкóла   их большóе окнó

рýсск**ий** язы́к, рýсская студéнтка, рýсское слóво
мáленьк**ий** гóрод, мáленькая тетрáдь, мáленькое письмó

корéйск**ий** язы́к, корéйская рекá, корéйское слóво
мáленьк**ий** телеви́зор, мáленькая фотогрáфия, мáленькое óзеро

нóв**ый** студéнт, нóвая студéнтка, нóвое задáние
свобóдн**ый** день, свобóдная странá, свобóдное мéсто
краси́в**ый** дом, краси́вая кóмната, краси́вое мóре
Дóбр**ый** день! Дóброе ýтро!

ЗАДАНИЕ 10 다음 형용사들의 어미들을 써 넣으세요.
Вставьте окончания прилагательных.

1. Москвá – больш____ гóрод.
2. Вóлга – больш ____ рекá.
3. Байкáл – больш ____ óзеро.
4. Мой родн ____ язы́к – корéйск ____.
5. Вкýсн____ молокó!
6. Итерéсн_____ расскáз!
7. Домáшн_____ задáние больш____.
8. Егó кóмната мáленьк_____. Моя́ сестрá дóбр_____.
9. У вас сегóдня есть свобóдн_____ врéмя?

ЗАДАНИЕ 11 다음 단어 그룹들을 리듬 모델에 따라 읽어보세요. Читайте группы слов в соответствии с их ритмическими моделями.

Та	**ТАта**	**таТА**	**ТАтата**	**таТАта**	**татаТА**
ваш	наша	большой	маленький	ошибка	карандаш
наш	наше	пиши	спрашивай	пишите	говори
шесть	ваша	пойдёшь	слушайте	садитесь	апельсин
	ваше	идёшь	дедушка	домашнее	мандарин
	шашки	иди	бабушка	задание	
	школа	куда		работай	
	слушай	домой		идите	
	шутка	садись			
	кошка	пешком			
	школьный	всегда			

ЗАДАНИЕ 12 따라하세요. Повторяйте.

ша-жа, ше-же, шо-жо, шу-жу, шы-жы, жа-за,
са-ша-за-жа, су-шу-зу-жу, со-шо-зо-жо

жил 살았다 – *шил* 깁다, *зал* 홀 – *жал* 쥐었다,

жаль 애석하게 – *шаль* 숄

Ж ж

ЗАДАНИЕ 13 따라하세요. Повторяйте.

шо-жо, шу-жу, шы-жы, гжу, гжо, гжы, гжа, гжэ, ша-жа, шэ-жэ, жда, жна, жба, са-ша-за-жа, су-шу-зу-жу, зы-жы, жан-зал,
зол-шол-жол, са-жу, жаль-шаль, зал-жал, жил-шил

ЗАДАНИЕ 14 다음 단어들을 따라하고 써 보세요. Повторяйте и пишите слова.

Южная Коре́я	남한
междунаро́дный факульте́т	국제학부
у́жин	저녁
моро́женое*	아이스크림
эта́ж	층
предложе́ние	문장
журна́л	잡지, 저널
пожа́луйста	제발, 어서
мо́жет быть	아마도, 필시
скажи́	말해라
скажи́те	말하세요
дай	줘라
да́йте	주세요
жаль	애석하게
то́же	또한, 역시
уже́	이미, 벌써
смотри́	보아라
смотри́те	보세요
живу́	(나는) 산다
живёт	그(그녀)는 산다
ка́ждый день	매일

Южная корея мороженое журнал скажи
пожалуйста дайте живу смотрите

моро́женое

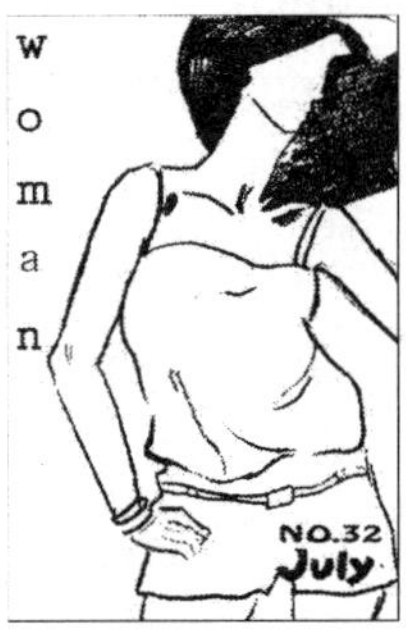

журна́л

Дай, пожа́луйста!

* 후의 문자 “е” 와 “и”는 [ж]를 연음처럼 만들지 않고 [э] 와 [ы]처럼 발음한다. Буквы “е” и “и” после “ж” не смягчают звук [ж] и произносятся как [э] и [ы].

ЗАДАНИЕ 15 다음 단어 그룹들을 리듬 모델에 따라 반복 하세요. Повторяйте группы слов в соответствии с их ритмическими моделями.

ТА	**ТАта**	**таТА**	**таТАта**	**ТАтата**
дай	дайте	журнал	скажите	может быть
жаль	тоже	скажи	Корея	Южная
	ужин	уже		
	ка́ждый	смотри		
		этаж		
		живу		
		живёт		

таТАтата	**татаТАтата**
пожалуйста	предложение
мороженое	

ЗАДАНИЕ 16 다음 단어들을 발음 규칙에 따라 읽어보세요. Читайте слова в соответствии с правилами чтения.

пожа́луйста, моро́женое, Коре́я, коре́йский, смотри́те, предложе́ние, свобо́дный, большо́й, оши́бка

ЗАДАНИЕ 17 다음 표현을 외우세요. Выучите выражение.

Смотри́те на доску! 칠판쪽을 보세요!

ЗАДАНИЕ 18 다음 대화들을 따라하세요. Повторяйте диалоги.

1. - **Алло́!** Это Зи́на?
   - Нет, не Зи́на.
   - Мо́жет быть, э́то её сестра́?
   - Да. Я её сестра́. Зи́на на рабо́те.

2. - Куда́ ты за́втра е́дешь?
   - Я е́ду на мо́ре, в Пусан, там живёт мой де́душка.

3. - У меня́ до́ма живёт ко́шка.
   - А у меня́ – соба́ка.

4. - Кто идёт в шко́лу?
   - Сестра́ идёт в шко́лу. А я иду́ в университе́т.

5. - Я иду́ домо́й пешко́м.
   - А я е́ду на авто́бусе.

6. - Вы понима́ете э́то предложе́ние?
   - Нет, не понима́ю. Это предложе́ние большо́е и тру́дное.

7. - У вас в университе́те есть междунаро́дный факульте́т?
   - Да, есть.

8. - Сего́дня у нас вку́сный у́жин!
   - Мы идём в рестора́н?
   - Да, мы идём в рестора́н!

➾ 단어 «тóже»로의 억양 중심의 이동. 명령문에서의 ИК-2 (종합). 언어예절: 부탁

Передвижение интонационного центра на слово «тоже». ИК-2 в побудительных предложениях (обобщение). Речевой этикет: просьба

ЗАДАНИЕ 19 따라하세요. Повторяйте.

1. Дай! Дáйте! Дáйте, пожáлуйста!
2. Скажи́! Скажи́те! Скажи́те, пожáлуйста!
3. Дéлай! Дéлайте! Дéлайте, пожáлуйста!
4. Слýшай! Слýшайте! Слýшайте, пожáлуйста!
5. Спрáшивай! Спрáшивайте! Спрáшвайте, пожáлуйста!
6. Пиши́! Пиши́те! Пиши́те, пожáлуйста!
7. Смотри́! Смотри́те! Смотри́те, пожáлуйста!
8. Говори́! Говори́те! Говори́те, пожáлуйста!
9. Иди́! Иди́те! Иди́те, пожáлуйста!
10. Сади́сь! Сади́тесь! Сади́тесь, пожáлуйста!

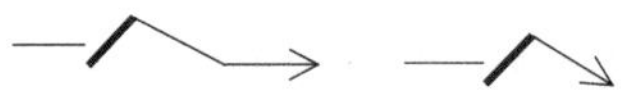

Пажáлуйста, / пиши́те!

Пожáлуйста, / иди́те к доскé!

Пожáлуйста, спрáшивайте!

ЗАДАНИЕ 20 필요한 동사를 문장들에 써 넣으세요.

Вставьте в предложения нужный глагол.

1. __________! Это о́чень краси́вая пе́сня.
2. __________! Но́вое сло́во в тетра́ди.
3. __________, пожа́луйста, где тут библиоте́ка?
4. __________, пожа́луйста, сок.
5. __________ ме́дленно – я не понима́ю!
6. Са́ша, не __________ телеви́зор! __________ дома́шнее зада́ние!
7. Оля, __________ к доске́, __________ предложе́ние.

ЗАДАНИЕ 21 다음 대화들을 잘 들으세요. Прослушайте диалоги.

1.

- Да́йте, пожа́луйста, моро́[2]женое.
- Пожа́[2]луйста.

2.

- Дай, пожа́луйста, журна́л.
- У меня́ тут нет[1] журна́ла. Журна́л до́ма.
- Жа[1]ль.

3.

- Скажи́[2]те, пожа́луйста, / где музе́[3]й?
- Музе́й тут, сле́ва.

4.

- Скажи́, где Же́ня и Ната́ша?
- В кла́ссе **их** нет. В шко́ле то́же.

- Мо́жет быть, они́ уже́ до́ма?
- Мо́жет быть.

5.
- Смотри́! Это Же́ня на фотогра́фии!
- Нет, э́то не Же́ня, э́то её сестра́.

6.
- Не говори́те **так** горо́мко. **Ти́ше**, пожа́луйста!

7.
- Смотри́те внима́тельно! На доске́ новая бу́ква «**щ**».
  Пиши́те бу́кву «щ».

ЗАДАНИЕ 22 억양에 유의하면서 대화들을 따라하세요. 단어 «то́же»에는 항상 억양의 중심이 위치한다는 것에 주의하세요. Повторяйте диалоги, следите за интонацию. Обратите внимание на то, что слово «тоже» всегда интонационно выделяется.

1.
- Я ра́да вас ви́деть!
- Я то́же рад вас ви́деть! (= И я рад вас ви́деть!)

2.
- Я студе́нт.
- Я то́же студе́нтка! (= И я студе́нтка!)

3.
- Журна́л на столе́.
- Каранда́ш то́же на столе́. (= И каранда́ш на столе́.)

4.
- У тебя́ есть каранда́ш?
- У меня́ нет карандаша́.
- А у тебя́, Оля?
- У меня́ то́же нет карандаша́.

ЗАДАНИЕ 23 범례와 같이 과제를 완성하세요. Выполняйте задание по образцу.

Образец: - За́втра я пойду́ в теа́тр.
- Я то́же за́втра пойду́ в теа́тр.
- И я пойду́ в теа́тр.

1. Моя́ ма́ма – экономи́ст.
2. Ле́на лю́бит моро́женое.
3. За́втра я иду́ в шко́лу.
4. Я живу́ в Сеу́ле.
5. У меня́ сего́дня нет вре́мени.
6. Её фами́лия Ким.
7. У нас в университе́те есть междунаро́дный факульте́т.
8. Моя́ ба́бушка живёт в Пуса́не.
9. Я де́лаю дома́шнее зада́ние ка́ждый день.

연 무성자음 [ш':]
Мягкий глухой согласный звук [ш':]

ЗАДАНИЕ 24 잘 듣고 따라하세요. Слушайте и повторяйте.

ищи́, ища́, ищу́, ищё, кша-ища, ша-ща, шу-щу, шо-щё, шы-щи, шэ-ще,
аш-ащ, ош-ощ, уш-ущ, ыш-ыщ-ищ-иш, пишу́-ищу́,
шол-щёлк, ваш-плащ

Щ щ

ЗАДАНИЕ 25 사람의 검소함이나 그 사람이 가지고 있는 생활 형태의 소박함을 통상 우수개 소리나 역설적으로 강조할 때 사용하는 아래 속담을 외우세요. Выучите поговорку, которую используют, когда хотят подчеркнуть неприхотливость человека, простоту его образа жизни, обычно шутливо или иронично.

Щи да ка́ша – пи́ща на́ша.

국과 죽일망정 우리의 양식이다.

ЗАДАНИЕ 26 다음 단어들을 따라하세요. 이 단어들을 써 보세요. Повторяйте слова. Запишите их.

това́рищ	동무, 친구	**общежи́тие**	기숙사
ещё	아직	**ещё раз**	다시 한 번

товарищ общежитие ещё раз

Ещё увидимся! 또 봅시다!

ЗАДАНИЕ 27 아래 주어진 표를 다음 단어들로 채우세요. Заполните данную ниже таблицу словами: **каранда́ш, ко́шка, шу́тка, шко́ла, моро́женое, журна́л, эта́ж, оши́бка, предложе́ние, това́рищ, общежи́тие, у́жин, факульте́т, Коре́я, Росси́я, рестора́н**

он	она́	оно́

ЗАДАНИЕ 28 읽어보세요. Читайте.

ваш каранда́ш, ваш журна́л, ва́ша шко́ла, ва́ша шу́тка,
ва́ше общежи́тие
ю́жный го́род, ю́жная страна́, ю́жное мо́ре

оди́н каранда́ш, один журна́л, одна́ шко́ла, одно́ общежи́тие,
одно́ предло́жение
два карандаша́, два журна́ла, две шко́лы, два общежи́тия,
два предло́жения

есть каранда́ш - нет карандаша́
есть журна́л - нет журна́ла
есть шко́ла - нет шко́лы
есть оши́бка - нет оши́бки
есть общежи́тие - нет общежи́тия
шко́ла - в шко́ле, журна́л - в журна́ле, общежи́тие - в общежи́тии,
этаж - на этаже́

ЗАДАНИЕ 29 다음 대화들을 따라하세요. Повторяйте диалоги.

1. - Где ваш това́рищ?
   - **Его́** тут нет. Мой това́рищ в кла́ссе.

2. - Ещё о́сень.
   - Нет, уже́ зима́ - **снег.**

3. - Ми Ра, ты живёшь в общежи́тии?
   - Нет, я живу́ **на кварти́ре.**

4. - Твой брат уже́ студе́нт?
   - Нет он ещё **шко́льник.**

5. - Вы говори́те по-ру́сски?
   - Да, я уже́ немно́го говорю́ по-ру́сски. Но ещё ме́дленно.

6. - Пока́!
   - Пока́! Ещё уви́димся!

ЗАДАНИЕ 30 다음 대화들을 잘 들어보세요. 억양에 유의하세요.
Прослушайте диалоги. Следите за интонацию.

1.
Моя́ шко́ла и твоя́ шко́ла

Юра : Моя́ шко́ла са́мая краси́вая[2].

Саша: Нет, моя́ шко́ла са́мая краси́вая!

Юра : У нас в шко́ле есть стадио́н[1].

Саша: У нас то́же есть стадио́н. У нас два[2] стадио́на.

Юра : А у нас в шко́ле есть столо́вая[1].

Саша: У нас то́же есть столо́вая.

Юра : А у нас есть кинотеа́тр.[1]

Саша: А у нас нет кинотеа́тра.... жаль. Но у нас есть музе́й!

Юра : А у нас нет музе́я.

Вопро́сы:

1. У Са́ши в шко́ле есть кинотеа́тр? А музе́й?
2. А у Юры в шко́ле есть кинотеа́тр?

2.
В дикта́нте оши́бка, и не одна́...

Преподава́тель: Же́ня, у тебя́ в дикта́нте / три оши́бки. А у тебя́, Са́ша, /две оши́бки.

Зи́на: А у меня́, Еле́на Ви́кторовна?

Преподава́тель: У тебя́,[3] Зи́на, /то́же есть оши́бка: /одна́.

Вопро́сы: У Же́ни одна́ оши́бка? А у Зи́ны?

3.
Фотогра́фия в журна́ле Ани

Аня : Ле́на, у меня́ есть но́вый журна́л. Там интере́сная фотогра́фия: / смотри́!

Лена: Да, интере́сная. Краси́вый го́род.

Аня : Это мой родно́й[1] го́род.

Лена: **Пра́вда?** Это большо́й го́род?

Аня : Нет, небольшо́й. Но я люблю́ его́. Там живут / мои́ де́душка и ба́бушка.

Вопросы:

1. Родно́й го́род **Ани** большо́й? Кто живёт там?
2. Где кинотеа́тр?

4.
Общежи́тие в университе́те есть?

- Скажи́те, пожа́луйста, / в университе́те есть общежи́тие?
- Да, есть. У нас в университе́те / два[2] общежи́тия.
- А в общежи́тии есть столо́вая?
- Нет, столо́вой в общежи́тии нет. Столо́вая ря́дом.

Вопросы:

1. В университе́те есть общежи́тие?
2. В общежи́тии есть столо́вая?

5.
Вот ва́ше дома́шнее зада́ние. Это не шу́тка

Преподава́тель: Вот ва́ше дома́шнее зада́ние[1]: /пиши́те до́ма те́кст № 2 / и диало́г № 6.

Студе́нт: Дома́шнее зада́ние большо́е!

Преподава́тель: Без му́ки / нет нау́ки[2]! Но э́то шу́тка. Дома́шнее зада́ние небольшо́е:/ текст / ма́ленький / и диало́г / то́же ма́ленький.

Вопро́с: Дома́шнее зада́ние большо́е или ма́ленькое?

6.
Где мой журна́л?

Аня: Где мой журна́л? **У кого́**[2] мой журна́л? Ната́ша, / у тебя́ мой журна́л?

Ната́ша: Нет, не у меня́. Мо́жет быть, у Же́н**и**?

Аня: Же́ня, у тебя́ мой журна́л?

Же́ня: Да, у меня́. Вот он. Интере́сный[1] журна́л. Спаси́бо.

Аня: Пожа́луйста.

Вопро́с: У кого́ журна́л А́ни?

마음에 든 대화들이 있었다면 암기하고, 역할을 바꿔 연습하세요.
Выучите и разыграйте диалоги, которые понравились.

ЗАДАНИЕ 31 낱말 맞추기. 만약 당신이 그림들의 도움을 받아 세로 줄 빈 칸에 단어들을 올바로 써 넣을 수 있다면, 당신은 가로 줄을 따라 모든 어린이들이 좋아하는 것의 이름을 읽을 것입니다. Кроссворд. Если вы с помощью картинок правильно впишете слова в квадраты по вертикали, то по горизонтали вы прочитаете название того, что любят все дети.

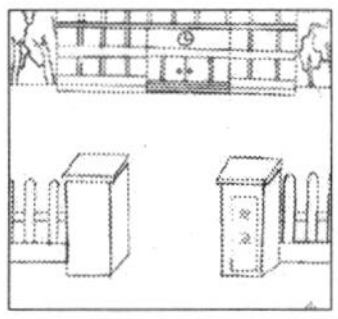
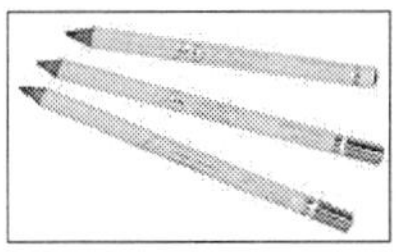

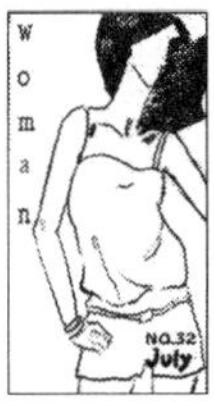

ЗАДАНИЕ 32 다음 단어들에 빠진 문자들을 써 넣고, 어떤 단어들이 써졌는지 말해 보세요. Вставьте недостающие буквы и скажите, какие слова написаны.

_ нтер _ с _ ая, кра _ ив _ я, до _ рая, б _ льш _ й, _ ивёт,
мин_ т _ , мор _ з, мален _ к _ й, эт _ ж, пиш _ те,
пр _ дл _ ж _ ние, сн _ г, вс _ гда, уж _ н, пр _ вд _,
шаш _ и, кв _ рт _ р _ , _ ажд _ й д _ нь

ЗАДАНИЕ 33 여러분 앞에는 자막이 뒤 바뀌진 그림들이 있습니다. 실수들을 바로 잡으세요(올바른 자막을 찾으세요). Перед вами картинки, подписи к которым перепутаны. Исправьте ошибки (найдите правильные подписи).

Пиши́те дикта́нт.

Да́йте, пожа́луйста, моро́женое!

Ра́да вас ви́деть!

Сади́тесь.

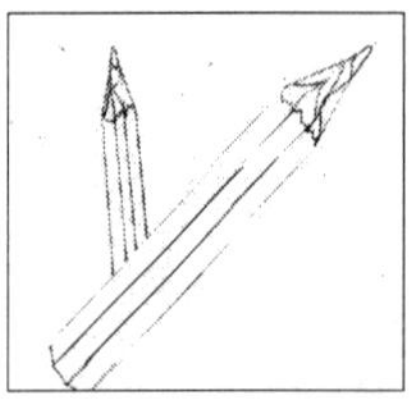

оши́бка

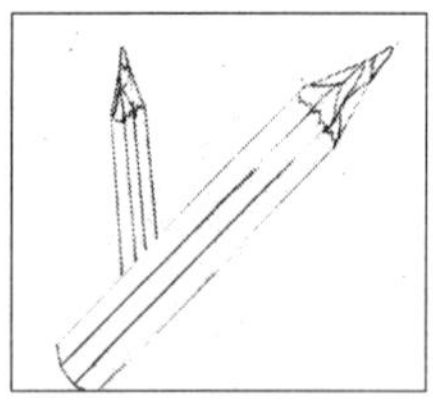

каранда́ш

6

во́семь

7

де́сять

10

шесть

8

семь

ЗАДАНИЕ 34 다음 문제들을 풀어보세요. Решите примеры.

6 + 3 = ( ) 9 − 3 = ( ) 10 − 9 = ( )
2 + 7 = ( ) 3 + 3 = ( ) 10 − 2 = ( )

ЗАДАНИЕ 35 선생님의 지시를 수행하세요.
Выполняйте команды преподавателя.

1. Пиши́те в тетра́ди.
2. Скажи́те два сло́ва.
3. Да́йте, пожа́луйста, слова́рь.
4. Скажи́те «а».
5. В кла́ссе есть ка́рта. Смотри́те!
6. Пиши́те на доске́.
7. Сади́тесь.
8. Повторя́йте сло́во «шу́тка» два ра́за.
9. Говори́те ме́дленно сло́во «междунаро́дный».

ЗАДАНИЕ 36 다음 단어 그룹들을 잘 듣고, 각 그룹에서 어울리지 않는 단어를 지적하세요. Прослушайте группы слов, назовите лишнее слово в каждой группе.

1. шко́ла, университе́т, моро́женое, ка́рта, кла́сс.
2. кинотеа́тр, предложе́ние, стадио́н, музе́й, парк.
3. Пиши́, слу́шай, до свида́ния, скажи́, сади́сь.

ЗАДАНИЕ 37 다음 두 문장들로부터 한 문장을 만들어 보세요.
Из двух предложений составьте одно.

1. У нас есть ка́рта. Ка́рта в кла́ссе.
2. Это фотогра́фия. Тут Ната́ша и Же́ня.

3. Это Ди́ма. Он студе́нт.
4. Где мой журна́л? Он на столе́?
5. Вот стол.Тут фру́кты и ко́фе.
6. Это наш класс. Тут наш преподава́тель.
7. У меня́ есть подру́га Ната́ша. Сего́дня она́ до́ма.
8. Это университе́т. Там есть общежи́тие.
9. Это го́род Петербу́рг. Мой друг живёт там.
10. Это каранда́ш? Дай, пожа́луйста.

ЗАДАНИЕ 38 다음 빠진 문자가 있는 단어들에 «ж», «ш», «щ», «с», «з» 혹은 «д»를 넣으세요. В слова с пропущенными буквами вставьте буквы «ж», «ш», «щ», «с», «з» или «д».

му _ ей, ска _ ите, _ има, по _ алуйста, эк _ амен, _ емь, _ есть,
то _ е, са _ ите _ ь, во _ емь, _ лу _ айте, _ адание, о _ ибка,
_ урнал, _ е _ ять, пи _ ите, о_ ень, Ната _ а, моро _ еное,
ко _ ка, _ пра _ ивайте, о _ еро, _ ень, каранда _ , спа _ ибо,
_ ина, эта _, предло _ ение, мага _ ин, ша _ ки, ка _ дый

회화연습
Поговорим

ЗАДАНИЕ 39 새로운 단어들과 표현들을 공부하세요. 대화 «В кафе»를 잘 듣고나서, "누구에게 곧 수업이 있습니까?"라는 질문에 대답하세요. Познакомьтесь с новыми словами и выражениями, прослушайте диалог «В кафе» и ответьте на вопрос: у кого скоро урок?

пиро́жное 생과자

Сади́сь с нами! 우리와 함께 앉아라

Ты бу́дешь ко́фе? 커피 마실꺼니?

Звони́! 전화해라!

В кафе́

Дима: Аня, пойдём в кафе́!

Аня : Пойдём!

Дима: Ты бу́дешь ко́фе и́ли сок?

Аня : Ко́фе, и ещё пиро́жное.

Дима: А моро́женое?

Аня : Нет, не бу́ду. Не люблю́ моро́женое.

Дима: А я бу́ду. Пожа́луйста, да́йте два ко́фе, одно́ пиро́жное и одно́ моро́женое.

Аня : Вку́сное пиро́жное!

Дима: А у меня́ вку́сное моро́женое.
Смотри́! Это Са́ша! Он мой но́вый това́рищ.
Са́ша, приве́т! Сади́сь с на́ми! Познако́мься: э́то Аня, она́ то́же студе́нтка.

Саша: Здра́вствуйте! Очень прия́тно!

Дима: Са́ша, у тебя́ есть мой **телефо́н**?

Саша: Нет.

Дима: Вот: 32-38-10. Звони́.

Саша: А мой но́мер ты зна́ешь?

Дима: Нет, не зна́ю.

Саша: Мой но́мер: 31-05-30. То́же звони́!

Аня : Ди́ма, ско́ро уро́к!

Дима: Извини́, Са́ша. Пока́! У нас уро́к.

질문들에 대답하세요. Ответьте на вопросы.

1. Аня лю́бит моро́женое?
2. Она́ бу́дет ко́фе и́ли сок?
3. А Ди́ма?
4. Кто Са́ша?
5. Аня зна́ет его́?
6. Како́й но́мер телефо́на Са́ши? А у Ди́мы?

역할을 바꿔 위의 대화를 연습하여 보세요. Разыграйте диалог.

ЗАДАНИЕ 40 다음 음식, 식료품과 마실 것들의 러시아어 명칭을 읽어보세요. 그 다음 책을 덮으세요. 누가 더 많은 단어들을 기억하나요? Прочитайте наименования блюд, продуктов питания и напитков на русском языке, затем закройте учебник. Кто вспомнит больше слов?

мя́со, ры́ба, рис, карто́фель, ка́ша, суп, щи, пельпе́ни, сала́т, сыр, пиро́жное, моро́женое, молоко́, йогурт, сок, ко́фе, фру́кты, я́блоко, бана́н, лимо́н, ки́ви, апельси́н, мандари́н, ко́ка-ко́ла, спра́йт, пе́пси

ЗАДАНИЕ 41 아래에 제시된 단어들을 실마리 삼아 제 8과의 구절들을 기억해보세요. Вспомните фразы из урока 8 данными ниже словами.

ти́ше, ка́ждый, всегда́, рестора́н, на кварти́ре, снег, ря́дом, на мину́ту, телефо́н, бу́дешь.

에르미따쥐 박물관과 알렉산드르 기념원주

УРОК 9

➔ 경자음-무성자음 [ц]

Твёрдый глухой согласный звук [ц]

ЗАДАНИЕ 1 따라하세요. Повторяйте.

та-тя-да-дя, са-ся-за-зя, та-са-за-ца, шэ-жэ-цэ, тэ-цэ, сэ-зэ-цэ,
то-цо, со-зо-цо, шо-зо-цо, жо-зо-цо, щё-сё-цо, су-цу, шу-цу,
жу-цу, щу-цу, сы-цы, зы-цы, са-ца, за-ца, ша-ца, ща-ца, жа-ца,

цвет 색깔 – *свет* 빛

Ц ц Ц ц

ЗАДАНИЕ 2 따라하세요. Повторяйте.

ат-ца-ца, ат-цу-цу, ат-цы-цы, ца-цэ-цо-цу-цы, ац-эц-уц-оц-ыц, ицá, ацá, та-дя-ца, то-дё-цо, ты-ди-цы, са-за-ца, со-зо-цо, сы-зы-цы, ся-зя-ца, сё-зё-цо, си-зи-цы, ша-ца, шэ-цэ, ши-цы, ща-ца, що-цо, щи-цы, жа-ца, жо-цо, жу-цу, жи-цы, ца-са-ща-зя-ца-жа-ша-ца, аль-ца, анцá, асцá, айцá, ценá-сцéна, сын-цирк, тáнец, цвет-свет

ЗАДАНИЕ 3 다음 속담을 외우세요. Выучите пословицу.

Без пословицы не проживёшь.

속담 없이 무슨 재미로 사나

ЗАДАНИЕ 4 다음 단어를 따라하세요. 이 단어들을 써 보세요.
Повторяйте слова. Запишите их.

отéц 아버지
шкóльница (초,중,고) 여학생
шкóльник (초,중,고) 남학생
преподавáтельница (대학)여선생님
оцéнка 점수
столи́ца 수도
центр 중심, 가운데
ýлица 거리
цирк* 서커스
концéрт* 음악회
концéртный зал 콘서트 홀
страни́ца 페이지, 면
ситуáция 상황
пя́тница 금요일
оди́ннадцать 11
двенáдцать 12
двáдцать 20
три́дцать 30
нахóдится 위치해 있다.
называ́ется 불리우다

* "ц" 후에 문자 "е" 와 "и"는 문자 [ц]를 연음으로 만들지 않고 [э] 나 [ы] 처럼 발음한다. Буквы "е" и "и" после "ц", не смягчают звук [ц] и произносятся как [э] и [ы].

отец центр оценка улица
школьница преподавательница
страница двенадцать находится

ЗАДАНИЕ 5 다음 그림들을 보고, 아래에 적힌 자막들을 읽어보세요.
Смотрите на картинки, читайте подписи.

страни́ца двена́дцать

Москва́ – столи́ца Росси́и.

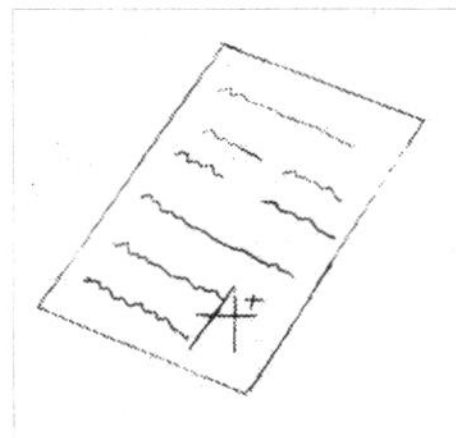

"A+" – оце́нка.

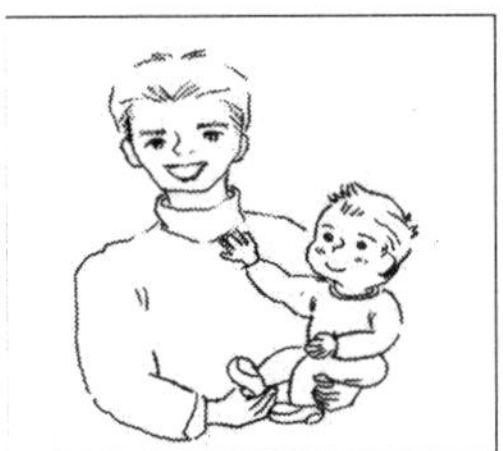

оте́ц и сын

у́лица

Центр Москвы́ – Кремль.

Это конце́ртный зал.
Ма́ма и её подру́га на конце́рте.

Сеу́л - столи́ца Коре́и.

цирк, клóун

2 + 3 = 5

Два плюс три – пять.

11 + 1 = 12

Оди́ннадцать плюс оди́н – двена́дцать.

5 + 6 = 11

Пять плюс шесть - оди́ннадцать.

20 + 10 = 30

Два́дцать плюс де́сять – три́дцать.

12 + 8 = 20

Двена́дцать плюс во́семь – два́дцать.

ЗАДАНИЕ 6 다음 단어 그룹들을 리듬 모델에 따라 읽어보세요.
Читайте группы слов в соответствии с ритмическими моделями.

Та	**ТАта**	**таТА**	**ТАтата**	**таТАта**
пять	школьник	отец	пятница	оценка
центр	двадцать	концерт	улица	страница
цирк	тридцать	всегда	школьница	столица
зал	южный		южная	двенадцать
снег	правда			концертный
				квартира

таТАтата	татаТАтата	тататаТАтатата
одиннадцать	называется	преподавател
находится	ситуация	ьница
пирожное		

ЗАДАНИЕ 7 다음 단어들을 발음 규칙에 따라 읽어보세요.
Читайте слова в соответствии с правилами чтения.

оте́ц, конце́рт, столи́ца, три́дцать, два́дцать, девятна́дцать, оце́нка, нахо́дится, называ́ется, цирк

ЗАДАНИЕ 8 다음 단어들을 표에 써 넣으세요. Впишите данные слова в таблицу.

у́лица, страни́ца, центр, шко́льница, цирк, оце́нка, конце́рт, оте́ц, кафе́, столи́ца, ситуа́ция, снег, пра́вда, пиро́жное

он	
она́	
оно́	

위에 제시된 어떤 명사들과 함께 아래 주어진 형용사들을 사용할 수 있나요? С какими из приведенных выше существительных можно употребить данные ниже прилагательные?

но́вое, интере́сная, до́брый, вку́сное

ЗАДАНИЕ 9 잘 듣고 따라하세요. Слушайте и повторяйте.

центр – в це́нтре
цирк – в ци́рке
столи́ца – в столи́це
страни́ца – на страни́це
у́лица – на у́лице
конце́рт – на конце́рте
Шко́льница Са́ша и её ма́ма в ци́рке.
Шко́льница Све́та и её подру́га на конце́рте.
У нас в го́роде нет ци́рка.
В столи́це есть цирк.
Зада́ние двена́дцать на страни́це девятна́дцать.
Сего́дня пя́тница и́ли суббо́та?
Ваш това́рищ в ци́рке и́ли на конце́рте?
Сеу́л – это столи́ца Коре́**и**, /Москва́ – столи́ца Росси́**и**, /То́кио – столи́ца Япо́ни**и**, /Пеки́н – столи́ца Кита́**я**.

ЗАДАНИЕ 10 다음 대화들을 읽어보세요. Читайте диалоги.

1. - Где нахо́дится го́род Пуса́н?
   - Пуса́н /нахо́дится на ю́ге Коре́**и.**

2. - Скажи́те, пожа́луйста, /где нахо́дится у́лица Тверска́я?
   - Улица Тверска́я /нахо́дится /в це́нтре Москв**ы́.**

3. - Где нахо́дится музе́й «Эрмита́ж»?
   - Музе́й «Эрмита́ж» / нахо́дится /в Петербу́рге. Это са́мый изве́стный музе́й в Росси́и.

> 모델: «Как называ́ется э́та у́лица?»
> Модель: «Как называется эта улица?»

ЗАДАНИЕ 11 다음 대화들을 읽어보세요. Читайте диалоги.

1. - Как называ́ется столи́ца Фра́нции?
   - Столи́ца Фра́нции называ́ется Пари́ж.

2. - Как называ́ется ва́ша фи́рма?
   - На́ша фи́рма называ́ется «Сезо́н»

3. - Как называ́ется **э́та** газе́та?
   - Эта газе́та называ́ется «**Росси́йский** спорт».

4. - Как называ́ется **э́то** о́зеро?
   - Это о́зеро называ́ется Байка́л.

5. - Как называ́ется **э́тот** теа́тр?
   - Этот теа́тр называ́ется «Байка́л».

ЗАДАНИЕ 12 다음 문장들을 비교해 보세요. Сравните предложения.

Это большо́й магази́н. 이것은 큰 상점이다.	Этот большо́й магази́н нахо́дится в це́нтре го́род**а**. 이 큰 상점은 도시 중심에 있다.
Это интере́сная кни́га. 이것은 재미있는 책이다.	Эта интере́сная кни́ганазыва́ется «**Отцы́ и де́ти**». **Автор** – ру́сский **писа́тель** И. С. Труге́нев. 이 재미있는 책의 제목은 "아버지와 아들"이다. 저자는 러시아 작가 이.에스. 뚜르게네프이다.

Это но́вое сло́во.	Это сло́вонадоске́.
이것은 새 단어이다.	이 단어는 칠판에 있다.

ЗАДАНИЕ 13 다음 문장들에 «э́тот», «э́та», «э́то»를 써 넣으세요.
Вставьте в предложения слова «этот», «эта», «это».

1. ________ студе́нтка говори́т по-ру́сски, а ________ студе́нт говори́т по-кита́йски.
2. ________ предложе́ние большо́е и непоня́тное.
3. ________ окно́ – са́мое большо́е в кварти́ре.
4. Я люблю́ ________ ме́сто и ________ парк.
5. Я понима́ю ________ текст.
6. ________ но́вая преподава́тельница.
7. ________ пя́тница.

ЗАДАНИЕ 14 아래 제시된 단어들을 이용하여 범례와 같이 서로에게 질문해 보세요.
Задайте друг другу вопросы по образцу, используя данные ниже слова.

Образец: - Этот каранда́ш твой?
кни́га, слова́рь, ру́чка, уче́бник, журна́л, газе́та

➾ 문자결합 유형 «тья» 읽기
Чтение буквосочетаний типа «тья»

ЗАДАНИЕ 15 잘 듣고 따라하세요. Слушайте и повторяйте.

сьйа = сья, са-ся-сья, си-а, си-я, сья, сье, сьё, сью, сьи
тьйа = тья, та-тя-тья, ти-а, ти-я, тья, тье, тьё, тью, тьи
мьйа = мья, ма-мя-мья, ми-а, ми-я, мья, мье, мьё, мью, мьи
пьйа = пья, па-пя-пья, пи-а, пи-я, пья, пье, пьё, пью, пьи
бьйа = бья, ба-бя-бья, би-а, би-я, бья, бье, бьё, бью, бьи
вьйа = вья, ва-вя-вья, ви-а, ви-я, вья, вье, вьё, вью, вьи
ньйа = нья, на-ня-нья, ни-а, ни-я, нья, нье, ньё, нью, ньи
тиа-тья, миа-мья, биа-бья, виа-вья, ниа-нья
тья, мья, вье, нье, пью, бья, зья

сел 앉았다 - *съел* 다 먹었다, *семи* семь의 생격 - *семьи́* семья́의 생격.

ЗАДАНИЕ 16 다음 단어들을 따라하고 써 보세요. Повторяйте и пишите слова.

семья́	가족	**воскресе́нье**	일요일
статья́	기사, 논문	**компью́тер**	컴퓨터
здоро́вье	건강	**объясня́ет**	설명한다
друзья́	친구들		

семья воскресенье статья

компьютер здоровье объясняет

ЗАДАНИЕ 17 다음 단어 그룹들을 리듬 모델에 따라 읽어보세요.
Читайте группы слов в соответствии с их ритмическими моделями.

таТА	**таТАта**	**татаТАта**
семья	здоровье	воскресенье
статья	компьютер	объясняет
друзья		

ЗАДАНИЕ 18 과제 17번에 제시된 단어들을 다음 표에 써 넣으세요. Впишите в таблицу слова, данные в задании 17.

он	она́	оно́

위에 주어진 어떤 단어들과 함께, 형용사 «небольша́я», «но́вый» 를 사용할 수 있나요?
С какими из данных выше слов можно употребить прилагательные: «небольшая», «новый»?

ЗАДАНИЕ 19 읽어보세요. Читайте.

1. - Как дела́? Как здоро́вье?
   - Норма́льно, а у тебя́?
   - **Та́к себе́.**

2. - Кто объясня́ет на уро́ке?
   - На уро́ке объясня́ет преподава́тельница.

- Вы понима́ете?
- Да. Мы понима́ем.

3. - Семья́ – э́то семь «я»
   - А мы – шесть «я». Мы не семья́?
   - Нет, мы семья́. Мы небольша́я семья́.

4. - За́втра вы идёте на рабо́ту?
   - Нет, за́втра воскресе́нье, /вся на́ша семья́ до́ма.

5. - У тебя́ до́ма есть компью́тер?
   - Да. У меня́ до́ма есть компью́тер, **портати́вный.**

6. - Куда́ ты идёшь?
   - В спортза́л. Там мои́ друзья́ игра́ют в баскетбо́л. Пойдём вме́сте?
   - Пойдём.

ЗАДАНИЕ 20 다음 텍스트들을 잘 들어보세요. 질문들에 대답하세요.
Прослушайте тексты, отвечайте на вопросы.

Цирк !

У нас в го́роде есть цирк. Сего́дня воскресе́нье, и на́ша семья́ сего́дня в ци́рке.

Сади́тесь и смотри́те! Вот ко́шка и соба́ка! В ци́рке они́ **арти́сты**! А вот **кло́ун – он са́мый весёлый арти́ст!**

Все де́ти лю́бят цирк. Мои́ ма́ма и па́па то́же лю́бят цирк.

Вопро́сы:

1. Кто лю́бит цирк?
2. Куда́ сего́дня идёт э́та семья́?
3. Кто в ци́рке са́мый весёлый арти́ст?

На́ша у́лица

На́ша у́лица небольша́я. Тут мой дом и моя́ шко́ла. Они́ ря́дом. В шко́ле есть стадио́н. Там я игра́ю в футбо́л. **Напро́тив** – большо́е **зда́ние**. Там нахо́дится большо́й магази́н, кинотеа́тр и конце́ртный зал. Сего́дня в кинотеа́тре идёт коре́йский фильм, а в конце́ртном за́ле – ру́сская му́зыка. Сего́дня я иду́ на конце́рт.

Вопро́с: А у вас на у́лице есть шко́ла, стадио́н, большо́й магази́н, кинотеа́тр и конце́ртный зал?

이 거리를 그림으로 그려보세요. Нарисуйте эту улицу.

ЗАДАНИЕ 21 문자 «з», «с», «т», «ж», «ш», «ц»를 필요한 곳에 넣으세요.

Вставьте, где необходимо, буквы «з», «с», «т», «ж», «ш», «ц».
объя _ няет, ули _ а, ве _ ёлый, _ доровье, кон _ ерт, _ ентр, во _ кре _ енье, _ емья, _ кольник, дру _ ья, _ дание

ЗАДАНИЕ 22 다음 숫자 명칭을 읽고 나서, 숫자로 써 보세요.
Прочитайте название чисел, запишите их цифрами.

пять, шесть, оди́ннадцать, двена́дцать, пятна́дцать, трина́дцать, девятна́дцать, два́дцать, два́дцать три, два́дцать пять, три́дцать, три́дцать семь

ЗАДАНИЕ 23

다음 숫자들을 읽어보세요. Читайте цифры.

6, 20, 12, 19, 25, 37

ЗАДАНИЕ 24

다음 문제들을 말로 풀어보세요. Решите примеры устно.

20 − 9	11 + 8
12 + 19	39 − 9

ЗАДАНИЕ 25

몇 개의 짝수들과 홀수들을 말해 보세요.
Назовите несколько чётных чисел и несколько нечётных.

ЗАДАНИЕ 26

다음 물음표에 필요한 숫자를 넣으세요. 어떻게 알아 맞췄는지 설명해 보세요. Вставьте недостающее число. Объясните, как вы догадались.

1) 9 13 17 21 ?

2) 6 9 8 11 10 ?

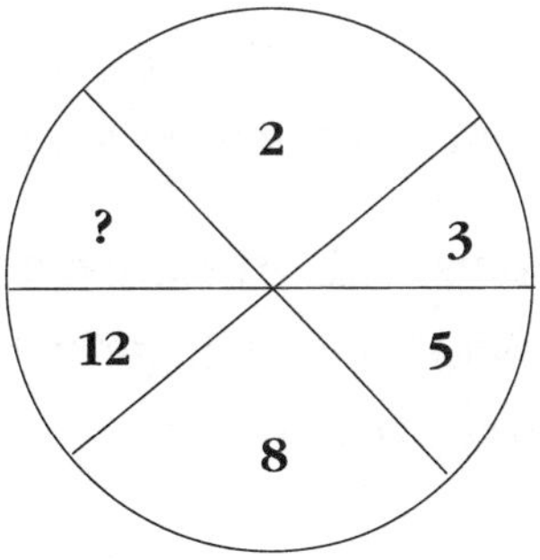

ЗАДАНИЕ 27 교재에서 선생님이 지시하는 페이지들과 과제들을 찾으세요.
Найдите в учебнике страницы и задания, которые укажет предподаватель.

회화연습
Поговорим

ЗАДАНИЕ 28 손님을 환대하는데 도움이 될 수 있는 구절들을 외우세요. 이 표현들에 대해서는 어떻게 대답하여야 하나요? Выучите фразы, с помощью которых выражается гостеприимство. Что следует ответить на эти высказывания?

Рад(а) вас (тебя́) ви́деть! – 당신을 뵙게 되어 기쁩니다.
Проходи́! – 지나가라!
Проходи́те! – 지나가세요!
Ко́фе бу́дете? – 커피 하시겠습니까?
До свида́ния! Всего́ хоро́шего! – 안녕히 가세요! 좋은 일만 생기세요!

ЗАДАНИЕ 29 친척간의 관계를 표현하는데 도움이 되는 단어들을 외우세요.
Выучите слова, с помощью которых выражаются родственные отношения.

муж(남편), **жена́**(아내), **ма́ма, па́па, сын, дочь, брат, сестра́, ба́бушка, де́душка, дя́дя**(백부, 아저씨), **тётя**(백모, 아줌마), **двою́родный брат**(사촌형제), **двою́родная сестра́** (사촌자매)

ЗАДАНИЕ 30 다음 문장들을 읽어보세요. Читайте предложения.

Я **живу́** в Коре́е	Мы **живём** дру́жно
Ты **живёшь** в Петербу́рге	Вы **живёте** вме́сте
Он **живёт** в **общежи́тии**	Они **живу́т** ря́дом

Где живу́т твои́ **роди́тели?**

Ты живёшь в общежи́тии и́ли до́ма?

Друзья́ живу́т дру́жно и ве́село.

В ко́мнате в общежи́тии живу́т три студе́нта.

ЗАДАНИЕ 31 대화 «Же́ня в до́ме това́рища»를 잘 들어보세요.
Слушайте диалог «Женя в доме товарища».

Же́ня в до́ме това́рища

Миша: Здра́вствуй, ма́ма! Познако́мься: э́то Же́ня – мой шко́льный това́рищ. Же́ня, это моя́ ма́ма, Ни́на Ива́новна.

Женя: Очень прия́тно! Здра́вствуйте!

Мама: Здра́вствуй, Же́ня! Ра́да тебя́ ви́деть! Проходи́! Это на́ша **гости́ная.** Сади́сь, пожа́луйста! Ко́фе бу́дете?

Миша: Бу́дем!

Женя: Спаси́бо, с удово́льствием! Это ва́ша семья́ на фотогра́фии?

Мама: Да. Тут я, оте́ц Ми́ш**и** – мой муж, Ми́ша и его́ сестра́ Ната́ша. а фотогра́фии Ми́ша и Ната́ша ещё шко́льники. А **тепе́рь** Ми́ша студе́нт, у Ната́ш**и** уже́ **своя́** семья́.

Женя: У неё уже́ есть **де́ти**?

Мама: Да, у неё сын. Он ещё ма́ленький. Я уже́ ба́бушка. А у тебя́, Же́н, есть сестра́ и́ли брат?

Женя: У меня́ есть брат - ста́рший. Его зову́т Воло́дя. Он рабо́тает. У него́ ещё нет семьи́.

Мама: Вы живёте вме́сте?

Женя: Да, вме́сте: ма́ма, па́па, брат и я.

Мама: Хорошо́. А на́ша Ната́ша живёт в Петербу́рге. Там её семья́. Ну, ла́дно. Вку́сный ко́фе?

Женя: Да, вку́сный! Спаси́бо!

Мама: Пожа́луйста!

다음 질문들에 대답하세요. Отвечайте на вопросы.

1. Кто Ми́ша и Же́ня?
2. Где Же́ня?
3. Как называ́ется ко́мната, где они́ говоря́т?
4. Кто на фотогра́фии?
5. Где живёт Ната́ша?
6. У неё есть де́ти?
7. Ни́на Ива́новна уже́ ба́бушка?
8. Кто дя́дя?
9. Же́ня и его́ семья́ живу́т вме́сте?
10. У его́ бра́т**а** есть своя́ семья́?

Ми́ша의 누나와 Же́ня의 형에 대해서 당신이 무엇을 알아냈는지 이야기하세요(작문하세요). Расскажите (напишите) что вы узнали о сестре Миши и о брате Жени.

ЗАДАНИЕ 32 다음 단어 그룹들을 리듬 모델에 따라 읽어보세요.
Читайте группы слов в соответствии с их ритмическими моделями.

ТА	ТАта	таТА	таТАта	таТАтата
юг	дети	теперь	писатель	гостиная
муж	тётя	жена	российский	двоюродный
	дядя	артист	известный	
	дружно		напротив	
	ладно			
	школьный			

ЗАДАНИЕ 33 다음 단어들을 발음 규칙에 따라 읽어보세요.
Прочитайте слова в соответствии с правилами чтения.

муж, юг, росси́йский, изве́стный, гости́ная

ЗАДАНИЕ 34 과제 32에 주어진 단어들을 실마리 삼아 제 9과의 구절들을 기억해내세요. Вспомните фразы из урока 9 со словами данными в задании 32.

УРОК 10

⇒ 연자음-무성자음 [ч']
Мягкий глухой согласный звук [ч']

ЗАДАНИЕ 1 잘 듣고 따라하세요. Слушайте и повторяйте.

ти-си-щи-чи-цы, те-се-ще-че-це, тё-сё-щё-чё-цо, тю-сю-щу-чу-цу, тя-ся-ща-ча-ца, чи-че-чё-чу, чи-цы, че-це, чё-цо, чу-цу, ич-иц, еч-ец, оч, уч, ач, чи-чьи, чё-чьё, чу-чью, ча-чья; ич-ыч, ач-яч, эч-еч, уч-юч, чит, чиц, чащ, чис, жеч, соч, чоч,

чум 이동용 천막 - *цум* 모스크바 중앙 백화점 - *шум* 소음,

чума́ 전염병 - *сума́* 자루,

лиса́ 여우 - *лица́* <лицо의 단생>얼굴의

лис <лиса의 복생>여우들의 - *лиц* <лицо의 복생>얼굴들의

Ч ч

ЗАДАНИЕ 2 따라하세요. Повторяйте.

ти-щи-чи, ить-чи-чи, чи-си, чи-щи, чи-ши, чи-зи, чи-цы,
тя-ща-ча, ить-ча-ча, ча-ся, ча-зя, ча-ща, ча-ца, ча-ша,
те-ще-че, ить-че-че, че-се, че-зе, че-ще, че-це, че-ше,
тё-щё-чё, ить-чё-чё, чё-сё, чё-зё, чё-щё, чё-цо, чё-шо,
тю-щу-чу, ить-чу-чу, чу-сю, чу-зю, чу-щу, чу-цу, чу-шу,
ти-тьи, чи-чьи, тё-тьё, чё-чьё, тю-тью, чу-чью, тя-тья, ча-чья,
ич-ыч, яч-ач, ёч-оч, юч-уч, чем, час, ча́ща, лис-лиц, цирк-чирк, сума́-чума́

ЗАДАНИЕ 3 다음 속담들을 외우세요. Выучите поговорки.

Оди́н ум хорошо́, а два лу́чше

두 사람이 모이면 더 훌륭한 지혜가 생긴다.

Хо́чешь есть калачи́ – не сиди́ на печи́.

떡을 먹고 싶으면 난로 위에 앉지 마라. (부지런해야 한다는 뜻)

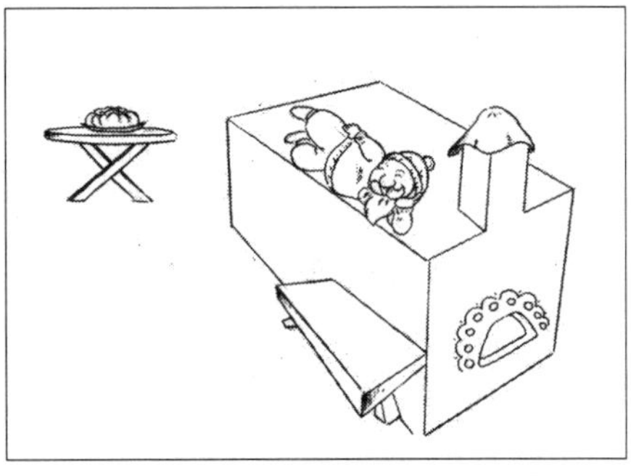

ЗАДАНИЕ 4 다음 단어들을 따라하세요. 이 단어들을 써 보세요.
Повторяйте слова. Запишите их.

челове́к	사람	**о́тчество**	부칭
молодо́й челове́к	젊은 사람	**уче́бник**	교과서
ю́ноша	청년	**ру́чка**	볼펜

де́вушка	아가씨	**ве́чер**	저녁
врач	의사	**ве́чером**	저녁에
учёный	학자, 학문의	**ночь**	밤
учи́тель	(초,중,고) 남선생	**но́чью**	밤에
учи́тельница	(초,중,고) 여선생	**число́**	일(日), 날짜
учени́к	(초,중,고) 남학생	**четы́ре**	4
учени́ца	(초,중,고) 여학생	**четы́рнадцать**	14
дочь	딸	**обы́чно**	보통

учебник ученица вечером

человек обычно учёный

ночью отчество дочь ночью

учитель четыре обычно

четырнадцать ручка

ЗАДАНИЕ 5 그림들을 잘 보고 그 아래에 단어들을 써 넣으세요.
Рассмотрите картинки и сделайте к ним подписи.

(　　　　　　)

(　　　　　　)

14

(　　　　　　)

(　　　　　)

(　　　　　)

(　　　　　)

(　　　　　)

ЗАДАНИЕ 6 다음 단어 그룹들을 리듬 모델에 따라 읽어보세요.
Читайте группы слов в соответствии с их ритмическими моделями.

ТА	**ТАта**	**таТА**	**ТАтата**	**таТАта**	**татаТА**
ночь	ручка	число	вечером	учебник	человек
врач	вечер		отчество	четыре	ученик
дочь	ночью		девушка	учитель	молодой
			юноша	учёный	

ЗАДАНИЕ 7 다음 문장들과 대화들을 읽어보세요. Читайте предложения и диалоги.

1. В семье́ четы́ре челове́ка: па́па, ма́ма, сын и дочь.
2. На уро́ке уче́бник, тетра́дь, ру́чка и каранда́ш обы́чно на столе́, а не в су́мке и не до́ма.
3. Утро. Утром мы в шко́ле.
   День. **Днём** мы то́же в шко́ле.
   Ве́чер. Ве́чером мы до́ма. Ве́чером до́ма **вся** семья́.
4. Ма́ма врач и па́па врач.

Сестра́ учи́тельница и брат учи́тель.
Сын учени́к и дочь учени́ца.
Мой брат учёный и сестра́ то́же учёный.

5. В Росси́и у челове́ка есть и́мя, о́тчество и фами́лия. В Коре́е – то́лько и́мя и фами́лия. Отчества нет.
6. Этот молодо́й челове́к / говори́т по-коре́йски / и по-кита́йски. Его́ родно́й язы́к – англи́йский.
7. Мой а́дрес: Москва́, у́лица Королёва, дом но́мер четы́ре, кварти́ра четы́рнадцать.

ЗАДАНИЕ 8 다음 텍스트를 잘 듣고, "써깔로프 형제들은 누구인가요?" 라는 질문에 대답하세요. Прослушайте текст и ответьте на вопрос: кто Соколовы?

Соколо́вы

Моя́ учи́тельница – Соколо́ва Еле́на Ви́ктор**овна**. Соколо́ва – э́то фами́лия её му́ж**а**, тепе́рь её фами́лия. Еле́на (Ле́на) – э́то её и́мя. Ви́кторовна – её о́тчество. Её оте́ц – Ви́ктор. Это его́ и́мя.

Её муж – врач. Его́ зову́т Соколо́в Дми́трий Ива́но**вич**. Соколо́в – его́ фами́лия, Дми́трий(Дима) – его́ и́мя, Ива́нович – его́ о́тчество. Их де́ти – то́же Соколо́вы. **Их** о́тчество – Дми́триевна и Дми́триевич: дочь Ольга Дми́триевна Соколо́ва и сын Алексе́й Дми́триевич Соколо́в. Но они́ ещё ма́ленькие, и все зову́т **их** Оля и Алёша.

여선생님과 그녀 남편의 부칭을 말하세요. 그들의 아이들은 이름이 무엇인가요?
Нозовите отчество учительницы и мужа. Как зовут их дети?

ЗАДАНИЕ 9 다음 단어들을 따라하세요. Повторяйте слова.

нача́ло	시작	**сейча́с**	지금
коне́ц	끝	**чита́йте**	읽어보세요

час	한 시(1 시간)	**изуча́йте**	공부하세요
четве́рг	목요일	**отвеча́йте**	대답하세요
отли́чный	우수한, 탁월한	**учи́сь**	배워라
снача́ла	처음에, 우선	**учи́тесь**	배우세요

начало конец четверг отличный

сейчас читайте изучайте

отвечайте учись учитесь

сначала

ЗАДАНИЕ 10 다음 단어 그룹들을 리듬 모델에 따라 따라하세요.
Повторяйте группы слов в соответствии с их ритмическими моделями.

ТА	**таТА**	**таТАта**	**татаТАта**
час	четверг	начало	изучайте
	конец	отличный	отвечайте
	сейчас	сначала	
	учись	читайте	
		учитесь	

ЗАДАНИЕ 11 다음 단어들을 발음 규칙에 따라 읽어보세요.
Прочитайте слова в соответствии с правилами чтения.

четве́рг, сейчас, ю́ноша, о́тчество, челове́к, молодо́й

ЗАДАНИЕ 12 다음 어결합들과 문장들을 읽어보세요.
Читайте словосочетания и предложения.

а) оди́н час, два часа́, три часа́, четы́ре часа́.
Сейча́с оди́н час.

б) - До́брый ве́чер!
- Сейча́с у́тро.
- Ой, до́брое у́тро!

в) Отли́чный обе́д! Спаси́бо!
Отли́чная рабо́та! Отли́чный фильм! Отли́чная фотогра́фия! Отли́чная оце́нка!

г) Чита́йте внима́тельно текст / и пото́м отвеча́йте на вопро́сы.

д) нача́ло и коне́ц уро́к**а**.
нача́ло и коне́ц фи́льм**а**.
нача́ло и коне́ц дня.
нача́ло и коне́ц конце́рта.

ЗАДАНИЕ 13 다음 표현을 기억하세요. Запомните выражение.

Очень прия́тно! (1) 매우 반갑습니다! (2) 매우 기분 좋습니다.

다음 각 대화들을 읽으세요. 어떤 상황들에서 이 표현이 언어예절의 형태(1)로서 사용되고 어떤 상황들에서 정서적 표현(2)으로 사용되는지 말해주세요. Прочитайте диалоги и скажите, в каких случаях данное выражение употребляется как формула речевого этикета(1), а в каких для выражения эмоций(2).

1. - Познако́мьтесь, э́то Ди́ма, а э́то Мари́на.
   - Очень прия́тно!
   - Очень прия́тно!

2. - Вот э́то мой **пода́рок** – кни́га «Большо́й теа́тр».
   - О! Спаси́бо! Очень прия́тно! Я люблю́ бале́т!
   - Я рад.

3. - Дава́йте, познако́мимся! Меня́ зову́т Алексе́й.
   - А меня́ Лари́са.
   - Очень прия́тно!

4. - Как вас зову́т?
   - Меня́ зову́т Серге́й.
   - Очень прия́тно. А меня́ зову́т Ната́ша.
   - Очень прия́тно.

5. - Это но́вый рестора́н!
   - Тут о́чень прия́тно!

→ 요일들
Дни недели

ЗАДАНИЕ 14 다음 대화를 잘 들어보세요. 한국과 러시아에서 한 주의 첫 번째 요일이 무슨 요일인지(무슨 요일부터 한 주가 시작되는지) 대답하세요. Прослушайте диалог. Ответьте на вопрос: какой день недели первый в Корее и в России(с какого дня начинается неделя)?

Неде́ля

- Смотри́те. Вот ру́сский календа́рь. Тут понеде́льник, пото́м вто́рник, среда́, четве́рг, пя́тница, **суббо́та**, воскресе́нье.
- А как по-коре́йски сло́во «неде́ля»? «Неде́ля» по-коре́йски “한주”. Неде́ля в Росси́и – э́то понеде́льник, вто́рник, среда́, четве́рг, пя́тница, суббо́та и воскресе́нье.
- А в Коре́е? Снача́ла воскресе́нье?
- Да, снача́ла воскресе́нье.

한 주의 요일들을 역순으로 말해보세요.
Назовите дни недели в обратном порядке.

ЗАДАНИЕ 15 낱말 맞추기 "한 주". 가로와 세로 빈 칸에 한 주의 요일들을 써 넣으세요. Кроссворд «Неделя». Впишите дни недели в клетки по горизонтали и по вертикали.

Неде́ля

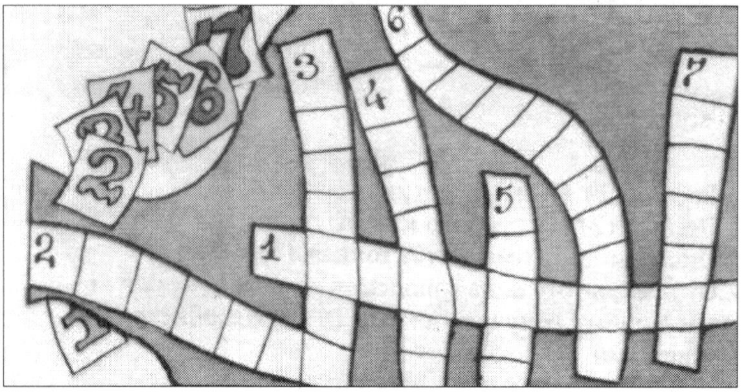

ЗАДАНИЕ 16 아래에 제시된 단어들을 표에 써 넣으세요.
Впишите в таблицу приведённые ниже слова.

и́мя, о́тчество, фами́лия, врач, учи́тельница, учени́к, учёный, арти́стка, учени́ца, арти́ст, пиани́но, челове́к, дочь, ю́ноша, неде́ля, число́, ночь, нача́ло, суббо́та, день, а́дрес, пода́рок

он	
она́	
оно́	

위에 주어진 단어들 가운데 어떤 단어들과 함께 형용사«коре́йская», «ру́сское», «отли́чное», «молодо́й»를 사용할 수 있나요? С какими из данных выше слов можно употребить прилагательные «коре́йская», «ру́сское», «отли́чное», «молодо́й»?

ЗАДАНИЕ 17 아래 표에 한 주의 요일들을 써 넣으세요.
Впишите в таблицу дни недели.

요일	**день недели**
월요일	
화요일	
수요일	
목요일	
금요일	
토요일	
일요일	

➾ 현재 단수 3인칭형의 동사들
Глаголы в форме 3-его лица единственного числа настоящего времени

ЗАДАНИЕ 18 다음 그림들을 보고, 그 아래에 적힌 자막들을 읽어보세요.
Рассмотрите картинки, прочитайте подписи.

Сейча́с преподава́тель объясня́ет.

Сейча́с учени́ца пи́шет.

Учени́ца отвеча́ет, а учи́тельни-ца слу́шает.

Это студе́нт. Он у́чится в университе́те. Он изуча́ет ру́сский язы́к. Он всегда́ де́лает дома́шнее зада́ние.

А э́то шко́льник. Он у́чится в шко́ле. Он изуча́ет англи́йский язы́к.

Сейча́с учени́к чита́ет.

Ле́на говори́т, а Юля слу́шает.

Моско́вский госуда́рственный университе́т (МГУ).

ЗАДАНИЕ 19 다음 동사들을 따라하세요. 그 동사들 가운데 여러분에게 익숙하지 않은 동사들을 뽑아서 써 보세요. Повторяйте глаголы. Выпишите те из них, которые вам не знакомы.

понима́ет	이해한다	**отвеча́ет**	대답한다
игра́ет	경기한다	**рабо́тает**	일한다
гуля́ет	산책한다	**зна́ет**	안다
де́лает	한다	**пи́шет**	쓴다
повторя́ет	따라(반복)한다	**живёт**	산다
объясня́ет	설명한다	**говори́т**	말한다
изуча́ет	연구(공부)한다	**у́чится**	배운다
чита́ет	읽는다	**сади́тся**	앉는다
слу́шает	듣는다	**идёт**	간다

повторяет объясняет пишет
живёт говорит слушает
учится отвечает

ЗАДАНИЕ 20 다음 단어 그룹들을 리듬 모델에 따라 읽어보세요.
Читайте группы слов в соответствии с ритмическими моделями.

ТАта	таТА	ТАтата	таТАта	татаТА	татаТАта
пишет	живёт	делает	читает	говорит	повторяет
знает	идёт	слушает	играет		объясняет
		учится	гуляет		отвечает
		учитесь	садится		изучает
					понимает

ЗАДАНИЕ 21 다음 단어들을 발음 규칙에 따라 읽어보세요.
Читайте слова в соответствии с правилами чтения.

у́чится, говори́т, объясня́ет, отвеча́ет, сади́тся, нахо́дится, называ́ется

ЗАДАНИЕ 22 다음 텍스트들에 필요한 동사들을 써 넣으세요.
Вставьте в тексты нужные глаголы.

1. Студе́нт __________ в университе́те. Он ____________ англи́йский язык. До́ма он ____________ дома́шнее зада́ние: __________ текст и вопро́с**ы**, __________ отве́т**ы**.

2. На уро́ке учи́тель _________, а учени́к ___________.
Учи́тель _________ текст, а класс внима́тельно ___________.

ЗАДАНИЕ 23 다음 단어들의 빈 칸에 빠진 문자들을 넣고 읽어보세요.
Вставьте в слова пропущенные буквы и прочитайте их.

_ итает, и _ учает, объяс _ яет, у _ ится, _ишет, о _ в _ чает,
_ лушает, д _ ла _ т, ид _ т, по _ торяет, _ ивёт.

ЗАДАНИЕ 24 따라하세요. Повторяйте.

чита́ет – чита́й – чита́йте
слу́шает – слу́шай – слу́шайте
спра́шивает – спра́шивай – спра́шивайте
отвеча́ет – отвеча́й – отвеча́йте
повторя́ет – повторя́й – повторя́йте
де́лает – де́лай – де́лайте
пи́шет – пиши́ – пиши́те
сади́тся – сади́сь – сади́тесь

рабóтает – рабóтай – рабóтайте
игрáет – игрáй – игрáйте
гуля́ет – гуля́й – гуля́йте
идёт – иди́ – иди́те

ЗАДАНИЕ 25 지시하는 것들을 실행하세요. Выполняйте команды.

1. Дáйте, пожáлуйста, карандáш.
2. Пиши́те.
3. Читáйте слóва на доскé.
4. Читáйте ещё раз.
5. Повторя́йте слóво «воскресéнье» два рáза.
7. Читáйте **словá** на доскé.
8. Отвечáйте **на** вопрóс: «Вáша грýппа сейчáс гуля́ет?»

ЗАДАНИЕ 26 따라하세요. Повторяйте.

1. Дéлайте домáшнее задáние!
   Он всегдá дéлает домáшнее задáние.

2. Слýшайте внимáтельно рáдио!
   Онá внимáтельно слýшает рáдио.

3. Отвечáйте на вопрóс прáвильно!
   Онá отвечáет на вопрóс прáвильно.

4. Изучáйте рýсский язы́к у нас в университéте!
   Онá изучáет рýсский язы́к у нас в университéте.

5. Читáйте э́тот текст дóма!
   Учени́к читáет э́тот текст дóма.

6. Повторя́йте э́то предложе́ние мно́го раз!
   Он повторя́ет э́то предложе́ние мно́го раз.

7. Пиши́те дикта́нт на доске́!
   Учени́ца пи́шет дикта́нт на доске́.

8. Сади́сь на дива́н и слу́шай му́зыку!
   Ма́ма сади́тся на дива́н и слу́шает му́зыку

9. Смотри́те **по телеви́зору** но́вый фильм!
   Ба́бушка смо́трит по телеви́зору но́вый фильм.

ЗАДАНИЕ 27 낱말 맞추기를 풀어보세요. Разгадайте кроссворд.

По горизонтали(가로로):

1. 부칭
2. 11

По вертикали(세로로):

3. 말하다.
4. 학자
5. 의사

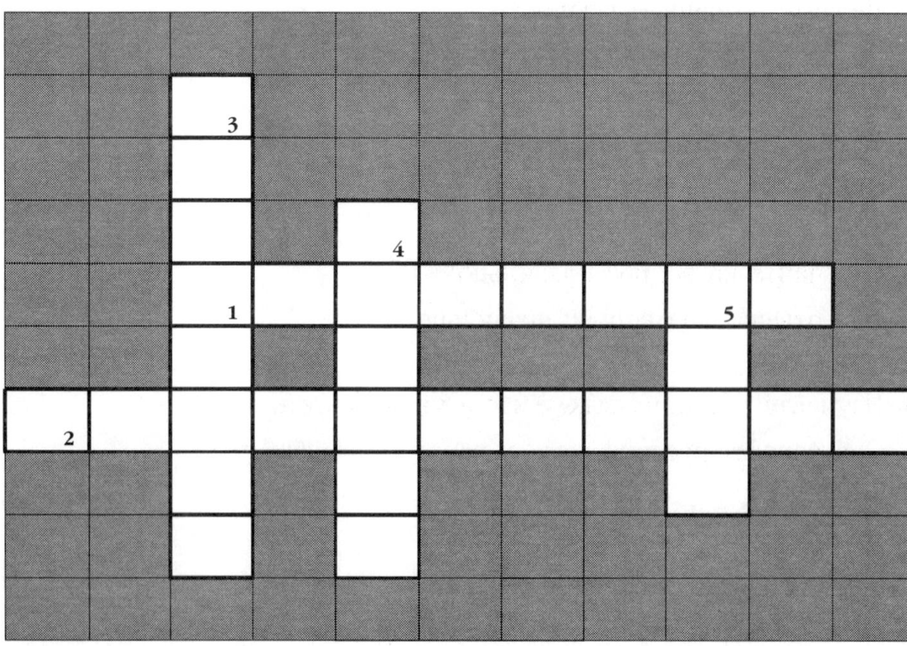

ЗАДАНИЕ 28 다음 텍스트들을 외우세요. Выучите тексты наизусть.

Гру́ппа изуча́ет ру́сский язы́к

На уро́ке преподава́тельница объясня́ет, а **гру́ппа** внима́тельно слу́шает. Пото́м преподава́тельница чита́ет текст, а гру́ппа повторя́ет. Пото́м преподава́тельница спра́шивает, а гру́ппа отвеча́ет. Преподава́тельница всегда́ говори́т: «Пра́вильно» и́ли «Непра́вильно». Гру́ппа обы́чно отвеча́ет пра́вильно.

Где гру́ппа де́лает дома́шнее зада́ние: на уро́ке и́ли до́ма? **Коне́чно** до́ма!

어떻게 당신이 러시아어를 공부하는지 이야기해 주세요.
Расскажите, как вы изучаете русский язык.

의문사 «почему́»가 있는 의문문
Вопросительное предложение с вопросительным словом «почему́»

ЗАДАНИЕ 29 다음 질문들과 대답들을 잘 들어보세요.
Слушайте вопросы и ответы.

1. - *Почему́* он не пи́шет?
   - *Потому́ что* / у него́ нет ру́чки / и карандаша́.

2. - Почему́ он не чита́ет?
   - Потому́ что у него́ нет кни́ги.

3. - Почему́ твоя́ сестра́ не смо́трит телеви́зор?
   - Потому́ что она де́лает дома́шнее зада́ние.

4. - Почему́ учени́к непра́вильно отвеча́ет на вопро́с?
- Потому́ что он слу́шает невнима́тельно.

5. - Почему́ твой брат не у́чится в университе́те?
- Потому́ что он ещё шко́льник.

6. - Почему́ твоя́ подру́га не идёт на конце́рт?
- Потому́ что у неё нет вре́мени.

7. - Почему́ сего́дня у́тром па́па до́ма?
- Потому́ что сего́дня воскресе́нье.

8. - Почему́ она́ не игра́ет в те́ннис?
- Потому́ что она́ не лю́бит те́ннис.

ЗАДАНИЕ 30 다음 텍스트를 잘 들으세요. Прослушайте текст.

Как экза́мен?

У нас в семье́ четы́ре челове́ка. Ве́чером мы обы́чно все до́ма. Но сего́дня до́ма нет бра́та. Брат ещё в университе́те, у него́ экза́мен. Но вот брат уже́ до́ма.

- Как дела́? – спра́шивает оте́ц.
- Норма́льно, – отвеча́ет брат.
- Как экза́мен? – спра́шивает оте́ц.
- Отли́чно, – говори́т брат.
- Я рад, – говори́т оте́ц. – Молоде́ц!

Вопро́с: Почему́ оте́ц говори́т: я рад?

질문들에 대답하세요. Ответьте на вопросы.

1. Ско́лько челове́к в семье́?
2. Сего́дня ве́чером все до́ма?
3. Почему́ нет бра́та?
4. Как у бра́та дела́?

개 수사 1~40 (종합)
Количественные числительные 1~40 (обобщение)

ЗАДАНИЕ 31 다음 단어들을 따라하세요. Повторяйте слова.

де́вять	9	**шестна́дцать**	16
де́сять	10	**восемна́дцать**	18
двена́дцать	12	**девятна́дцать**	19
четы́рнадцать	14	**три́дцать**	30
пятна́дцать	15	**со́рок**	40

ЗАДАНИЕ 32 빠진 단어들을 써 넣으세요. Вставьте пропущенные слова.

оди́н (одна́, одно́), два (_____), ________, четы́ре, пять, шесть, _________, _________, де́вять, _________, оди́ннадцать, _______________, трина́дцать, _______________, пятна́дцать, шестна́дцать, ______________, восемна́дцать, _______________, два́дцать, два́дцать во́семь, _______________, три́дцать, три́дцать во́семь, три́дцать де́вять, _______________

ЗАДАНИЕ 33 빠진 숫자를 써 넣으세요. 어떻게 맞췄는지 설명 하세요. Вставьте не достающее число. Объясните, как вы догадались.

8 10 14 20 ____ 38

> ➾ 회화모델 «Кто э́то?», «Что э́то?», «Что он де́лает?»
>
> Речевые модели «Кто э́то?», «Что э́то?»
>
> «Что он де́лает?»

ЗАДАНИЕ 34 주어진 단어들을 «Кто э́то?», «Что э́то?» 와 «Что он(она́) де́лает?» 이란 질문에 부합되게 3그룹으로 나누세요. Разделите данные слова на три группы, соответственно вопросам «Кто это?», «Что это» и «Что он(она) делает?»

нача́ло, снег, секрета́рь, пиро́жное, сади́тся, компью́тер, де́ти, юг, пи́шет, писа́тель, гуля́ет, гости́ная, гру́ппа, жена́, дя́дя, арти́ст, игра́ет, оце́нка, шу́тка, шко́ла, шко́льница, четве́рг, ситуа́ция, слу́шает, семья́, статья́, соба́ка, кварти́ра, де́вушка, ю́ноша, объясня́ет, коне́ц

ЗАДАНИЕ 35 다음 대화들을 읽으세요. «Кто?»와 «Что?»를 사용한 질문들에 대답 하세요. Читайте диалоги. Отвечайте на вопросы «Кто?» и «Что?».

1. - *Что* э́то на фотогра́фии?
   - Это *цирк*!
   - А *кто* там на сту́ле?
   - Это *кло́ун*. А ря́дом я!

Вопрос: Кто на фотогра́фии?

2. - *Кто* изуча́ет ру́сский язы́к?
   - *Мы* изуча́ем ру́сский язы́к.
   - А кто изуча́ет англи́йский язы́к?
   - То́же мы.
   - А *кто* изуча́ет кита́йский язы́к?
   - *Же́ня и Зи́на*!
   - А они́ изуча́ют ру́сский и англи́йский?
   - Да, изуча́ют!
   - **Молодцы́**, Же́ня и Зи́на!

Вопрос: Кто изуча́ет ру́сский, англи́йский и кита́йский языки́?

3. - Алло́! Это Ната́ша? Приве́т! Что ты де́лаешь?
   - Приве́т, Оля! Я весь день чита́ю кни́гу «Анна Каре́нина».
   - А что де́лает твой брат?
   - Са́ша? Он **ничего́** не де́лает.
   - Дава́йте пойдём в кино́! Сего́дня ве́чером идёт интере́сный фильм. Там игра́ют изве́стные **актёры**.
   - Ну, дава́й. Са́ша, ты пойдёшь в кино́?
   - А Оля пойдёшь?
   - Пойдём.
   - Ла́дно, пойду́.

Вопросы:

1. Что де́лает Ната́ша?
2. Что де́лает её брат?
3. Куда́ они́ пойду́т ве́чером?
4. Они́ пойду́т все вме́сте?

ЗАДАНИЕ 36 다음 질문들에 필요한 단어들을 써 넣으세요.
Вставьте в вопросы нужные слова.

1. ___________ рабóтает в шкóле?
2. ___________ слéва?
3. ___________ дéлает вáша мáма вéчером?
4. Кто _________ ры́бу?
5. ____________ нахóдится в цéнтре Москвы́?
6. ____________ слу́шает на урóке невнимáтельно?
7. Что _________ преподавáтель на урóке?
8. ____________ на доскé?
9. Что _____________ на ю́ге Корé**и**?

ЗАДАНИЕ 37 다음 질문들에 필요한 단어들을 써 넣으세요.
Вставьте в вопросы нужные слова.

Тру́дное домáшнее задáние

Оля : Ты дóлго дéлаешь домáшнее задáние?

Зина : Дóлго. Домáшнее задáние всегдá большóе и тру́дное.

Оля : Что ты дéлаешь сначáла?

Зина : Сначáла я читáю текст. В тéксте всегдá есть нóвые словá, и я чáсто смотрю́ нóвые словá в словарé. Потóм я пишу́ диалóг, **учу́** егó **наизу́сть**. Я дéлаю домáшнее задáние оди́н час!

Оля : Ты дéлаешь домáшнее задáние **тóлько** оди́н час?! Я дéлаю два и́ли три часá!

Вопрос:

1. Кто дéлает домáшнее задáние оди́н час?
2. А кто два – три часá?

질문들에 대답하세요. Отвечайте на вопросы.

1. Что Оля де́лает снача́ла?
2. Почему́ она́ ча́сто смо́трит слова́ в словаре́?

ЗАДАНИЕ 38 다음 대화를 들어보세요. 태욱은 지금 무엇을 하고 있습니까?
Слушайте диалог. Что делает сейчас Тэ Ук?

Са́ша и Тэ Ук говоря́т по телефо́ну

Саша : Алло́! Кто э́то? Это Тэ Ук?
Тэ Ук : Да. А э́то Са́ша?
Саша : Да, Са́ша. Приве́т!
Тэ Ук : Приве́т!
Саша : Как дела́?
Тэ Ук : Норма́льно. А у тебя́ как дела́?
Саша : То́же норма́льно. Что ты сейча́с де́лаешь?
Тэ Ук : Дома́шнее зада́ние. Я читаю́ текст.
Саша : Тру́дный текст?
Тэ Ук : Нет, не тру́дный. Очень лёгкий.
Саша : А-а... Ну, пока́! До за́втра!
Тэ Ук : До за́втра!

Вопрос: Дома́шнее зада́ние у Тэ Ук тру́дное?

지금 학교 친구가 무엇을 하고 있는지, 전화로 (러시아어로) 대화를 나누어 보세요.
Поговорите по телефону с вашим школьным товарищем о том, что он сейчас делает.

모델: «Мне 20 лет»
Модель: «Мне 20 лет»

ЗАДАНИЕ 39 따라하세요. Повторяйте.

Ско́лько вам (тебе́) лет? 당신(너)의 나이는 얼마입니까?
Мне 21 (два́дцать оди́н) год.
Мне 22 (23, 24) го́да.
Мне 25 (26-30) лет.

я – **Мне** 10 лет.
ты – **Тебе́** 15 лет.
он – **Ему́** 2 го́да.
она́ – **Ей** 1 год.
мы – **Нам** 23 го́да.
вы – **Вам** 33 го́да.
они́ – **Им** 40 лет

брат, друг, Ива́н, оте́ц - **Бра́ту (дру́гу, Ива́ну, отцу́)** 42 го́да.
сестра́, подру́га, ма́ма, па́па, де́душка, ба́бушка, Ди́ма, Юля - **Сестре́ 14 лет**.

ЗАДАНИЕ 40 문장들에 필요한 단어들을 써 넣으세요.
Вставьте в предложения нужные слова.

1. **Моему́** ________14 лет.
2. **Мое́й** сестре́ 19 _____ .
3. Моему́ _______ 1 год.
4. Ей 31 _____ .
5. Ско́лько _______ ва́шему сы́ну?
6. Ско́лько лет ва́шей ______?

ЗАДАНИЕ 41 연령에 대해 서로 물어 보세요. 과대표는 학급의 평균 연령을 알아보세요. Спросите друг друга о возрасте. Староста, узнайте средний возраст группы.

ЗАДАНИЕ 42 아래 제시된 질문을 읽고 대답들을 써 보세요.
Прочитайте приведенный ниже вопрос и напишите ответы.

Ско́лько лет вам, сестре́, бра́ту, дру́гу, подру́ге, ма́ме, па́пе, де́душке и ба́бушке?

ЗАДАНИЕ 43 받아쓰기. 다음 음절들을 받아쓰세요. Диктант. Пишите слоги.

щу-ца, уп-ца, цу, уц, шу-ща, чи, гу-ча, ночи, ишт, шти

ЗАДАНИЕ 44 문자 «ч»가 명칭 속에서 사용되는 대상들을 아래 삽화에서 찾아보세요. Найдите на рисунках предметы, в названиях которых употребляется буква «ч».

ЗАДАНИЕ 45 아래 단어들 속에 문자 «с», «з», «д», «ш», «ж», «щ», «ц», «ч» 를 필요한 곳에 써 넣으세요. В данные слова впишите, где нужно, буквы «с», «з», «д», «ш», «ж», «щ», «ц», «ч».

ста _ ион, мо _ ет быть, _ иктант, _ урнал, дома _ нее _ адание, ска _ ите, о _ ень, по _ алуйста, о _ еро, у _ еник, моро _ еное, сту _ ент, Ната _ а, е _ ё раз, по _ ему, слу _ ает, _ емья, ве _ ером, _ ентр, во _ кре _ енье, у _ ит _ я, пи _ ет, _ итает, му _ ыка, у _ ени _ а, сей _ ас, но _ ь, кон _ ерт, _ етыре, ве _ ёлый, у _ ёный, сна _ ала, об _ е _ итие, _ орок, деву _ ка, юно _ а, лу _ ше, ти _ е

ЗАДАНИЕ 46 낱말 맞추기. 가로로 지정된 줄에는 러시아의 유명한 작곡가의 이름이 있습니다. 세로 줄에 들어갈 단어는 아래에 주어진 문장들에서 밑줄 그은 부분에 적합한 것입니다. 주어진 문장의 순서대로 그 단어들을 써 넣으세요. Кроссворд. По горизонтали в выделенном ряду - имя известного русского композитора. По вертикали - слова, которых не хватает в приведённых ниже предложениях. Впишите эти слова в кроссворд в той же последовательности , в которой даны предложения.

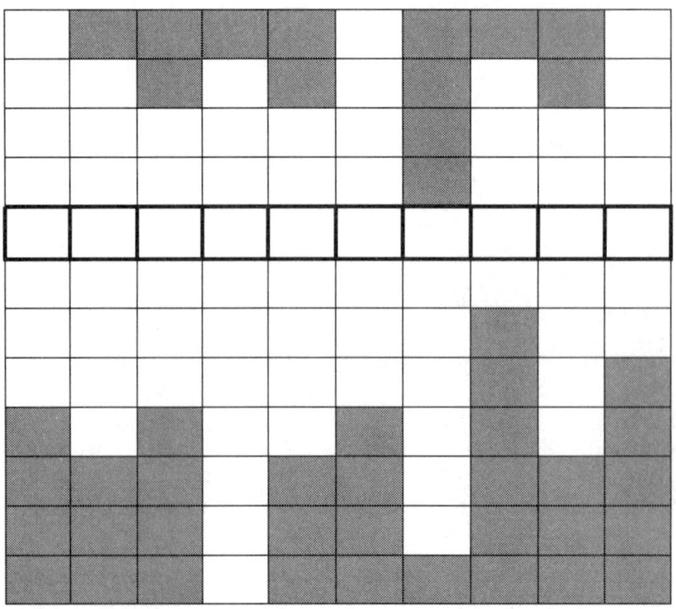

1. «A+» - ____________оце́нка.
2. Это зада́ние – на _______________ 25.
3. Са́мое большо́е о́зеро в Росси́и - ______________.
4. Сего́дня суббо́та, а пото́м - ____________.
5. Па́риж – э́то __________.
6. В семье́ четы́ре __________.
7. Са́мый __________ челове́к – э́то кло́ун .
8. Без му́ки нет ______________.
9. Объясня́ет в шко́ле на уро́ке _____________.
10. ______________, пожа́луйста , текст.

ЗАДАНИЕ 47 다음 문장을 완성하세요. Закончите предложения.

1. Он ________ диало́г ме́дленно.
2. Мой сын шко́льник, а дочь ______________.
3. Её фами́лия - ____________. Его́ фами́лия - ____________.
4. Её о́тчество - _______________. Его́ о́тчество - ______________.
5. Ве́чером я пойду́ ______________.
6. Ве́чером до́ма он _______________.
7. На уро́ке учи́тель объясня́ет, а гру́ппа ______________.
8. Почему́ он не _________ телеви́зор?

ЗАДАНИЕ 48 다음 문장들을 읽고, 각 문장이 끝날 때마다 «пра́вильно» 혹은 «непра́вильно»라고 말하세요. Прочитайте предложения и, после каждых предложений, говорите «правильно» или «неправильно».

1) В университе́те есть стадио́н.
2) Преподава́тельница чита́ет на уро́ке журна́л.
3) Учи́тельница пи́шет на уро́ке письмо́.
4) В кла́ссе гру́ппа пи́шет и чита́ет.
5) Преподава́тельница говори́т: «Всегда́ де́лайте дома́шнее зада́ние».
6) Врач у́чится в шко́ле.
7) Мы изуча́ем кита́йский язы́к.

8) В кла́ссе четы́ре окна́.
9) За́втра воскресе́нье.
10) У нас в кла́ссе живёт ко́шка.
11) Шесть плюс де́сять – шестна́дцать.
12) Пятна́дцать плюс пятна́дцать – три́дцать.
13) Три́дцать минус девятна́дцать – одинна́дцать.
14) В шко́ле есть общежи́тие.
15) На у́лице есть магази́н и там есть моро́женое.
16) Ве́чером преподава́тель идёт в университе́т.
17) Мари́я Шара́пова игра́ет в те́ннис.
18) Сего́дня на́ша гру́ппа идёт в цирк.

회화연습
Поговорим

동사 «пла́вать»
глагол «пла́вать»

ЗАДАНИЕ 49 텍스트 «Са́ша изуча́ет коре́йский язы́к»를 잘 들어보세요.
Прослушайте текст «Саша изучает корейский язык».

Са́ша изуча́ет коре́йский язы́к

Са́ша ру́сский студе́нт. Ему́ 20 лет. Сейча́с он живёт в го́роде Ирку́тске и у́чится в университе́те на междунаро́дном факульте́те. Он живёт в общежи́тии, потому́ что его́ семья́ живёт в **друго́м** го́роде.

В университе́те Са́ша изуча́ет коре́йский язы́к. На уро́ке он внима́тельно слу́шает, пи́шет, чита́ет, говори́т по-коре́йски. До́ма он всегда́ де́лает дома́шнее зада́ние. Са́ша говори́т: «Коре́йский язы́к тру́дный, но интере́сный». Он лю́бит **погово́рки**: «Без му́ки нет нау́ки» и «Хо́чешь есть калачи́ – не сиди́ на печи́».

Са́ша **хо́чет изуча́ть** коре́йский язы́к в Коре́е.

Вопрос: где живёт и у́чится Са́ша?

질문들에 대답하세요. Отвечайте на вопросы.

1. Ско́лько Са́ше лет?
2. Где он живёт и у́чится?
3. Где живёт его́ семья́?
4. Как он изуча́ет коре́йский язы́к?
5. Где Са́ша хо́чет изуча́ть коре́йский язы́к?

ЗАДАНИЕ 50 새 단어들을 읽고 대화 «В школе на уроке»를 잘 들어보세요. Прослушайте новые слова и прослушайте диалог «В школе на уроке».

уме́ет чита́ть 읽을 줄 안다
молчи́т 잠자코 있다
слы́шит 들린다

В шко́ле на уро́ке

Учи́тельница говори́т в кла́ссе:
- Здра́вствуйте!
Класс отвеча́ет:
- Здра́вствуйте!
Учи́тельница пи́шет на доске́: «Сего́дня оди́ннадцатое апре́ля». Она́ говори́т:
- Пе́тя, чита́й, пожа́луйста, дома́шний текст.
Но Пе́тя не чита́ет, потому́ что он слы́шит:
- Тук-тук!
- Да-да! - говори́т учи́тельница.
В кла́ссе но́вый учени́к.
- Как тебя́ зову́т? − спра́шивает учи́тельница.
- Меня́ зову́т Серёжа. Я но́вый учени́к.
- Здра́вствуй, Серёжа! Меня́ зову́т Ната́лья Влади́мировна.
Сади́сь, пожа́луйста, и слу́шай.

Серёжа **сади́тся** и внима́тельно слу́шает. Пото́м учи́тельница говори́т ещё раз:
- Пе́тя, чита́й текст.
И Пе́тя чита́ет. Но учи́тельница говори́т:
- Пе́тя, ты чита́ешь по-ру́сски. Чита́й по-англи́йски!
Пе́тя молчи́т. Почему́ он молчи́т? Потому́ что он не уме́ет чита́ть по-англи́йски.

Вопрос: како́й язы́к изуча́ют на уро́ке шко́льники?

질문들에 대답하세요. Ответьте на вопросы:

1. Кто Пе́тя? Кто Серёжа?
2. Кто Ната́лья Влади́мировна?
3. Что де́лает Серёжа?
4. Пе́тя чита́ет текст по-ру́сски или по-англи́йски?
5. Почему́ он пото́м молчи́т?

대화에 묘사되어 있는 상황을 역할을 바꿔 연습하세요.
Разыграйте ситуацию, описанную в диалоге.

ЗАДАНИЕ 51 따라하세요. Повторяйте.

пла́вать 수영하다

Я **пла́ваю** в реке́.
Ты хорошо́ **пла́ваешь**?
Он о́чень хорошо́ **пла́вает.**
Мы бы́стро **пла́ваем.**
Вы **пла́ваете** ме́дленно.
Они **пла́вают** в о́зере.

질문들에 대답하세요. Ответьте на вопросы.

1. Вы пла́ваете?
2. Вы лю́бите пла́вать?
3. Где вы лю́бите пла́вать?
4. А ваш друг(подру́га) пла́вает?

ЗАДАНИЕ 52 대화 «Морж»를 잘 들어보세요. Прослушайте диалог «Морж».

Морж

Они моржи́

зимой – 겨울에
холодно – 춥다
хоккей – 하키

Морж

- Ива́н, кто э́то на фотогра́фии?
- Мой де́душка.
- Де́душка?! Но э́то не де́душка! Это молодо́й челове́к.
- Мой де́душка то́же **был** молоды́м. Тут ему́ 25 лет.
- А где э́то он?
- На стадио́не. Мой де́душка и сейча́с лю́бит спорт. Он игра́ет в те́ннис, бадминто́н. Осо́бенно он лю́бит пла́вать.
- А ско́лько ему́ сейча́с лет?
- 75 (се́мьдесят пять).
- Он и сейча́с пла́вает?
- Да, и сейча́с.
- А где? В бассе́йне?
- И в бассе́йне, и в реке́, и в мо́ре.
- А зимо́й?
- Зимо́й он лю́бит пла́вать в реке́. Мой де́душка морж.
- Пра́вда?
- Пра́вда.
- Вот так де́душка! А ты пла́ваешь зимо́й в реке́?
- Нет! Хо́лодно!

- А в бассе́йне пла́ваешь?
- И в бассе́йне не пла́ваю. Я не люблю́ пла́вать. Я люблю́ хокке́й.
- Но зимо́й на стадио́не хо́лодно!
- Нет, не хо́лодно.

Вопро́с: кто лю́бит пла́вать: Ива́н и́ли де́душка?

대화 «Морж»의 내용과 연관있는 다음 주장들을 읽어보세요. 맞는 주장에는 «да», 틀린 주장에는 «нет»이라고 말하세요. Прочитайте утверждения, касающиеся содержания диалога «Морж». После правильных утверждений говорите «Да», неправильных – «Нет».

1. На фотогра́фии Ива́н.
2. На фотогра́фии молодо́й челове́к.
3. Молодо́й челове́к на фотогра́фии – де́душка Ива́на.
4. На фотогра́фии де́душка в бассе́йне.
5. Де́душка и сейча́с игра́ет в бадминто́н и те́ннис.
6. Де́душка сейча́с не пла́вает.
7. Зимо́й де́душка пла́вает то́лько в бассе́йне.
8. Зимо́й де́душка лю́бит пла́вать в реке́.
9. Ива́н не лю́бит пла́вать.
10. Ива́н лю́бит игра́ть в хокке́й.

대화를 읽고 나서 할아버지에 대해서 무엇을 알아냈는지 이야기해 보세요(써 보세요). Прочитайте диалог и расскажите(напишите), что вы узнали о дедушке. 도입부는: 이반의 할아버지는 75세이다. 맞다, 할아버지는 젊은 사람은 아니다. 그러나....... Начните так: Дедушке Ивана 75 лет. Да, он не молодой человек, но ....

Де́душке Ива́на 75 лет. Да, он не молодо́й челове́к, но ....

여러분은 어디에 사는지 말해주세요: 기숙사에서 혹은 집에서? 어떻게 여러분은 러시아어를 공부하고 있나요? Расскажите, где вы живёте: в общежитии или дома; как вы изучаете русский язык?

1~20까지 숫자를 세어보세요. Считайте до двадцати.

1 оди́н
2 два
3 три
4 четы́ре
5 пять
6 шесть
7 семь
8 во́семь
9 де́вять
10 де́сять

11 оди́ннадцать
12 двена́дцать
13 трина́дцать
14 четы́рнадцать
15 пятна́дцать
16 шестна́дцать
17 семна́дцать
18 восемна́дцать
19 девятна́дцать
20 два́дцать

УРОК 11

경음/연음으로 쌍을 이루는 무성자음 [X] / [X']
Глухие согласные звуки, парные по твёрдости / мягкости [X] / [X']

ЗАДАНИЕ 1 경음과 연음 [х]의 발음을 들어보세요.
Слушайте произношение твёрдого и мягкого звуков [х].

а-ка, а-ха, у-ху, о-хо, ха-ху-хо, ка-ха, ко-хо, ку-ху,
ах-эх-ох-ух-ых-их, хва, хла, хма, хна, хра, хта, фха, пха,
кха, тха, сха, мха, ки-ги-хи, ихи-хи, ха-хи, хо-хи, ху-хи, хе

경자음- 무성자음 [X] 발음시 특성
Особенности произношения твёрдого глухого согласного [X]

한국어 [ㅎ]과 구별해 러시아 자음 [X]는 혀의 뒷 부분을 연구개쪽으로 많이 올리면서, 동시에 혀를 뒷쪽으로 조금 움직여 조음된다. 소리의 초점은 러시아어 자음 [К]가 만들어지는

장소에 위치해 있다(한국어 [ㅋ]은 러시아 자음 [к]과 부합된다.). 다른 말로 하면, 러시아 자음 [х] 발음을 하기 위해서는 입구조가 [к] 발음할 때에 필요한 형태를 만들면서 혀와 후두의 접합부에 공기유통을 위한 틈새를 만든다. 혀의 위치를 제대로 하기 위해서는 다음과 같은 방법을 추천할 수 있다.

1) 한국어 [ㅋ]나 러시아어 [К]발음 준비를 한다. 자세히 말해 연구개와 혀의 뒤 부분이 맞춰지게 한다.
2) 혀와 윗 입천장사이의 틈을 좁히면서 막힘없이 혀를 내리고 동시에 공기의 흐름을 증가시키면 [кх] 소리가 된다.
3) [кх]발음을 여러 번 반복하는 과정에서 점진적으로 접합시간을 최소화할 필요가 있다.

В отличие от корейского [ㅎ], русский [х] образуется бóльшим подъёмом задней части языка к мягкому нёбу, а также меньшим продвижением языка назад. Фокус звука находится в том месте ротовой полости, где образуется русский звук [к](ему соответствует корейский звук [ㅋ]). Другими словами, при произношении русского [х] используется уклад органов речи, необходимый для произношения [к], однако язык и смычки образуют щель. Чтобы достичь правильного положения языка, рекомендуется:

1) приготовиться к произношению [ㅋ] или русского[к], то есть образовать смычку задней части языка и мягкого нёба;
2) плавно опускать язык, образуя узкую шель между ним и верхним нёбом и одновременно усиливая напор воздушной струи (получится звук [кх]);
3) при повторном многократном произнесении [кх] нужно постепенно сводить время смычки к минимуму.

ЗАДАНИЕ 2 따라하세요. Повторяйте.

ккккхххы-кхы, кху, кхо, укхý-ухý, окхó-хо, ыкхá-ха, кха-ха, хкы, хку, хко, хка, ахá, у-ху, о-хо, ах-эх-ух-ох-ых-их, тху, сху, пху, фху, хва, хла, хма, хна, хра, хта, тха, сха, сáхар, дух, хор;
ай-хи, и-ки-хи, и-хи-хи, ай-хе, и-ке-хе, и-хе-хе, ха-хи, хи-ха, хе, хи́мия, стихи́, духи́

ЗАДАНИЕ 3 어리석으면서 동시에 상황을 나쁜 쪽으로 악화시키는 사람들의 특성을 빗대어 말하는 속담을 외우세요. Выучите поговорку, которая используется для характеристики забавных и в то же время причиняющих вред ситуаций.

И смех и грех!

웃는 것도 흉이 된다!

ЗАДАНИЕ 4 다음 단어들을 따라하세요. 이 단어들을 써 보세요. Повторяйте и пишите слова.

худо́жник	화가	**гро́мко**	큰 소리로
домохозя́йка	가정주부	**легко́**	쉽게, 쉽다
стихи́	시	**тру́дно**	어렵게, 어렵다
хи́мия	화학	**хо́лодно**	춥게, 춥다
хокке́й	하키	**тепло́**	따뜻하게, 따뜻하다
са́хар	설탕	**жа́рко**	덥게, 덥다
хлеб	빵	**отдыха́ет**	쉰다
хорошо́	잘, 좋게, 좋다	**отдыха́й**	쉬어라
о́чень	대단히, 매우	**отдыха́йте**	쉬세요
краси́во	예쁘게	**хочу́**	(나는) 원한다
интере́сно	재미있게	**хо́чет**	(그는) 원한다
пло́хо	나쁘게, 나쁘다	**хоти́те**	(당신은) 원한다
ти́хо	조용히, 조용하다		

хорошо стихи художник хочет

легко отдыхает тепло жарко

ЗАДАНИЕ 5 다음 단어 그룹들을 리듬 모델에 따라 읽어보세요.

Читайте группы слов в соответствии с их ритмическими моделями.

ТАта	**таТА**	**ТАтата**	**таТАта**	**татаТА**	**тататаТАта**
тихо	легко	холодно	художник	хорошо	домохозяйка
громко	тепло	химия		отдыхай	
трудно	стихи				
очень	хочу				
жарко	хоккей				
плохо					
хочет					
сахар					

ЗАДАНИЕ 6 읽어보세요. Читайте.

1. Хи́мия – э́то нау́ка и шко́льный **предме́т**.
2. Она́ хорошо́ чита́ет стихи́.
3. - Са́ша чита́ет стихи́ хорошо́, но ти́хо.
   - Са́ша, чита́йте, пожа́луйста, гро́мко!
4. - Тру́дно изуча́ть ру́сский язы́к?
   - Нет, не тру́дно – о́чень легко́!
5. - На у́лице о́чень хо́лодно?
   - Нет, не о́чень.
6. - В Сиби́ри о́чень хо́лодно?
   - Норма́льно.
   - А **ле́том** хо́лодно?
   - Нет! Ле́том жа́рко!
7. - Ваш сын хорошо́ у́чится в шко́ле?
   - Непло́хо.
8. А. А. Пла́стов – о́чень хоро́ший ру́сский худо́жник.
9. - Вы хоти́те ко́фе?

자전거와 함께 있는 소녀.
쁠라스또프 1956.
http://fio.uven.ru/schoolsites/plastov/index.htm

- Я хочу′ ко́фе, пиро́жное, **шокола́д** и фру́кты.

10. Он хо́чет изуча́ть ру́сский язы́к в Москве́.

ЗАДАНИЕ 7 다음 단어들을 외우세요. Выучите слова.

отли́чно	훌륭하게, 훌륭하다	**ужа́сно**	지독하게, 지독하다
чуде́сно	기적적으로, 기적적이다	**расскажи́те**	이야기해 주세요
прекра́сно	멋지게, 멋지다	**ху́же**	더 나쁘게
обы́чно	통상적으로, 평범하다		

다음 표현들을 외우세요. Выучите выражения наизусть.

- Расскажи́те мне сейча́с, как дела́ иду́т у вас?
  당신 일들이 어떻게 되어가고 있는지 지금 저에게 말해주시겠어요?
- Всё прекра́сно! 아주 멋집니다.
- Всё отли́чно! 대단히 훌륭합니다.
- Всё норма́льно. 모든 것이 정상입니다.
- Всё ужа́сно! 아주 최악입니다.
- Всё чуде́сно! 예상을 훨씬 뛰어넘습니다.
- Всё не ху́же, чем обы́чно. 보통 때보다 더 나쁘지 않습니다.

Всего хорошего! 잘 가세요, 안녕히 계세요

ЗАДАНИЕ 8 아래에 제시된 표 1, 2를 [й], [ж], [ш], [ц], [ч'] 소리와 일치하는 문자들로 채우세요. 이 소리가 있는 단어들을 표에 써 넣으세요. Приведенные ниже таблицы 1 и 2 заполните буквами, соотвествующими звукам [й], [ж], [ш], [ц], [ч']. Впишите в таблицы слова, содержашие указанные звуки.

1.

глухи́е согла́сные 무성자음	зво́нкие согла́сные 유성자음
с весна́	з изуча́ет
щ	
к	г

2.

твёрдые согла́сные 경자음	мя́гкие согла́сные 연자음
м пото́м	м’ семья́
т игра́ет	т’ те́ма
д два	д’ Ди́ма
н оце́нка	к’ о́сень
р конце́рт	р’ говори́т
л число́	л’ ско́лько
с час	с’ во́семь
з зна́ет	з’ зима́
п тепло́	п’ пе́сня
б бы́стро	б’ лю́бит
ф фо́то	ф’ фи́льм
в за́втра	в’ весна́
к гре́шко	к’ ру́сский
г год	г гита́ра
х хо́лодно	х’ стихи́
	щ

의문문 «Кто э́то?» 와 «Кто он?»
Вопросительные предложения «Кто это?» и «Кто он?»

ЗАДАНИЕ 9 다음 표의 대화를 읽어보세요. Читайте таблицу.

Кто э́то?	**Кто он(она)?**
1. - Кто э́то: ко́шка и́ли соба́ка? - Это ко́шка! - **Необы́чная** ко́шка!	2. - Кто твоя́ подру́га? - Она́ домохозя́йка. - А кто её муж? - Он учи́тель.
3. - Кто э́то? - Э́то тури́ст **из Росси́и**.	4. - Кто э́та де́вушка? - Она́ моя́ сестра́. - Да? У тебя́ есть сестра́? - Да, она́ моя́ **мла́дшая** сестра́. - А кто она́: студе́нтка и́ли шко́льница? - Она́ ещё шко́льница.

ЗАДАНИЕ 10 다음 대화를 잘 듣고, 질문들에 대답하세요.
Прослушайте диалог и ответьте на вопросы.

Фотогра́фии

- Кто э́то на фотогра́фии?
- Мой оте́ц, моя́ мать, сестра́, я.
- А кто твой оте́ц?
- Он учёный.
- А э́то твоя́ мать?
- Да.
- А кто она́?
- Она́ то́же учёный.
- А э́то что?
- Это наш дом.
- А кто э́то, ря́дом? Ты?
- Нет, э́то моя́ сестра́.
- Кто она́? То́же студе́нтка?
- Нет, она́ уже учи́тельница, рабо́тает в шко́ле.

Вопросы:

1. Кто на фотогра́фии?
2. Кто они́?

ЗАДАНИЕ 11 다음 직업 명칭을 잘 듣고, 여러분의 어머니, 아버지, 할아버지, 할머니, 형, 누나, 아주머니, 아저씨의 직업이 무엇인지 말하세요. Прослушайте название профессий и скажите, кто ваша мама, ваш папа, ваш дедушка, кто бабушка, брат, сестра, тётя, дядя...

он	**она**
учи́тель	учи́тельница
преподава́тель	преподава́тельница
писа́тель	писа́тельница
худо́жник	худо́жница
перево́дчик	перево́дчица
арти́ст	арти́стка
журнали́ст	журнали́стка
спортсме́н	спортсме́нка
учёный	учёный
инжене́р	инжене́р
врач	врач
юри́ст	юри́ст
музыка́нт	музыка́нт
архите́ктор	архите́ктор
строи́тель	строи́тель
бизнесме́н	бизнесме́н
коммерса́нт	коммерса́нт
чино́вник	чино́вник
продаве́ц	продаве́ц
по́вар	по́вар
води́тель	води́тель
рабо́чий	рабо́чая
фе́рмер	фе́рмер

ЗАДАНИЕ 12 다음 대화들을 읽으세요. 당신의 할아버지와 할머니가 누구인지 말하세요.
Прочитайте диалоги и скажите, кто ваши дедушка и бабушка?

1. - Кто твой де́душка?
   - Сейча́с он пенсионе́р.
   - А ра́ньше он был фе́рмер.

2. - Кто твоя́ ба́бушка?
   - Сейча́с она́ пенсионе́рка.
   - А ра́ньше она́ рабо́тала?
   - Нет, она́ была́ домохозя́йка.

ЗАДАНИЕ 13 그들의 전문성과 하는 일에 따라 그림 속에 그려진 도구와 관련된 사람들의 직업을 말하세요. Назовите людей, которым принадлежат нарисованные предметы, по их профессии, занятию.

ЗАДАНИЕ 14 아래에 제시된 이름들을 가진 사람들의 직업을 말하세요.
Нозовите профессии людей, имена которых данные ниже.

П. И. Чайко́вский, Л. Н. Толсто́й, Ф. М. Достое́вский,
А. П. Че́хов, М. В. Ломоно́сов, Мари́я Шара́пова,
Чарли Чаплин, Пак Чжи Сон

➩ 의문문 «Кто говори́т?(чита́ет, ...)?» Вопросительные предложения «Кто говорит(читает, ...)?»

ЗАДАНИЕ 15 여러분은 이미 러시아어의 소리들과 문자들을 알고 있습니다. 그렇기 때문에, 예컨데, 여러분은 동물들이 어떻게 러시아어로 말하는지 읽을 수 있습니다. 어떤 동물들이 어떻게 말하는지 알아 맞춰 보세요. 왼쪽에 주어진 의성어를 오른쪽에 주어진 동물들의 명칭과 상호연관 시켜보세요. Вы уже знаете все звуки и буквы русского языка. Поэтому можете прочитать, например, как разговаривают «по-русски» животные. Угадайте, какие животные как говорят. Соотнесите зукоподражательные слова, данные слева, с наименованиями животных, данных справа.

И-и-го-го!	соба́ка, коро́ва,
Ку-ку!	пету́х, ко́шка,
Мяу-мяу!	куку́шка
Кукареку!	свинья́
Му-у-у!	ло́шадь
Гав-гав!	
Хрю-хрю!	

범례와 같이 질문하고, 그 질문들에 대답하세요.
Задайте вопросы по образцу и ответьте на них.

Образец: Кто говорит "Гав-гав"?

ЗАДАНИЕ 16 다음 질문들에 대답하세요. Отвечайте на вопросы.

1. Кто сейча́с сиди́т в кла́ссе на уро́ке?
2. Кто объясня́ет но́вые слова́?
3. Кто рабо́тает на заво́де?
4. Кто у вас в семье́ рабо́тает в фи́рме?
5. Кто рабо́тает в теа́тре?
6. Кто игра́ет в футбо́л на стадио́не?
7. Кто сего́дня пойдёт в библиоте́ку?

회화모델
«Как он у́чится?», «Как сего́дня на у́лице?»
Речевые модели «Как он учится?», «Как сегодня на улице?»

ЗАДАНИЕ 17 다음 단어들을 읽고, 그들을 의미와 형태에 따라 4개의 그룹으로 나누세요. Прочитайте слова и разделите их на 4 группы (по смыслу и по форме).

магази́н, жа́рко, внима́тельно, компью́тер, чита́ет, архите́ктор, есть, неде́ля, пя́тница, юри́ст, понима́ет, ти́хо, газе́та, бы́стро, нахо́дится, ло́шадь, слу́шает, хо́лодно, де́лает, пра́вильно, отдыха́ет, инжене́р, шокола́д, тепло́

ЗАДАНИЕ 18 다음 대화들을 읽어보세요. Читайте диалоги.

- **Ю́рочка**, *что* э́то у тебя́ на карти́нке?
- Это *ле́то*, *река́, наш* дом.

- *Что* это на доске́?
- На доске́ но́вое *сло́во* «прекра́сно».

- *Что* есть в кла́ссе?
- *Доска́, мел, ка́рта...*

- *Что* твоя́ сестра́ *де́лает* ве́чером?
- Ве́чером моя́ сестра́ *чита́ет, слу́шает* ра́дио.

- *Что де́лает* сейча́с твоя́ ма́ма?
- Она́ сейча́с *отдыха́ет.*

- *Как* Ле́на отвеча́ет на вопро́с?
- Она́ отвеча́ет на вопро́с *пра́вильно.*
- *Как* сего́дня на у́лице?
- Сего́дня на у́лице *тепло́.*

- *Как* у́чится твой брат в шко́ле?
- Он у́чится *отли́чно.*
- Он уже́ говори́т по-англи́йски? *Как* он говори́т по-англи́йски?
- Ещё не *о́чень хорошо́,* но бы́стро чита́ет и хорошо́ понима́ет текст.

ЗАДАНИЕ 19 아래에 주어진 단어들을 «Что?», «Что де́лает?», «Как?», «Ско́лько?» 의 질문들과 연관시켜 보세요. Данные ниже слова соотнесите с вопросами «Что?», «Что делает?», «Как?», «Сколько?».

пи́шет, пло́хо, журна́л, Росси́я, обы́чно, спра́шивает, два́дцать, здоро́вье, гро́мко, живёт, шу́тка, де́сять

ЗАДАНИЕ 20 질문 «Как?»은 두 가지 의미를 가지고 있습니다. 첫 번째 의미에서 우리는 «гро́мко», «ти́хо», «ме́дленно», «бы́стро»등과 같은 부사로 그 질문에 대답할 수 있습니다. 두 번째 의미에서는 동사들의 도움을 받아 대답합니다. 다음 대화들을 읽고, 어떤 의미로 «Как?»이라는 단어와 함께 질문들이 제기되었는지 말해주세요. Вопрос «Как?» имеет два смысла. В одном смысле мы отвечаем на него наречиями «громко», «тихо», «медленно», «быстро»и т. п. В другом смысле – с помощью глаголов. Прочитайте диалоги и скажите, в каком смысле заданы вопросы со словом «Как?».

1. - Как отдыха́ет твоя́ сестра́?
   - Обы́чно она́ слу́шает му́зыку и́ли идёт в кафе́, гуля́ет в па́рке.
2. - Как называ́ется э́та пе́сня?
   - Э́та пе́сня называ́ется “Арира́н”!
3. - Как там на у́лице?
   - Спаси́бо, хорошо́.
4. - Как ты обы́чно отдыха́ешь ле́том?
   - Обы́чно я е́ду на мо́ре и́ли в **го́ры.**
5. - Как на конце́рте?
   - О, о́чень интере́сно.

ЗАДАНИЕ 21 다음 질문들에 대답하세요. Отвечайте на вопросы.

1. Что у вас в ко́мнате не столе́?
2. Что тут на ка́рте?
3. Как там на у́лице?
4. Что де́лает преподава́тель на уро́ке?
5. Ско́лько **бу́дет** шестна́дцать плюс два́дцать?
6. Как студе́нт чита́ет текст?
7. Преподава́тель чита́ет текст. А что де́лает гру́ппа?
8. Вы у́читесь в шко́ле. А что де́лает ва́ша сестра́?
9. Что на доске́?
10. Где она́ де́лает дома́шнее зада́ние?
11. Как вы отдыха́ете ве́чером?
12. Куда́ идёт твоя́ подру́га ве́чером?

ЗАДАНИЕ 22 단어 «как», «кто», «что», «что де́лает», «где», «куда́»를 사용하여 아래 문장들에 대한 질문을 써 보세요. Напишите вопросы к предложениям, используя слова «как», «кто», «что», «что делает», «где», «куда».

1. Он говори́т по-русски отли́чно.
2. **В воскресе́нье** у́тром она́ пи́шет дома́шнее зада́ние, днём чита́ет, ве́чером отдыха́ет.
3. В э́том до́ме живёт на́ша семья́.
4. На столе́ обе́д.
5. Он пи́шет бу́квы о́чень краси́во.
6. Э́то мой това́рищ. Он то́же инже́нер.
7. Ско́ро пойдёт домо́й.
8. Семья́ отдыха́ет в па́рке.
9. В кла́ссе на́ша преподава́тельница.
10. В воскресе́нье мой оте́ц всегда́ до́ма. Сего́дня воскресе́нье, и мы пойдём вме́сте в спортза́л.
11. Ве́чером мы не у́чимся, мы отдыха́ем.
12. До́ма она́ снача́ла чита́ет внима́тельно зада́ние, пото́м пи́шет диало́г и́ли вопро́сы.

ЗАДАНИЕ 23 잘 들어보세요. Слушайте.

1. Я зна́ю, ско́лько лет Санкт-Петербу́ргск**ому** госуда́рственному университе́ту (1819 г.). Ему́ 188(сто во́семьдесят во́семь) лет.
2. Я зна́ю, ско́лько лет моему́ отцу́. Ему́ 48 лет.
3. Ма́ма зна́ет, что де́лает сейча́с её ма́ленький сын. Он игра́ет в лото́.
4. Роди́тели зна́ют, как у́чатся их сын в университе́те.
5. Мы зна́ем, кто э́тот челове́к. Этот челове́к – наш но́вый преподава́тель.
6. Я зна́ю, кто там. Там Ни́на.
7. Де́ти зна́ют, что э́то. Это моро́женое.
8. Юля зна́ет, куда́ за́втра пойдёт её подру́га. Она́ пойдёт на экза́мен.
9. Ка́ждый шко́льник зна́ет, кто пи́шет стихи́. Стихи́ пи́шет **поэ́т.**

10. Ка́ждый коре́ец зна́ет, кто Пак Чжи Сон. Он изве́стный футболи́ст.
11. Я не зна́ю, как сего́дня на у́лице. Мо́жет быть, хо́лодно.
12. Я зна́ю, у кого́ краси́вый го́лос. У Юры краси́вый го́лос.

ЗАДАНИЕ 24 질문들에 답하세요. Отвечайте на вопросы.

1. Вы зна́ете, ско́лько лет ва́шему университе́ту?
2. Ваш друг зна́ет, где нахо́дится Байка́л?
3. Вы зна́ете, что на фотогра́фии в уро́ке 10?
4. Вы зна́ете, кто А. С. Пу́шкин? А М. В. Ломоносо́в?
5. Ва́ши роди́тели зна́ют, как вы у́читесь в университе́те?
6. Ва́ши шко́льные друзья́ зна́ют, где вы у́читесь?
7. Вы зна́ете, кто а́втор кни́ги «Отцы́ и де́ти»?
8. Ва́ша подру́га зна́ет, куда́ вы пойдёте ве́чером?
9. Вы зна́ете, у кого́ есть ру́сско-коре́йский слова́рь?

ЗАДАНИЕ 25 다음 문장들에 빠진 단어들을 써 넣으세요.

Вставьте в предложения пропущенные слова.

1. Моя́ подру́га, коне́чно, зна́ет, _______ зову́т мою́ соба́ку.
2. Я зна́ю, _________ обы́чно отдыха́ют мои́ друзья́.
3. Я зна́ю, _________ лет де́душке и ба́бушке.
4. Ма́ма зна́ет, ___________ я пойду́ ве́чером.
5. Все зна́ют, ___________ П. И. Чайко́вский.
6. На́ши студе́нты зна́ют, ___________ нахо́дится Санкт-Петербу́рг.
7. Мы зна́ем, ___________ на́ша но́вая студе́нтка.
8. Я зна́ю, ___________ до́ма есть соба́ка.

회화모델 Поговорим
동사 «выступа́ть», «петь», «танцева́ть»
Глаголы «выступать», «петь», «танцевать»

ЗАДАНИЕ 26 다음 텍스트를 잘 듣고 질문들에 대답하세요.
Слушайте текст и отвечайте на вопросы.

Сон Ми на уро́ке

Это кла́сс. Сле́ва окно́, спра́ва доска́. На доске́ мел.

В кла́ссе Сон Ми и гру́ппа. У Сон Ми есть стол и стул. На столе́ её уче́бник, тетра́дь, слова́рь, ру́чка и каранда́ш. Слова́рь и тетра́дь сле́ва, уче́бник, ру́чка и каранда́ш спра́ва.

Начина́ется уро́к. Преподава́тельница говори́т: «Здра́вствуйте!» Гру́ппа отвеча́ет: «Здра́вствуйте!» Гру́ппа изуча́ет ру́сский язы́к. Преподава́тельница гро́мко объясня́ет и пи́шет на доске́. Гру́ппа слу́шает и то́же пи́шет.

Сон Ми то́же изуча́ет ру́сский язы́к. Её ру́сское и́мя Аня. Преподава́тельница спра́шивает: «Аня, у вас есть семья́?» Аня отвеча́ет: «Да, есть. У меня́ есть ма́ма, па́па, два бра́та и одна́ сестра́.» Преподава́тельница **опя́ть** спра́шивает: «А ско́лько им лет?» Аня и на э́тот вопро́с отвеча́ет пра́вильно. Преподава́тельница говори́т: «**Молоде́ц,** Аня!»

Пото́м преподава́тельница говори́т: «Ти́ше, пожа́луйста, слу́шайте внима́тельно!» Она́ опя́ть объясня́ет. Гру́ппа слу́шает внима́тельно и хорошо́ понима́ет. А Аня пло́хо понима́ет, потому́ что слу́шает невнима́тельно, она́ смо́трит фотогра́фи**и**. Преподава́тельница спра́шивает: «Аня, **всё** поня́тно?» - «Нет, не всё.», - ти́хо отвеча́ет Аня. Преподава́тельница объясня́ет ещё раз. Аня слу́шает внима́тельно и всё понима́ет.

Переры́в! Гру́ппа отдыха́ет де́сять **мину́т.** Пото́м уро́к хи́мии.

Вопро́сы:

1. Где в кла́ссе окно́ и где доска́? Где мел?
2. Что на столе́ у Сон Ми?
3. Кто сейча́с в кла́ссе?

4. Что де́лает преподава́тельница на уро́ке?
5. Что де́лает гру́ппа?
6. Что де́лает Аня снача́ла и пото́м?
7. Как она́ отвеча́ет снача́ла и пото́м?
8. Аня зна́ет, ско́лько лет ма́ме, па́пе, сестре́ и брать**я́м**?
9. Почему́ Аня отвеча́ет ти́хо?

질문들에 대답하세요. Отвечайте на вопросы.

1. Что у Сон Ми на столе́?
2. Что де́лают преподава́тельница и гру́ппа на уро́ке?
3. Что спра́шивает преподава́тельница?
4. Почему́ преподава́тельница объясня́ет ещё раз?

여러분의 러시아어 수업시간이 보통 어떻게 진행되는지에 대해 선생님과 대화해 보세요. 언제나 그리고 모든 대학생들이 주의깊고 바르게 대답하나요? Побеседуете с преподавателем о том, как у вас обычно проходит урок русского языка. Всегда и все ли студенты внимательно и правильно отвечают?

ЗАДАНИЕ 27 다음 텍스트를 듣고 질문들에 답하세요.
Слушайте текст и отвечайте на вопросы.

Са́ша и Тэ Ук в Ирку́тске

Вы уже́ зна́ете Са́шу. Са́ша студе́нт. Он живёт в Росси́и, в го́роде Ирку́тске, и у́чится в университе́те на междуна-ро́дном факульте́те. Он изуча́ет коре́йский язы́к. Он ещё не о́чень хорошо́ говори́т по-коре́йски.

У Са́ши есть друг. Его́ зову́т Ким Тэ Ук. Он о́чень хорошо́ говори́т по-коре́йски, потому́ что коре́йский – его родно́й язы́к. Ким Тэ Ук коре́ец. Его́ родно́й го́род Тэджо́н. Тэджо́н нахо́дится в Южной Коре́е. Сейча́с Тэ Ук в Ирку́тске, потому́ что тут он изуча́ет ру́сский язы́к. Он ещё не о́чень хорошо́ говори́т по-ру́сски, потому́ что живёт тут то́лько три **ме́сяца.**

Са́ша ча́сто спра́шивает: «Тэ Ук, у тебя́ большо́е дома́шнее зада́ние?» Тэ Ук отвеча́ет: «Да, большо́е.» Са́ша спра́шивает: «Тру́дное?» - «Да, тру́дное,

помоги́, пожа́луйста.», - говори́т Тэ Ук. «С удово́льствием», - отвеча́ет Са́ша.

Иногда́ Са́ша говори́т: «Тэ Ук, у меня́ то́же тру́дное зада́ние. **Помоги́,** пожа́луйста.» Тэ Ук всегда́ отвеча́ет: «С удово́льствием!»

Вопро́сы:

1. Кто Са́ша?
2. Где он живёт?
3. Что он де́лает в университе́те?
4. Как он говори́т по-коре́йски?
5. Кто его́ друг? Как его́ зову́т?
6. Како́й родно́й язы́к Тэ Ука?
7. Где нахо́дится его́ родно́й го́род?
8. Где сейча́с нахо́дится Тэ Ук?
9. Почему́ он там?
10. Ско́лько вре́мени Тэ Ук живёт в Ирку́тске?
11. Како́е дома́шнее зада́ние у Тэ Ука?
12. Кто говори́т: «Помоги́, пожа́луйста!»
13. Како́й обы́чно отве́т?

싸샤와 태욱이에 대해 이야기해 주세요. Расскажи́те о Саше и Тэ Ук.

ЗАДАНИЕ 28 텍스트 «Алёша в автобусе»를 잘 들어보세요.
Прослушайте текст «Алёша в автобусе».

ду́мает	생각한다
матема́тика	수학
о́коло окна́	창문 근처에
незнако́мая	잘 모르는
де́вочка	소녀
ничего́	괜찮다

Алёша в авто́бусе

Улица. На у́лице авто́бус. В авто́бусе Алёша. У него́ больша́я су́мка. В су́мке слова́рь, три учёбника, три тетра́ди.

Алёша ду́мает: «Сего́дня экза́мен: матема́тика. О́чень тру́дный экза́мен... А кто э́то – сле́ва, о́коло окна́? А-а! Это Зи́на!»

- Зи́на, приве́т! – говори́т Алёша.
- Я не Зи́на, - говори́т незнако́мая де́вочка.
- Извини́те...
- Ничего́. Меня́ зову́т Ма́ша. А как тебя́ зову́т?
- Меня́ - Алёша.

Они́ молча́т. Пото́м Ма́ша спра́шивает:

- А где твоя́ шко́ла?
- На у́лице Пу́шкина. А твоя́?
- То́же на у́лице Пу́шкина. Я учу́сь в шко́ле но́мер 14. А ты?
- А я в шко́ле но́мер 9.

Они́ опя́ть молча́т. Пото́м Алёша говори́т:

- У меня́ сего́дня экза́мен.
- У меня́ то́же. О́чень тру́дный.
- И у меня́ тру́дный.
- А вот и моя́ шко́ла! Пока́! – говори́т Ма́ша.
- Пока́! – отвеча́ет Алёша.

Вопрос: кто Алёша, кто Ма́ша и кто Зи́на?

질문들에 대답하세요. Ответьте на вопросы:

1. Кто в авто́бусе?
2. Кака́я су́мка у Алёши?
3. Что у него́ в су́мке?
4. Како́й экза́мен у Алёши?
5. Кто о́коло окна́?
6. Где у́чатся Алёша и Ма́ша? Где нахо́дится шко́ла Алёши и шко́ла Ма́ши?
7. Почему́ Алёша снача́ла молчи́т?
8. У Ма́ши то́же сего́дня экза́мен? Тру́дный и́ли лёгкий?

텍스트에 묘사된 상황을 역할을 바꾸어 연습하세요.
Разыграйте ситуацию, описанную в тексте.

ЗАДАНИЕ 29 다음 문장들에 필요한 단어들을 써 넣으세요.
Вставьте в предложения нужные слова.

1. Пе́сню «Весна́» ____________ Алсу.
2. Эта арти́стка ___________ в Ма́лом теа́тре в Москве́.
3. Студе́нты лю́бят карао́ке и с удово́льствием там __________.
4. Ма́йя Плисе́цкая ___________ в бале́те «Лебеди́ное о́зеро».
5. Сего́дня по-телеви́зору __________ росси́йский президе́нт.
6. Не ____________ на уро́ке!

풀베기. 쁠라스또프 1945.
http://fio.uven.ru/schoolsites/plastov/index.htm

УРОК 12

의문사 «когда́», «чей», «како́й»가 있는 의문문.
Вопросительные предложения с вопросительными словами «когда», «чей», «какой».

ЗАДАНИЕ 1 외워보세요. Выучите.

Дру́жно здесь живу́т друзья́:
친구들이 여기서 친하게 살고 있어:
Ди́ма, Зи́на, Же́ня, я.
지마, 지나, 줴냐, 나
Мы с тобо́й хоти́м дружи́ть.
우린 너와 친하고 싶어
Как зову́т тебя́, скажи́!
네 이름이 뭔지 말해줘!

ЗАДАНИЕ 2 다음 단어들을 읽고, 의미와 형태에 따라 5개의 그룹으로 나누세요. Прочитайте слова и разделите их на **5** групп по смыслу и по форме.

на́ша, их, у́тром, домо́й, сле́ва, коре́йский, родно́й, **нале́во**, сейча́с, сего́дня, ве́чером, **туда́**, её, ва́ша, интере́сный, твой, **напра́во,** краси́вая, до́брое, ря́дом, спра́ва

ЗАДАНИЕ 3 다음 질문들을 읽고, 앞 과제에서 나눈 단어들과 상호 연관 시키세요. 자신이 알고있는 예들로 단어 그룹들을 늘려가세요. Читайте вопросы, соотнесите их с группами слов, выделенными в предыдущем задании. Дополните группы слов своими примерами.

Чей (чья, чьё)? 누구의?

Когда́? 언제?

Куда́? 어디로?

Како́й (кака́я, како́е)? 어떤?

Где? 어디에?

ЗАДАНИЕ 4 «чей (чья, чьё)», «како́й (кака́я, како́е)», «когда́», «где», «куда́»가 있는 대화들을 읽어보세요. Прочитайте диалоги с вопросительными словами: «чей (чья, чьё)», «какой (какая, какое)», «когда», «где», «куда».

1.

- Чей зонт на окне́?
- Мой зонт.

2.

- Чья э́то тетра́дь? Твоя́?
- Да, моя́. Дай, пожа́луйста.

3.

- Чьё э́то моро́женое у меня́ на тетра́ди?!
- Ой, извини́! Моё.

4.

- Како́й стадио́н у вас в шко́ле?
- Очень большо́й.

5.

- Какáя у тебя́ собáка?
- Мáленькая и краси́вая.

6.

- Какóе окнó у тебя́ в кóмнате?
- Не óчень большóе.

7.

- Когдá вáша семья́ отдыхáет?
- **Лéтом.**
- А где?
- На рекé и́ли на мóре.

8.

- Когдá вáша мáма смóтрит телеви́зор?
- Днём.

9.

- Где вáша семья́ **зáвтракает**?
- Дóма.
- А где **обéдает**?
- **Кто где**? Мáма дóма, пáпа на рабóте, я и брат в шкóле.

10.

- Куда́ идёт вáша подру́га?
- Домóй.

ЗАДАНИЕ 5 읽어보세요. Читайте.

Что?	Когдá?	Что?	Когдá?
вéчер день у́тро лéто	- **вéчером** - **днём** - **у́тром** - **лéтом**	ночь óсень зимá веснá	- **нóчью** - **óсенью** - **зимóй** - **веснóй**

ЗАДАНИЕ 6 "ты"로 부르면서, 서로에게 질문들을 하세요.
Задайте друг другу вопросы, обращаясь "ты".

1. Когда́ ваш това́рищ у́чится и когда́ он отдыха́ет?
2. Когда́ он де́лает дома́шнее зада́ние?
3. Он смо́трит телеви́зор но́чью?
4. Когда́ он гуля́ет?
5. Когда́ у него́ уро́ки?
6. В воскресе́нье он пойдёт в кафе́?
7. Когда́ он пое́дет на мо́ре?

ЗАДАНИЕ 7 질문 «Когда́?»에 대답할 수 있는 단어들을 읽고 외우세요. 이 단어들로 문장들을 생각해 내세요. Прочитайте слова, отвечающие на вопрос «Когда?» и выучите их. Придумайте с ними предложения.

сейча́с, сего́дня, пото́м, всегда́, вчера́, за́втра, ско́ро,
в воскресе́нье, во вто́рник, в сре́ду, в суббо́ту, чере́з неде́лю,
дня, в 2 часа́, в 5 часо́в

Увидимся че́рез неде́лю! 한 주 후에 보자!

⇒ 의문사 «Ско́лько»가 있는 의문문:

Вопросительные предложения с словом «Ско́лько»:

«Ско́лько сейча́с вре́мени?»

«Ско́лько вре́мени / Вы де́лаете дома́шнее зада́ние?»

ЗАДАНИЕ 8 다음 표를 읽어보세요. Читайте таблицу.

1, 21,	час	мину́та
2, 3, 4	часа́	мину́ты
22, 23, 24	часа́	мину́ты
5-20	часо́в	мину́т

Сейча́с 10 часо́в 30 мину́т.

Сейча́с 2 часа́ 2 (две) мину́ты.

Сейча́с 12 часо́в 1 (одна́) мину́та.

Сейча́с 3 часа́ 9(де́вять) мину́т.

ЗАДАНИЕ 9 다음 대화들을 비교해 보세요. Сравните диалоги.

1. - Ско́лько сейча́с вре́мени?
   - Уже́ шесть часо́в. Пойдём быстре́е на конце́рт!

2. - Ско́лько вре́мени твой оте́ц е́дет домо́й **по́сле** рабо́ты?
   - Он е́дет домо́й **до́лго** – 40 мину́т.

다음 대화들에 질문들을 넣으세요. Впишите в диалоги вопросы.

1. - ....?
   - На уро́ке он пи́шет отве́ты на вопро́сы 10 мину́т.

2. - ....?
   - Ско́ро 2 часа́. Пойдём на уро́к.

3. - ....?
   - Он е́дет на стадио́н 15 мину́т, а пешко́м идёт 40 мину́т.

4. - Уже́ ве́чер. ....?
   - Да, уже́ **по́здно** – 7 часо́в.

1

ЗАДАНИЕ 10 다음 대화들을 비교해 보세요. Сравните диалоги.

1. - Ско́лько вре́мени ваш сын обы́чно гуля́ет на у́лице?
   - Обы́чно два часа́.
   - А сего́дня?
   - Сего́дня то́лько 30 мину́т. Сего́дня о́чень хо́лодно!

2. - Когда́ ма́ма пойдёт в магази́н?
   - Она́ пойдёт в магази́н в 11 часо́в.

ЗАДАНИЕ 11 대화들에 시간을 의미하는 단어들을 써 넣으세요. 필요한 곳에 전치사 «в»를 사용하세요. Вставьте в диалоги слова, обозначающие время, употребите, где нужно, предлог «в».

1. - Когда́ ты обы́чно идёшь в библиоте́ку?
   - Обы́чно я иду́ туда́ _______________.
   - Ско́лько вре́мени ты рабо́таешь там?
   - _________________

2. - Ско́лько вре́мени ты обы́чно игра́ешь в футбо́л?
   - Я игра́ю в футбо́л ______________.
   - А в воскресе́нье игра́ешь?
   - Да, в воскресе́нье то́же игра́ю.
   - А когда́?
   - ___________. Приходи́!

3. - Когда́ ты за́втракаешь?
   - Обы́чно я за́втракаю _______________. А в суббо́ту и в воскресе́нье за́втракаю **по́здно,** ____________.

ЗАДАНИЕ 12 다음 대화들에서 한주의 요일을 의미하는 단어들 앞 필요한 곳에 전치사 «в»를 써 넣으세요. Вставьте в диалоги, где нужно, предлог «в» перед словами, обозначающими дни недели..

1. - Когда́ в шко́ле нет уро́к**ов**?
   - В шко́ле нет уро́ков (   ) воскресе́нье.

2. - Како́й день неде́ли са́мый тру́дный?
   - Коне́чно, (   ) понеде́льник.
   - А у меня́ са́мый тру́дный день – (   ) пя́тница.

3. - Когда́ у вас экза́мен?
   - Экза́мен у меня́ (   ) среду́.

4. - Какóй день зáвтра?
   - Зáвтра (   ) втóрник.

5. - Что ты дéлаешь (   ) средý?
   - (   ) средý я **занятá** весь день.
   - А что ты дéлаешь (   ) суббóту?
   - (   ) суббóту я рабóтаю в библиотéке.
   - А когдá ты отдыхáешь?
   - (   ) воскресéнье вéчером.
   - Пойдём (   ) воскресéнье в цирк?
   - С удовóльствием!

과제 12번의 대화와 유사한 자신의 대화들을 만들어 보세요.
Составьте свои диалоги, аналогичные диалогу задания 12.

ЗАДАНИЕ 13 질문들에 답하세요. Отвечайте на вопросы.

Скóлько врéмени вы говори́те по телефóну кáждый день?
Скóлько сейчáс врéмени?
Скóлько врéмени вы дéлаете домáшнее задáние?
Скóлько врéмени вы ýчите нóвые словá?
Скóлько врéмени вы смóтрите телеви́зор в воскресéнье?
Когдá вáши роди́тели рабóтают?
Когдá вы идёте в университéт?
Когдá уви́димся?

ЗАДАНИЕ 14 읽어보세요. Читайте.

	Чей? (он)		Чья? (она)		Чьё? (оно)	
я	мой	уче́бник	моя́	ру́чка	моё	здоро́вье
ты	твой	слова́рь	твоя́	семья́	твоё	письмо́
он	*его́*	каранда́ш	*его́*	у́лица	*его́*	ме́сто
она	*её*	оте́ц	*её*	подру́га	*её*	окно́
мы	наш	го́род	на́ша	столи́ца	на́ше	о́зеро
вы	ваш	класс	ва́ша	шко́ла	ва́ше	общежи́тие
они	***их***	това́рищ	***их***	ко́мната	***их***	моро́женое

ЗАДАНИЕ 15 아래에 주어진 단어들을 활용하면서 «Чей ...?», «Чья ...?», «Чьё ...?»로 질문하세요. Спросите: «Чей ...?», «Чья ...?», «Чьё ...?», используя данные ниже слова.

я́блоко, ко́фе, гита́ра, тетра́дь, фами́лия, и́мя, ра́дио, обе́д, това́рищ, врач, фотогра́фия, оце́нка, де́душка, тётя

ЗАДАНИЕ 16 게임. 한 학생이 교실에서 나갑니다. 그 학생이 없는 동안, 몇 학생들이 그 학생의 책상에 자신들의 물건(교과서들, 볼펜들, 연필들, 공책들, 그림들, 사진들)을 놓습니다. 교실로 돌아오자마자 학생은 모든 물건들을 그들의 소유주들에게 돌려줘야만 합니다. 그러나 그 학생은 어떤 물건이 누구에게 속한 것인지 모릅니다. 의문사 чей? чья? чьё?를 사용해 질문들을 하세요. Игра. Один ученик выходит из класса. Пока его нет, несколько учеников кладут ему на стол свои вещи: учебники, ручки, карандаши, тетради, картинки, фотографии. По возвращении в класс ученик должен раздать все вещи их хозяевам. Но он не знает, кому какая вещь принадлежит. Спрашивайте вопросы, используя вопросительные слова: чей? чья? чьё?

ЗАДАНИЕ 17 아래 왼쪽에 주어진 명사들에 «Како́й ...?», «Кака́я ...?», «Како́е ...?» 란 질문들을 제기하세요. 오른쪽에 주어진 형용사들을 이용하면서 이 질문들에 대답하세요: Поставьте вопросы «Какой ...?», «Какая ...?», «Какое ...?» к данным (слева) существительным. Ответьте на эти вопросы, используя данные (справа) прилагательные.

мо́ре	
пиро́жное	шко́льный, шко́льная, шко́льное
телефо́н	вку́сный, вку́сная, вку́сное
факульте́т	краси́вый, краси́вая, краси́вое
зада́ние	иностра́нный, иностра́нная, иностра́нное
язы́к	холо́дный, холо́дная, холо́дное
пого́да	интере́сный, интере́сная, интере́сное
де́вушка	тру́дный, тру́дная, тру́дное
университе́т	ю́жный, ю́жная, ю́жное
това́рищ	междунаро́дный, междунаро́дная, междунаро́дное
расска́з	госуда́рственный, госуда́рственная, госуда́рственное

ЗАДАНИЕ 18 읽어보세요. Читайте.

Как?	Како́й?
хорошо́	хоро́ший
пло́хо	плохо́й
хо́лодно	холо́дный
тепло́	тёплый
жа́рко	жа́ркий
ти́хо	ти́хий
гро́мко	гро́мкий
тру́дно	тру́дный
легко́	лёгкий
прекра́сно	прекра́сный
ужа́сно	ужа́сный
обы́чно	обы́чный
до́лго	до́лгий

Како́й?	Как?
отли́чный	отли́чно
краси́вый	краси́во
интере́сный	интере́сно
весёлый	ве́село
ру́сский	по-ру́сски
коре́йский	по-коре́йски

- спра́шивает по-коре́йски
- говори́т по-коре́йски
- пи́шет по-коре́йски
- чита́ет по-коре́йски
- изуча́ет коре́йский язы́к

다음 단어 그룹들을 리듬 모델에 따라 읽어보세요.
Читайте группы слов в соответствии с их ритмическими моделями.

ТАта	таТА	ТАтата	таТАта	татаТА
громко	плохой	весело	хороший	хорошо
громкий	легко	холодно	холодный	
трудно	тепло		отличный	
трудный			отлично	
лёгкий			красивый	
долго			красиво	
долгий			весёлый	
тихо			прекрасно	
тихий			прекрасный	
жарко			ужасно	
жаркий			ужасный	
тёплый			обычно	
плохо			обычный	

ЗАДАНИЕ 19

다음 대화들을 읽어보세요. Читайте диалоги.

1. - Кака́я у него́ *оце́нка*?
   - У него́ отли́чная *оце́нка*.
2. - Как он *у́чится*?
   - Он *у́чится* отли́чно.
3. - Како́е сего́дня *у́тро*?
   - Прекра́сное *у́тро*.
4. - Как она́ обы́чно *отвеча́ет* на экза́мене?
   - Прекра́сно!
5. - Кака́я сего́дня *пого́да*?
   - Тёплая.
6. - Как сего́дня на у́лице?
   - Тепло́.

ЗАДАНИЕ 20

필요한 어미들을 써 넣으세요. Вставьте нужные окончания.

1. У неё но́в _ _ су́мка.
2. У него́ отли́чн _ _ оце́нка.
3. На у́лице жа́рк _ _ ле́то.
4. Моя́ подру́га изуча́ет япо́нск _ _ язы́к.

5. В кла́ссе гру́ппа смо́трит ру́сск _ _ фильм.
6. Как ́_ _ ме́сто в го́роде **са́мое** краси́в _ _?
7. Понеде́льник – тру́дн _ _ день.
8. **Са́мый** больш ́_ _ го́род в Сиби́ри – Новосиби́рск.

ЗАДАНИЕ 21 다음 빈 곳에 의미적으로 적합한 형용사들이나 부사들을 넣으세요.
Вставьте подходящие по смыслу прилагательные или наречия.

1. Он говори́т в кла́ссе ________.
2. Они́ смо́трят ____________ фильм.
3. Хи́мия – са́мый __________ предме́т в шко́ле. На уро́ке хи́ми**и** всегда́ ____________.
4. Ле́то. Сего́дня _____________ день.
5. Э́то не о́чень ____________ зада́ние.
6. Преподава́тель объясня́ет на уро́ке ___________.
7. Он ____________ пи́шет по-ру́сски.
8. Она́ о́чень _________ чита́ет стихи́.

ЗАДАНИЕ 22 다음 문장들에 단어들 «како́й» 또는 «как»을 써 넣으세요.
Вставьте в предложения слова «какой» или «как».

1. _________ сего́дня пого́да?
2. _________ она́ слу́шает на уро́ке?
3. _________ язы́к она́ изуча́ет?
4. _________ он говори́т по-англи́йски?
5. _________ он игра́ет в те́ннис?

ЗАДАНИЕ 23 읽어보세요. Читайте.

- Кака́я э́то газе́та?
- Это газе́та «Росси́йский спорт»

- Кака́я э́то кни́га?
- Это кни́га «Отцы́ и де́ти».

- Кака́я э́то у́лица?
- Это у́лица Пу́шкина.

- Како́й э́то го́род?
- Это го́род Владивосто́к.

- Како́й э́то журна́л?
- Это журна́л «Стиль».

- Како́й э́то фильм?
- Это фильм «До́ктор Жива́го».

- Кака́я э́то река́?
- Это река́ Во́лга.

- Како́е э́то о́зеро?
- Это о́зеро Байка́л.

- Како́й сего́дня день?
- Сего́дня среда́.

ЗАДАНИЕ 24 다음 질문들에 대답하세요. Отвечайте на вопросы.

1. Кака́я сего́дня по телеви́зору переда́ча?
2. Како́й сего́дня фильм по телеви́зору?
3. Кака́я река́ в Сеу́ле?
4. Како́й го́род ря́дом?
5. Како́е ме́сто в Коре́е са́мое краси́вое?
6. Како́е мо́ре са́мое тёплое?
7. Како́й го́род са́мый большо́й?

➾ 순서수사 그리고 그것의 명사와의 일치 질문 «Ско́лько уро́ков?»
Порядковые числительные и их согласование с уществительными. Вопрос «Ско́лько уро́ков?»

ЗАДАНИЕ 25 읽어보세요. Читайте.

1	оди́н уро́к(день, ме́сяц, эта́ж)	пе́рвый уро́к.
	одна́ страни́ца	пе́рвая страни́ца
	одно́ зада́ние	пе́рвое зада́ние
2	два уро́ка (дня, ме́сяца, этажа́)	второ́й уро́к
	две страни́цы	втора́я страни́ца
	два зада́ния	второ́е зада́ние
3	три уро́ка (дня, ме́сяца, этажа́)	тре́тий уро́к
	три страни́цы	тре́тья страни́ца
	три зада́ния	тре́тье зада́ние
4	четы́ре уро́ка (дня, ме́сяца, этажа́)	четвёртый
	четы́ре страни́цы	четвёртая
	четы́ре зада́ния	четвёртое
5	**пять уро́ков** (дней, ме́сяцев, этаже́й)	пя́тый
	пять страни́ц	пя́тая
	пять зада́ний	пя́тое
6		шесто́й
		шеста́я
		шесто́е
7		седьмо́й
8		восьмо́й
9		девя́тый
10		деся́тый
11		оди́ннадцатый
12		двена́дцатый
20		двадца́тый

21	два́дцать пе́рвый
22	два́дцать второ́й
30	тридца́тый
40	сороково́й
50 пятьдеся́т	пятидеся́тый
60 шесьдеся́т	шестидеся́тый

пе́рвый 첫번째 – после́дний 마지막

«Я» – после́дняя бу́ква в алфави́те.

ЗАДАНИЕ 26 다음 대화들을 읽어보세요. Читайте диалоги.

1. - Ско́лько уро́ков в уче́бнике?
   - В уче́бнике 14 уро́ков.
   - Како́й уро́к мы сейча́с изуча́ем?
   - Мы изуча́ем трина́дцатый уро́к.
   - Ско́лько зада́ний в уро́ке?
   - В уро́ке 32 зада́ния.
   - Како́е зада́ние мы **выполня́ем**?
   - Мы выполня́ем два́дцать шесто́е зада́ние.

Выполня́йте зада́ние! (그) 과제를 푸세요!

2. - Оди́н час - э́то ско́лько мину́т?
   - Оди́н час - э́то 60 мину́т.

3. - Ско́лько дней в ме́сяце?
   - В ме́сяце 30 дней.
   - Како́й сего́дня ме́сяц? Октя́брь?
   - Да, сего́дня октя́брь.
   - **А како́е сего́дня число́?**
   - **Сего́дня деся́тое (число́) октя́бря.**

ЗАДАНИЕ 27 질문들에 대답하세요. Отвечайте на вопросы.

1. Ско́лько в до́ме(зда́нии) этаже́й?
2. Это како́й эта́ж?
3. Како́е число́ бу́дет за́втра?
4. Ско́лько у вас бу́дет экза́менов зимо́й?
5. Ско́лько язы́ков вы изуча́ете?
6. Ру́сский язы́к – э́то ваш второ́й иностра́нный язы́к?
7. Ско́лько у нас в кла́ссе о́кон, карт, столо́в?
8. Ско́лько в гру́ппе студе́нтов?
9. Ско́лько букв в ру́сском алфави́те?
10. Кака́я бу́ква пе́рвая? Кака́я после́дняя?
11. Ско́лько слов в предложе́нии «Уви́димся че́рез неде́лю!»?
Како́е второ́е сло́во?

ЗАДАНИЕ 28 다음 문장들에 어울리는 질문들을 만드세요.
Поставьте вопросы к предложениям.

1. У меня́ 5 тетра́дей.
2. Они́ чита́ют второ́й диало́г.
3. Дека́брь – двена́дцатый ме́сяц.
4. Пя́тница – пя́тый день в ру́сском календа́ре, а вто́рник – второ́й день
5. В го́роде 5 университе́тов.

Первый в мире космонавт – Юрий Гагарин.

ЗАДАНИЕ 29 다음 문장들에 필요한 의문사들을 써 넣으세요.
Вставьте в предложения нужные вопросительные слова.

1. ______________ сего́дня день? Пя́тница?
2. ______________ де́лает па́па ве́чером? Смо́трит футбо́л?
3. ______________ вы смо́трите телеви́зор? Днём?
4. ______________ у́чится твоя́ сестра́? В шко́ле?
5. ______________ он пло́хо отвеча́ет на уро́ке? У него́ тру́дное зада́ние?
6. ______________ текст чита́ет сейча́с студе́нт? _____ он называ́ется?
7. ______________ э́то учёбник? Твой?
8. ______________ он пи́шет дикта́нт? Хорошо́ и́ли пло́хо?
9. ______________ на фотогра́фии? Твоя́ сестра́?
10. ______________ ва́ша сестра́ у́чится в шко́ле? Утром?

> 억양유형 5 (특징, 활동, 상태에 관한 표현의 높혀진 감정수준을 나타냄)
> Интонационная конструкция № 5 (ИК-5)
> (выражает высокую степень проявления признака, действия, состояния)

ЗАДАНИЕ 30 텍스트를 따라하세요. Повторяйте текст.

Воскресе́нье в па́рке

Сего́дня воскресе́нье. **Како́й тёплый день**! Уже́ о́сень.

Но как хорошо́ на у́лице! На́ша семья́ сего́дня отдыха́ет в экспо́-па́рке.

Как интере́сно здесь! Тут мои́ однокла́ссники.

Они то́же говоря́т: «**Как хорошо́ в па́рке**!»

이 텍스트와 관련된 그림을 생각해 내어 삽화로 그려보세요.
Придумайте и нарисуйте иллюстрацию к этому тексту.

Вопросы:

1. Како́й сего́дня день?
2. Где отдыха́ет семья́?
3. Кто ещё отдыха́ет в па́рке?
4. В па́рке интере́сно?

ЗАДАНИЕ 31 따라하세요. Повторяйте.

ик-2 ик-3 ик-5

Како́й сего́дня ве́чер? Ти́хий?	- Како́й ти́хий **зи́мний** ве́чер!
Как он говори́т? Очень гро́мко?	- Как гро́мко он говори́т!
Кака́я нау́ка хи́мия? Тру́дная?	- Кака́я тру́дная нау́ка хи́мия!
Како́й ру́сско-коре́йский слова́рь? Большо́й?	- Како́й большо́й русско-коре́йский слова́рь!
Как она́ чита́ет стихи́?	- Как она́ чита́ет стихи́!
Что ты де́лаешь?	- Что ты де́лаешь?!*
Как ты пи́шешь?	- Как ты пи́шешь?!*
Где твоя́ ко́шка?	- Где твоя́ ко́шка?!*
Что э́то на столе́? Но́вая кни́га?	- Что э́то на столе́?!* Соба́ка?!
Кто говори́т?	- Кто говори́т?!* А-а! Ра́дио говори́т!

ЗАДАНИЕ 32 따라하세요. Повторяйте.

Како́й день! Како́й хоро́ший день! Како́й сего́дня хоро́ший день!
Како́й текст! Како́й большо́й текст! Како́й большо́й дома́шний текст!

---

* 여기서 억양은 극한 놀라움을 표현한다. Здесь интонация выражает крайнее удивление.

Как ве́село! Как ве́село в ци́рке! Как ве́село сего́дня в ци́рке!

Как ве́село и интере́сно сего́дня в ци́рке!

Где же** ру́чка?! Где же моя́ ру́чка?! Где же моя́ но́вая ру́чка?!

Кто же э́то говори́т?! Кто же э́то говори́т на у́лице?!

Кто же э́то так гро́мко говори́т на у́лице?!

ЗАДАНИЕ 33 다음 대화들을 스스로 읽어보세요. 억양의 도움아래 평소와 다른 감정의 상태를 표현해 보세요. Прочитайте самостоятельно диалоги. Выразите с помощью интонации необычное эмоциональное состояние.

1.

- Кака́я отли́чная фотогра́фия! Где э́то вы?
- Мы на о́зере Байка́л.

2.

- Как хорошо́ она́ чита́ет стихи́!
- Да, отли́чно.

3.

- Где же соба́ка?! Где же моя́ хоро́шая, краси́вая соба́**чка**?!

ЗАДАНИЕ 34 유머스런 대화를 잘 듣고 "지금 어디가 -22도 입니까? 어떤 점이 유머스럽나요?"라는 질문에 대답하세요. Прослушайте шутливый диалог и ответьте на вопрос: где сейчас минус 22 градуса? В чём юмор?

- Как сего́дня хо́лодно на у́лице!
- Ми́нус 2 **гра́дуса**. Это хо́лодно?

** "же"는 단어의 뒤에 사용되면서 단어의 의미를 강조하는 소사이다. "же" – частица, усиливающая значение слова, после которого употребляется.

- У нас в Сиби́ри сейча́с ми́нус 22 гра́дуса. Но там говоря́т: «Не о́чень хо́лодно». А в **Минуси́нске** сейчас, мо́жет быть, говоря́т: «Ми́нус 22 гра́дуса? Как сего́дня тепло́ на у́лице!»

ЗАДАНИЕ 35 아래 주어진 단어들의 도움아래 감탄, 큰 놀라움, 매우 높은 혹은 매우 낮은 감정 상태를 표현해 보세요. Выразите восхищение, большое удивление, очень высокую или очень низкую эмоциональную оценку с помощью данных слов.

Како́й, кака́я, како́е	до́брый краси́во	в ко́мнате на конце́рте
Как	интере́сная жа́рко	челове́к стихотворе́ние
Что Кто	ве́село ты краси́вое	спра́шивает в па́рке о́сенью **телепереда́ча** говори́шь он отдыха́ет

ЗАДАНИЕ 36 다음 텍스트를 듣고 질문들에 대답하세요.
Слушайте текст и отвечайте на вопросы.

Где Ни́на?

Семья́ до́ма: ма́ма, па́па, Игорь, Алёша ... А где Ни́на? Ни́ны нет до́ма. Где она́?

- Ма́ма, где Ни́на? - спра́шивает мла́дший сын Алёша.
- Я не зна́ю, - говори́т ма́ма. - Мо́жет быть, в университе́те.
- Но уже́ ве́чер, - говори́т Алёша.

Ста́рший брат Игорь говори́т: - Мо́жет быть, Ни́на в теа́тре?

Динь-динь, динь-динь! Это телефо́н.

- Алло́! - говори́т ма́ма по телефо́ну.

- Ма́ма, это я, Ни́на. Я в **филармо́нии** на конце́рте. Ма́ма, како́й чуде́сный конце́рт! Кака́я прекра́сная му́зыка! Как хорошо́ игра́ют музыка́нты!
- Ну, я ра́да!
- Целу́ю. Ско́ро **бу́ду** до́ма.
- Ни́на в филармо́нии, - говори́т ма́ма, - ско́ро **бу́дет** до́ма.

Вопро́сы:

1. Кто до́ма?
2. Кто спра́шивает: «Где Ни́на?»
3. Ста́рший брат зна́ет, где Ни́на?
4. Ма́ма зна́ет, где Ни́на?
5. Кто говори́т по телефо́ну?
6. Когда́ Ни́на бу́дет до́ма?
7. Где она́ сейча́с?
8. В филармо́нии хоро́ший конце́рт? Что говори́т Ни́на по телефо́ну?

형 이고리의 관점에서 가족내 상황에 대해 이야기 해보세요.
Расскажите о ситуации в семье с точки зрения старшего брата Игоря.

ЗАДАНИЕ 37 아래 주어진 각 문장에서 억양의 중심들을 찾으세요. 억양유형의 번호를 정하세요. 읽어보세요. В каждом предложении данного ниже диалога найдите интонационные центры. Определите номер ИК. Прочитайте.

- Сего́дня четве́рг. У нас сего́дня конце́рт.
- Что ты говори́шь?! Сего́дня среда́! Конце́рт за́втра!
- Пра́вда?
- Да, пра́вда. Вот календа́рь.

ЗАДАНИЕ 38 억양 받아쓰기. 구두점(마침표, 콤마, 물음표와 느낌표)을 찍으세요. 필요한 곳에는 대문자로 쓰세요. Интонационный диктант. Расставьте знаки препинания: точки, запятые, вопросительные и восклицательные знаки. Где необходимо, напишите заглавные буквы.

Како́е тру́дное зада́ние помоги́ пожа́луйста како́е у тебя́ зада́ние вот на страни́це девятна́дцать смотри́ вот зада́ние во́семь тут большо́й текст ты не понима́ешь текст понима́ю но пло́хо како́е ме́сто в те́ксте не понима́ешь вот тут ну слу́шай внима́тельно

ЗАДАНИЕ 39 다음 단어들을 알파벳 순으로 배열하세요. Расположите слова в алфавитном порядке.

моро́з, гра́дус, мла́дший, ста́рший, холо́дный, лёгкий, жаль, жа́рко, за́втракает, хи́мия, пода́рок, филармо́ния, телепереда́ча, зи́мний, выполня́ет, после́дний, помоги́, са́мый

ЗАДАНИЕ 40 다음 단어들을 바른 순서로 배열하여, 문장이 될 수 있도록 하세요. Расположите слова в правильной последовательности так, чтобы получились предложения.

1. На филармо́нии конце́рте в подру́га.
2. Сего́дня како́й день хоро́ший!
3. Я на отдыха́ю Байка́ле ле́том.
4. Интере́сный како́й журна́л!
5. Интере́сно в как ци́рке!
6. Де́лаете зада́ние вы дома́шнее до́лго?
7. Я в пойду́ теа́тр суббо́ту.
8. Чита́ю ка́ждый я стихи́ день.
9. Неде́лю у экза́мен че́рез меня́.

회화연습
Поговорим

ЗАДАНИЕ 41 단어들과 표현들을 읽어보세요. Прочитайте слова и выражения.

Где ваш бага́ж? 당신 짐은 어디에 있습니까?
Пое́хали? 출발 할까요?
Наде́юсь, вам бу́дет прия́тно. 편안하시기를 바랍니다.
удо́бно 알맞은
гости́ница 호텔
но́мер в гости́нице 호텔룸
сотру́дник 동료, 직원
со́лнце 태양

ЗАДАНИЕ 42 잘 들어보세요. 아래 열거된 단어들 가운데 어떤 것들이 대화에서 언급되고 있는 주제들을 제시하고 있나요? Прослушайте. Какие из ниже перечисленных слов, обозначают темы, затронутые в диалоге?

семья́, аэропо́рт, спорт, пого́да, гости́ница, здоро́вье, профе́ссия, бага́ж

Встре́ча в аэропорту́

Ким : Вы Влади́мир Ивано́в?
Иванов : Да. Это я.
Ким : Вы бизнесме́н?
Иванов : Да.
Ким : А вы Анна?
Анна : Да.
Ким : Очень рад. Меня́ зову́т Ким Мин Су. Я сотру́дник компа́нии «Самсунг».
Ивановы : Очень прия́тно. Здра́вствуйте. На́ша гости́ница далеко́?
Ким : Нет, не о́чень. 40 мину́т на маши́не.
Анна : А где наш бага́ж?

Ким : Ваш бага́ж уже́ в маши́не.
Иванов : Очень хорошо́. Спаси́бо.
Ким : Пожа́луйста. Пое́хали?
Иванов : Пое́хали.
Ким : Анна, а кто вы?
Анна : Я перево́дчица. А у вас есть жена́? Кто она́?
Ким : Она́ врач. Вы пе́рвый раз в Коре́е?
Анна : Я – пе́рвый, а мой муж – тре́тий.
Ким : Наде́юсь, вам бу́дет прия́тно у нас в стране́.
Анна : Спаси́бо. У вас хоро́шая пого́да. Тепло́, со́лнце.
Ким : А у вас в Москве́ тепло́?
Анна : Нет, ещё хо́лодно, но́чью моро́з, днём – плюс 2, плюс 5
Ким : Ско́ро бу́дем в гости́нице – че́рез 5-7 мину́т.
Анна : Это на́ша гости́ница? Больша́я, краси́вая.
Ким : Ду́маю, вам тут бу́дет удо́бно. Тут ваш но́мер. Ну, всего́ до́брого. Уви́димся в понеде́льник.

Вопросы:

1. Кто Ким Мин Су? Кто Ивано́в, А́нна? Кто жена́ Ким Мин Су?
2. Где бага́ж Ивано́ва и А́нны?
3. Их гости́ница далеко́? Ско́лько мину́т они́ е́дут в гости́ницу?
4. Ивано́вы пе́рвый раз в Коре́е?
5. Кака́я пого́да в Коре́е? Кака́я пого́да в Москве́?
6. Когда́ Ивано́вы и Ким Мин Су уви́дятся?

이반노프 씨들에 대하여 당신은 무엇을 알게 되었는지 말해주세요. 역할을 바꿔 대화를 연습해 보세요. Расскажите, что вы узнали об Ивановых. Разыграйте диалог по ролям.

ЗАДАНИЕ 43 다음 단어들을 알파벳 순으로 배열하세요.
Расположите слова в алфавитном порядке.

чей, ве́чер, учёный, четве́рг, гро́мко, како́й, что, ти́хо, худо́жник, кто, рабо́чий, как, юри́ст, инжене́р, цирк, шесть, четы́ре.

УРОК 13

➾ 주어로서 명사들(단수-복수 주격형).
직접 목적어로서 불활동체 명사(단수-복수 대격형) - 종합
Существительные в роли подлежащего (формы именительного падежа единственного и множественного числа); неодушевлённые существительные в роли прямого объекта (формы винительного падежа единственного и множественного числа) - обобщение

ЗАДАНИЕ 1 다음 표에서 주격형 단어들을 읽어보세요.
Читайте в таблице слова в форме именительного падежа.

он - они́	она́ - они́
расска́з - расска́зы	у́лица - у́лицы
диало́г - диало́ги	де́вушка - де́вушки
музе́й - музе́и	фотогра́фия - фотогра́фии
преподава́тель - преподава́тели	тетра́дь - тетра́ди
	статья́ - статьи́

<table>
<tr>
<td rowspan="3">день - дни́
продаве́ц - продавцы́

стол - столы́
слова́рь - словари́
каранда́ш - карандаши́
язы́к - языки́
врач - врачи́

го́род - города́
дом - дома́
вечер - вечера́
учитель - учителя́

друг - друзья́
стул - сту́лья
брат - бра́тья

челове́к - лю́ди
ребёнок - де́ти

учёный – учёные</td>
<td>река́ - ре́ки
страна́ - стра́ны
игра́ - и́гры

сестра́ - сёстры

столо́вая - столо́вые</td>
</tr>
<tr>
<td>оно́ - они́</td>
</tr>
<tr>
<td>общежи́тие - общежи́тия
зада́ние - зада́ния

письмо́ - пи́сьма
окно́ - о́кна
сло́во - слова́
мо́ре - моря́

о́зеро - озёра

я́блоко-я́блоки

пиро́жное - пиро́жные</td>
</tr>
</table>

ЗАДАНИЕ 2 문장들을 읽어보세요. Читайте предложения.

1. У нас в учéбнике есть диалóги, тéксты, задáния, картúнки, кроссвóрды.
2. В шкóле рабóтают учителя́, в магазúне – продавцы́, в теáтре – артúсты, на завóде – инженéры, в университéте – учёные.
3. Нáши тетрáди нахóдятся на столé у учúтельниц**ы**.
4. У нас в клáссе большúе óкна.
5. Моря́ в Корéе нахóдятся на **ю́ге, зáпаде и востóке.**
6. Моú друзья́ лю́бят спорт и кинó.
7. Все лю́ди – брáтья.

ЗАДАНИЕ 3 어미들을 써 넣으세요. Вставьте окончания.

1. Учúтельница пúшет на доскé нóвые слов___ и предложéни___.
2. В кафé есть фрýкты и пирóжн___.
3. Студéнт____ идýт на стадиóн.
4. У нас в университéте есть общежúти___, стадиóн___, концéртн**ые** зал___.
5. Футбóл, баскетбóл, тéннис, бадминтóн – это спортúвные úгр___. Дéвушк___ игрáют на стадиóне в пигу, а ю́нош___ – в футбóл.

ЗАДАНИЕ 4 다음 표에서 단수대격형 단어들을 가진 문장들을 읽어보세요. Читайте в таблице предложения со словами в форме винительного падежа единственного числа.

егó (남성단수대격)	её (여성단수대격)
Я люблю́ спорт.	Онá лю́бит мýзыку.
Студéнт пúшет диалóг.	Журналúст пúшет статью́.
Мой брат изучáет рýсский язы́к.	Моя́ сестрá изучáет хúмию.
Я знáю рýсский алфавúт.	Я знáю пéсню «Веснá».

Дай, пожа́луйста, слова́рь. Он лю́бит бале́т.	Да́йте, пожа́луйста, тетра́дь. Она́ лю́бит о́перу.
его́ (중성단수대격) Он пи́шет дома́шнее зада́ние. Я люблю́ мо́ре.	

ЗАДАНИЕ 5 다음 표에서 복수대격형 단어들을 가진 문장들을 읽어보세요.
Читайте в таблице предложения со словами в форме винительного падежа множественного числа.

их (남성복수대격) Мои́ друзья́ лю́бят фи́льмы. Мои́ друзья́ изуча́ют иностра́нные языки́. На уро́ке мы слу́шаем диало́ги.	их (여성복수대격) Моя́ ма́ма лю́бит кни́ги. Де́ти у́чат бу́квы. Па́па смо́трит фотогра́фии.
их (중성복수대격) Ве́чером я пишу́ пи́сьма. Ка́ждый день я учу́ но́вые слова́. Он лю́бит я́блоки.	

ЗАДАНИЕ 6 다음 문장들을 읽어보세요. 이 문장들에서 명사들을 찾아보고 주어인지 직접 목적어인지 말해 주세요. Читайте предложения. Найдите в них существительные и скажите, чем они являются : подлежащим или прямым объектом?

1. Де́ти лю́бят и́гры.
2. Яблоки лю́бят мои́ сёстры, а бра́тья лю́бят мандари́ны.
3. Де́вушки о́чень лю́бят пиро́жные.
4. Пода́рки лю́бят все.
5. Ва́ши роди́тели лю́бят теа́тр?

6. Теа́тр лю́бит ма́ма, а па́па лю́бит спорт.
7. Моро́женое брат не лю́бит, он лю́бит фру́кты.

ЗАДАНИЕ 7 다음 대화들을 읽고 유사한 대화들을 만드세요. 단어 «тетрадь», «газета», «журнал», «мел», «карта», «фотография Москвы», «лампа», «календарь», «гитара», «письмо», «сумка», «читаешь», «слушаешь», «песня», «рассказ»등을 활용하세요. Прочитайте диалоги и составьте аналогичные им. Используйте слова «тетрадь», «газета», «журнал», «мел», «карта», «фотография Москвы», «лампа», «календарь», «гитара», «письмо», «сумка», «читаешь», «слушаешь», «песня», «рассказ» и другие.

1. - У тебя́ есть каранда́ш?
   - Нет, карандаша́ у меня́ нет.
   - А ру́чка?
   - Ру́чка есть.
   - Дай, пожа́луйста, ру́чку **на мину́ту.**

2. - Ты пи́шешь но́вые слова́?
   - Нет, я пишу́ диало́ги. А ты?
   - Я пишу́ стихи́.
   - Пра́вда?
   - Нет, коне́чно, /э́то шу́тка. Я то́же пишу́ диало́ги.

ЗАДАНИЕ 8 작문하세요: “고등학교에서는 학생들이 보통 무엇을 공부하고, 당신들은 대학교에서 무엇을 공부합니까?” Напишите, что обычно изучают в школе, что вы изучаете в университете.

➾ 동사 «хоте́ть»
Глагол «хоте́ть»
회화모델 «Я хочу́ слу́шать му́зыку»
Речевая модель «Я хочу́ слу́шать му́зыку»

ЗАДАНИЕ 9 따라하세요. Повторяйте.

хоте́ть 원하다

хочу́	(나는) 원한다	**хоти́м**	(우리는) 원한다
хо́чешь	(너는) 원한다	**хоти́те**	(당신은) 원한다
хо́чет	(그, 그녀는) 원한다	**хотя́т**	(그들은) 원한다

Я хочу́ чай, /лимо́н /и са́хар. Он хо́чет молоко́ /и ка́шу.

ЗАДАНИЕ 10 게임. 누가 동사 «хоте́ть»를 써서 먹거리에 관한 문장들을 더 많이 만들 수 있나요? 차례대로 문장들을 발표하세요. 여러분들에게 잘 알려진 식료품과 요리의 러시아 명칭들을 사용하고, 또한 아래에 제시된 새로운 명칭들도 활용하세요. Игра. Кто больше составит предложений о еде с глаголом «хоте́ть»? Высказывайте предложения по очереди. Используйте известные вам русские названия продуктов питания и блюд, а также новые названия, приведённые ниже.

конфе́та 사탕	клубни́ка 딸기	ре́дька 무	лапша́ 국수류
шокола́д 쵸콜렛	хурма́ 감	капу́ста 양배추	
торт 케익	мандари́н 귤	морко́вь 당근	
	апельси́н 오렌지	помидо́р 토마토	

ЗАДАНИЕ 11 다음 표를 읽어보세요. 선생님과 함께 잘 모르는 동사들을 토의하세요.
Читайте таблицу. Незнакомые глаголы обсудите с преподавателем.

동사 3인칭 단수형 현재 фóрмы 3-его́ лица́ еди́нственного числа́ глаго́лов настоя́щего вре́мени	동사원형 фóрмы инфинити́ва
понима́ет текст	понима́ть текст
рабо́тает в библиоте́ке	рабо́тать в библиоте́ке
игра́ет в футбо́л	игра́ть в футбо́л
зна́ет слова́	знать слова́
изуча́ет коре́йский язы́к	изуча́ть коре́йский язы́к
объясня́ет но́вое сло́во	объясня́ть но́вое сло́во
отвеча́ет на вопро́с	отвеча́ть на вопро́с
чита́ет расска́з	чита́ть расска́з
слу́шает ра́дио	слу́шать ра́дио
гуля́ет в па́рке	гуля́ть в па́рке
повторя́ет стихи́	повторя́ть стихи́
расска́зывает, как он отдыха́ет	расска́зывать, как он отдыха́ет
разгова́ривает **с друзья́ми**	разгова́ривать **с друзья́ми**
слу́шает му́зыку внима́тельно	слу́шать му́зыку внима́тельно
пи́шет письмо́	писа́ть письмо́
живёт в Москве́	жить в Москве́
преподаёт англи́йский язы́к	преподава́ть англи́йский язы́к
слы́шит хорошо́	слы́шать хорошо́
говори́т по-ру́сски	говори́ть по-ру́сски
у́чит стихи́ наизу́сть	учи́ть стихи́ наизу́сть
смо́трит в кни́гу	смотре́ть в кни́гу
ви́дит кни́гу	ви́деть кни́гу
сиди́т на сту́ле	сиде́ть на сту́ле
сади́тся на стул	сади́ться на стул
у́чится в университе́те	учи́ться в университе́те
идёт в магази́н пешко́м	идти́ в магази́н пешко́м
е́дет на маши́не в университе́т	е́хать на маши́не в университе́т

ЗАДАНИЕ 12 다음 문장들을 읽어보세요. Читайте предложения.

1. Он немно́го говори́т по-ру́сски. Он хо́чет говори́ть по-ру́сски хорошо́.
2. Сейча́с она́ у́чится в шко́ле. Она́ хо́чет учи́ться в университе́те в Росси́и.
3. Ребёнок сиди́т до́ма. Ребёнок хо́чет гуля́ть в па́рке.
4. Студе́нт хо́чет изуча́ть исто́рию и культу́ру Росси́и.
5. Она́ хо́чет изуча́ть в университе́те би́знесс.
6. Я не слы́шу, /скажи́ ещё раз.
7. Я хочу́ ви́деть тебя́, /слы́шать твой го́лос.
8. Мы у́чим но́вые слова́ /на уро́ке и до́ма.

ЗАДАНИЕ 13 다음 대화들을 읽어보세요. 억양의 중심들을 정하세요. Читайте диалоги. Определите интонационные центры.

1. - Ты хо́чешь чита́ть?
   - Да, чита́ть.
2. - Ты хо́чешь чита́ть?
   - Да, хочу́.
3. - Он лю́бит игра́ть в те́ннис?
   - Да, лю́бит.
4. - Он лю́бит игра́ть в те́ннис?
   - Да, в те́ннис.
5. - Вы лю́бите чита́ть стихи́?
   - Да, люблю́.
6. - Вы лю́бите чита́ть стихи́?
   - Нет, расска́зы.

ЗАДАНИЕ 14 다음 대화들을 읽어보세요. 단어 «люби́ть», «хоте́ть»가 들어있는 질문들을 만들어 서로 질문하세요. Читайте диалоги. Задайте друг другу свои вопросы со словами «люби́ть», «хоте́ть».

1. - Ты лю́бишь чита́ть?
   - Да, я люблю́ чита́ть кни́ги.
   - А твои́ роди́тели лю́бят чита́ть?
   - Да. Ма́ма лю́бит чита́ть журна́лы, /а па́па - газе́ты.

- Брат тóже лю́бит читáть?
- Нет, он лю́бит смотрéть картúнки. Он ещё не умéет читáть.
- А ты лю́бишь смотрéть картúнки?
- Нет, я не мáленький!

2. - Ты лю́бишь писáть пúсьма?
   - Нет, я люблю́ читáть пúсьма.

ЗАДАНИЕ 15 다음 동사들에 현재형 어미들을 써 넣으세요.
Вставьте в глаголы окончания форм настоящего времени.

1. Мы чита __ нóвый текст.
2. Ты уч _ _ _ ся в университéте?
3. Вы изучá _ _ _ китáйский язы́к?
4. Что ты сейчáс дéла _ _ _?
5. «Что вы дéла _ _ _ на урóке?» - «Мы слу́ша _ _, отвечá _ _ , пúш _ _.»
6. Я сегóдня отдыхá _.
7. Ты чáсто говор _́ _ _ на урóке?
8. Сейчáс онú смóтр _ _ фильм.
9. Моú друзья́ у́ч _ _ ся в университéте. Я тóже уч _́ сь там.
10. Мáма и пáпа обы́чно отдыхá _ _ дóма. А я отдыхá _ в пáрке, на стадиóне.
11. На урóке мы разговáрива _ _ по-ру́сски.
12. Он ид _ _ в класс.
13. Вы éд _ _ _ на мóре на машúне?
14. Я вúж _ снег на у́лице!
15. Он пéрвый раз слы́ш _ _ э́ти зву́ки.

ЗАДАНИЕ 16 대화 «Где ты любишь гулять?»를 잘 들어보세요. 등장인물들에게 이름을 부여하세요. Слушайте диалог «Где ты любишь гулять?». Дайте имена говорящим.

Где ты лю́бишь гуля́ть?

- Где ты лю́бишь гуля́ть?
- Я люблю́ гуля́ть в па́рке. Сего́дня в па́рке конце́рт. Дава́й пойдём на конце́рт!
- Дава́й!
- А вот и парк. Тут о́чень краси́во.
- Да, я то́же люблю́ э́то ме́сто. Сейча́с тепло́, хоро́шая пого́да.
- Где ты хо́чешь учи́ться?

- В Москве́, в МГУ. Я хочу́ изуча́ть там ру́сский язы́к.
- А я хочу́ изуча́ть би́знес в Сеу́ле.
- А ско́лько сейча́с вре́мени?
- Уже́ ше́сть часо́в. Пойдём быстре́е на конце́рт!

Вопро́с: где они́ у́чатся: в шко́ле и́ли в университе́те?

대화와 관련된 질문들에 대답하세요. Отвечайте на вопросы к диалогу.

1. Как их зову́т?
2. Они́ гуля́ют в па́рке?
3. Сего́дня в па́рке цирк?
4. В па́рке тепло́?
5. Они́ хотя́т изуча́ть кита́йский язы́к?
6. Они́ хотя́т учи́ться в Петербу́рге?
7. Они́ пойду́т на конце́рт?
8. Конце́рт начина́ется в пять часо́в?

ЗАДАНИЕ 17 텍스트 «Моя семья»를 잘 들어보세요.
Прослушайте текст «Моя семья».

Моя́ семья́

У нас в семье́ пять челове́к: ма́ма, па́па, моя́ ста́ршая сестра́ и мла́дший брат. Мы живём в Сеу́ле.

Па́па рабо́тает. Он инжене́р-строи́тель. Ему́ со́рок шесть лет.

Ма́ма домохозя́йка. Ей со́рок три го́да.

Я шко́льница. Мне восемна́дцать лет. Я люблю́ хи́мию и хочу́ изуча́ть её в университе́те.

Сестра́ уже́ у́чится в университе́те. Она́ изуча́ет кита́йский язы́к. Ей два́дцать два го́да.

Брат то́же у́чится. Он шко́льник. Ему́ оди́ннадцать лет. Он ещё не зна́ет, **что** бу́дет изуча́ть в университе́те. Па́па говори́т: «Изуча́й компью́тер.» Ма́ма говори́т: «Слу́шай па́пу.» Сестра́ говори́т: «Изуча́й иностра́нные языки́.» Я говорю́: «Изуча́й компью́тер и иностра́нные языки́» Но мой брат не о́чень лю́бит учи́ться. Он лю́бит игра́ть в футбо́л и говори́т: «Я бу́ду Пеле́.»

Ве́чером на́ша семья́ отдыха́ет. Ма́ма смо́трит телеви́зор, она́ лю́бит дра́мы. А па́па чита́ет газе́ты и журна́лы. Иногда́ он смо́трит футбо́л и ново́сти. Сестра́ слу́шает му́зыку и у́чит кита́йские слова́. Я то́же слу́шаю му́зыку и́ли смотрю́ телеви́зор. Брат игра́ет в компью́терные и́гры.

Иногда́ ве́чером у нас го́сти. **Они́ раска́зывают но́вости**. Пото́м мы то́же расска́зываем но́вости. Де́ти вме́сте игра́ют. Ча́сто мы и на́ши го́сти игра́ем в коре́йские и́гры.

Вопро́с: ско́лько челове́к в семье́, кто они́?

텍스트의 내용과 연관성 있는 다음 문장들을 잘 들으세요. 정확한 주장에 대해서는 «Да», 틀린 주장에 대해서는 «Нет»라고 말하세요. 사실과 틀린 것들을 바로 잡으세요. 올바른 주장들에 대한 질문들을 만드세요. Прослушайте утверждения, касающиеся содержания текста. После правильных утверждений говорите «Да», неправильных – «Нет». Исправьте фактические ошибки. К правильным утверждениям поставьте вопросы.

1. Па́па учи́тель.
2. Ему́ со́рок шесть лет.
3. Ма́ма продаве́ц.
4. Ей со́рок три го́да.
5. Ста́ршая сестра́ у́чится в шко́ле.
6. Брат у́чится в шко́ле.
7. Он бу́дет изуча́ть кита́йский язык.
8. Брат лю́бит учи́ться.
9. Он лю́бит игра́ть в футбо́л.
10. Мла́дшая сестра́ в университе́те изуча́ет хи́мию.
11. Ве́чером па́па чита́ет газе́ты.
12. Ма́ма лю́бит дра́мы.
13. Ста́ршая сестра́ ве́чером игра́ет в компью́терные и́гры.
14. Мла́дшая сестра́ смо́трит футбо́л.
15. Брат смо́трит дра́мы.
16. Иногда́ ве́чером в семье́ го́сти.
17. Они́ расска́зывают но́вости.
18. Де́ти вме́сте де́лают дома́шнее зада́ние.

위의 가족 구성원 각자에 대해 무엇을 알았는지 말하세요 (작문하세요). 자기 가족에 대해 말해 보세요. Расскажите (напишите), что вы узнали о каждом члене семьи. Расскажите о своей семье.

질문 «Что он читает?» («Что он любит читать?»)
Вопрос «Что он читает?» («Что он любит читать?»)

ЗАДАНИЕ 18 아래에 주어진 대화들을 읽고, 과제 11번의 동사들을 활용한 후 유사한 대화를 만들어 보세요. Прочитайте данные ниже диалоги и составьте аналогичные им диалоги, употребив глаголы из задания 11.

1. - **Что ты чита́ешь**?
   - Я чита́ю **расска́з**.
   - А ты лю́бишь чита́ть стихи́?
   - Стихи́ я то́же люблю́ чита́ть.

2. - Мари́я Серге́евна, **что вы преподаёте**?
   - Я преподаю́ **му́зыку** – игру́ на **скри́пке**.
   - У вас хоро́шие ученики́?
   - Да, у меня́ **тала́нтливые** ученики́. Они́ мно́го рабо́тают. В му́зыке э́то о́чень ва́жно.

3. - Ты хорошо́ игра́ешь на гита́ре. **Что ты лю́бишь игра́ть**?
   - Я люблю́ игра́ть рок-му́зыку.

ЗАДАНИЕ 19 다음 대화들에 필요한 질문들을 써 넣으세요.
Вставьте в диалоги нужные вопросы.

1. - Куда́ ты смо́тришь?
   - Я смотрю́ в окно́.
   - ....?
   - Я ви́жу у́лицу, маши́ны.

2. - Ти́хо! Слу́шай внима́тельно. ....
   - Я слы́шу: «Мяу-мяу!» Это ко́шка.

3. - ....
   - Сего́дня преподава́тель объясня́ет но́вые глаго́лы.

4. - ....
   - В университе́те мы изуча́ем ру́сский язы́к, исто́рию, литерату́ру, эконо́мику.

5. - ....
   - Сего́дня я повторя́ю те́му «Моя́ семья́».

ЗАДАНИЕ 20 텍스트 «Моя студенческая жизнь»를 잘 들어보세요.
Прослушайте текст «Моя студенческая жизнь».

Моя́ студе́нческая жизнь

Меня́ зову́т И́горь. Моя́ фами́лия Жу́ков. Мне 22 го́да. Я живу́ в Петербу́рге и учу́сь там в университе́те. Я изуча́ю англи́йский язы́к и литерату́ру.

На уро́ке мы всегда́ мно́го говори́м по-англи́йски, слу́шаем диало́ги, те́ксты, отвеча́ем на вопро́сы. Э́то интере́сно.

Ча́сто я рабо́таю в библиоте́ке. Я чита́ю там уче́бники, журна́лы.

У нас в гру́ппе 14 челове́к. На́ша гру́ппа дру́жная. Мы отдыха́ем вме́сте, потому́ что живём в общежи́тии и на́ши ко́мнаты ря́дом. Мы игра́ем в пинг-по́нг, слу́шаем му́зыку, танцу́ем. Мы лю́бим теа́тр, музе́й, спорт.

Жить в Петербу́рге и учи́ться в университе́те о́чень интере́сно. Студе́нческая жизнь – са́мое прекра́сное вре́мя!

Вопро́с: Где живёт И́горь: до́ма и́ли в общежи́тии?

질문들에 대답하세요. Ответьте на вопросы.

1. Где И́горь изуча́ет англи́йский язы́к и литерату́ру?
2. Как он изуча́ет англи́йский язы́к на уро́ке?
3. Он ча́сто рабо́тает в библиоте́ке?
4. Ско́лько челове́к в его́ гру́ппе?
5. Где живу́т друзья́ И́горя?
6. Как И́горь и его́ друзья́ отдыха́ют?
7. И́горь лю́бит студе́нческую жизнь? Почему́?

단어 «что»를 써서 텍스트에 연관된 질문들을 몇 개 만드세요.
Поставьте несколько вопросов к тексту со словом «что».

자신의 대학생활에 대해 말해 주세요.
Расскажите о своей жизни в университете.

➾ 운동동사 «идти́», «пойти́», «е́хать», «пое́хать» (종합)
Глаголы движения «идти́», «пойти́», «е́хать», «пое́хать» (обобщение)

ЗАДАНИЕ 21 읽어보세요. Читайте

1.

Я **иду́** на конце́рт.
Ты **идёшь** в магази́н.
Она́ **идёт** гуля́ть в парк.

Мы **идём** на уро́к.
Вы **идёте** в бассе́йн.
Они́ **иду́т** в шко́лу.

Сейча́с я **иду́** в столо́вую, /а пото́м **пойду́** в библиоте́ку.
나는 지금 식당으로 가는 중이지만, 그 다음에는 도서관으로 갈 것이다.

Де́ти, не **иди́те** гуля́ть на у́лицу! **Иди́те** домо́й!
얘들아, 길거리로 놀러가지 말아라! 집으로 가거라!

2.

Я **е́ду** на рабо́ту.
Ты **е́дешь** отдыха́ть.
Он **е́дет** в университе́т.

Мы **е́дем** в Москву́.
Вы **е́дете** на Южное мо́ре.
Они́ **е́дут** в друго́й го́род.

Сейча́с /мы **е́дем** в кинотеа́тр, /а пото́м /**пое́дем** в рестора́н.
지금 우리는 극장으로 가고 있지만, 그 다음에는 레스토랑으로 갈 것이다.

ЗАДАНИЕ 22 왼쪽 문장들을 오른쪽 문장들과 비교해 보세요. 무엇이 다른가요? 몇 개의 유사한 문장들을 제시하세요. 읽어보세요. Сравните предложения слева с предложениями справа. Чем они отличаются? Составьте несколько аналогичных предложений. Читайте.

Мой сын у́чится в шко́ле.	Мой сын идёт в шко́лу.
Оте́ц рабо́тает на заво́де.	Ка́ждое у́тро он идёт на заво́д.
Мой това́рищ живёт на Байка́ле.	Я пое́ду на Байка́л.
Ма́ма до́ма.	Де́ти иду́т домо́й.
Стадио́н там.	Спортсме́н идёт туда́.
Доска́ тут.	Преподавательница идёт сю́да.
Пря́мо – большо́й магази́н, сле́ва у́лица Пу́шкина, спра́ва – стадио́н.	Маши́на е́дет нале́во, пото́м пря́мо, пото́м напра́во, на заво́д.

ЗАДАНИЕ 23 다음 대화들에 필요한 질문들을 써 넣으세요. Вставьте в диалоги нужные вопросы.

1. - ....?
   - Я иду́ в бассе́йн.
2. - ....?
   - Я сижу́ на дива́не.
3. - ....?
   - Я пое́ду отдыха́ть на Во́лгу
4. - ....
   - Я смотрю́ фильм до́ма.
5. - ....
   - Я иду́ домо́й.
6. - ....
   - Я учу́сь в МГУ.

ЗАДАНИЕ 24 필요한 단어 형태나 필요한 단어를 선택한 후 나머지는 지우세요. 소리 내어 읽어보세요. Раскройте скобки, выбрав нужную форму слова или нужное слово.Читайте вслух.

1. Ты поéдешь (дом, дóма, домóй) на (маши́на, маши́ну, маши́не)?
2. Я иду́ в (библиотéка, библиотéке, библиотéку) пешкóм.
3. Я отдыхáю в (парк, пáрке).
4. Он éдет в (университéт, университéте) на (автóбус, автóбусе).
5. Сначáла он идёт пря́мо, потóм (слéва, налéво), (там, тудá) библиотéка.

ЗАДАНИЕ 25 대화 «Какие у тебя планы?»를 잘 들으세요.
Прослушайте диалог «Какие у тебя планы?».

Каки́е у тебя́ плáны?

Маша : Ты идёшь домóй?

Зина : Нет, сейчáс я иду́ в библиотéку, потóм пойду́ в аудитóрию 408 (четы́реста вóсемь), там я **с друзья́ми** бу́ду дéлать домáшнее задáние. Домóй я поéду в 5 часóв. А у тебя́ каки́е плáны?

Маша : Сейчáс я тóже иду́ в библиотéку. А **пóсле** библиотéк**и** я поéду в кинотеáтр.

Зина : А какóй фильм сейчáс идёт в кинотеáтре?

Маша : Не знáю. Друзья́ знáют. Говоря́т, интерéсный фильм.

Зина : Ты поéдешь на маши́не и́ли на автóбусе?

Маша : У **друзéй** есть маши́на. Я поéду на маши́не.

Зина : Лáдно. Пойдём в библиотéку?

Маша : Пойдём.

Вопрос: Какие планы у Маши и у Зины?

다음 질문들에 대답하세요. Ответьте на вопросы.

1. Когда́ Зи́на пое́дет домо́й?
2. Когда́ Ма́ша пое́дет в кинотеа́тр?
3. Ма́ша зна́ет, како́й фильм идёт в кинотеа́тре?
4. **На чём** пое́дет Ма́ша в кинотеа́тр?

회화연습 Поговорим
동사들 «выступать», «петь», «танцевать»
Глаголы «выступать», «петь», «танцевать»

ЗАДАНИЕ 26 다음 문장들을 따라하세요. Повторяйте предложения.

1.

Я хочу́ **выступа́ть** на ве́чере.

Я **выступа́ю** на конце́рте.
Ты всегда́ хорошо́ **выступа́ешь**.
Она́ ча́сто **выступа́ет** в теа́тре.

Мы **выступа́ем** вме́сте.
Вы **выступа́ете** с на́ми.
Кло́уны **выступа́ют** в ци́рке.

2.

Я люблю́ **петь**.

Я всегда́ до́ма **пою́**.
Ты сего́дня **поёшь** на конце́рте?
Она́ ча́сто **поёт** в карао́ке.

Мы **поём** пе́сню «Катю́ша».
Вы **поёте** ти́хо!
Они **пою́т** с удово́льствием.

Пой гро́мко! – Не **по́йте** так гро́мко!

3.

Я люблю́ **танцева́ть**.

Я с удово́льствием **танцу́ю** на дискоте́ке.

Ты **танцу́ешь** краси́во.

Он **танцу́ет** ру́сский та́нец.

Мы **танцу́ем** вме́сте.

Вы **танцу́ете** ме́дленно.

Они **танцу́ют** вальс.

Танцу́й! - Танцу́йте с на́ми!

ЗАДАНИЕ 27 질문들에 답하세요. Отвечайте на вопросы.

1. Что вы лю́бите танцева́ть?
2. Где вы танцу́ете?
3. Вы поёте в карао́ке?
4. Каки́е пе́сни вы лю́бите петь?
5. Кто выступа́ет в теа́тре?
6. Ва́ши роди́тели пою́т до́ма?
7. Вы танцу́ете вальс и́ли **та́нго**?
8. До́ма вы поёте ти́хо и́ли гро́мко?

ЗАДАНИЕ 28 아래에 주어진 표현들을 외우세요. Выучите данные выражения.

в + 대격(스포츠명칭)	на + 전치격(악기명칭)
Во что вы игра́ете?	**На чём** вы игра́ете?
играть **в** футбо́л	игра́ть **на** гита́ре
в те́ннис	**на** пиани́но
в лото́	**на** скри́пке
в компью́терные и́гры	**на** фле́йте

다음 제시된 질문들에 대답하고 그 대답들을 쓰세요.
Ответьте на приведённые вопросы, запишите ответы.

Во что вы игра́ете?

1. Вы игра́ете в **спорти́вные** и́гры?
2. Каки́е и́гры вы лю́бите?
3. Во что вы лю́бите игра́ть бо́льше всего́?
4. Во что игра́ют ва́ши друзья́?
5. **С кем** вы игра́ете? Мо́жет быть, **с** бра́т**ом**, с сестр**о́й**, с ма́м**ой**, с па́п**ой**, с друзь**я́ми**?
6. В каки́е и́гры вы игра́ете в шко́ле, в университе́те?
7. В каки́е и́гры игра́ют де́вушки, в каки́е ю́ноши?

На чём вы игра́ете?

1. Вы лю́бите му́зыку?
2. Вы лю́бите игра́ть на пиани́но (на скри́пке, на гита́ре)? Или вы лю́бите то́лько слу́шать пиани́но, гита́ру, скри́пку, фле́йту?
3. На чём игра́ют ва́ши друзья́?
4. Что вы бо́льше лю́бите: петь и́ли слу́шать пе́сни?

ЗАДАНИЕ 29 대화 «После концерта»를 잘 들어보세요.
Прослушайте диалог «После концерта».

По́сле конце́рта

- Здра́вствуйте! Я **была́** на конце́рте. Вы там о́чень хорошо́ **игра́ли** на гита́ре!
- Спаси́бо. А как вас зову́т? **Дава́йте познако́мимся**!
- С удово́льствием. Меня́ зову́т Татья́на, Та́ня. Я учу́сь в МГУ, изуча́ю хи́мию. А вас как зову́т?
- А меня́ зову́т Лари́са. Я учу́сь в Петербу́ргском **госуда́рственном** университе́те. Я изуча́ю матема́тику.
- Конце́рт был о́чень интере́сный! Все студе́нты хорошо́ выступа́ли. Мои́ друзья́ то́же **выступа́ли**. Они́ **пе́ли** пе́сню «Весна́».
- Та́ня! Ва́ши друзья́ то́же изуча́ют хи́мию?
- Нет, они́ изуча́ют исто́рию, эконо́мику, языки́. **Хоти́те познако́миться с ни́ми?**

- Хочу́.
- Я и мои́ друзья́ живём в общежи́тии. За́втра ве́чером в общежи́тии бу́дет дискоте́ка. **Приходи́те**! Нача́ло в 7 часо́в. Вот мой телефо́н. Звони́те.
- Хорошо́. Спаси́бо!

Вопрос: Где у́чатся и что изуча́ют Татья́на и Лари́са?

1) 대화에 있는 문장들에 대하여 5개의 질문들을 작문하세요. 2) 위 대화 «После концерта»에 주어진 내용을 이야기 형식으로 서술하세요. 1) Напишите 5 вопросов к предложениям из диалога. 2) Изложите информацию, данную в диалоге «После концерта», в форме рассказа

УРОК 14

➩ 소리들과 문자들
Звуки и буквы

ЗАДАНИЕ 1 다음 단어들을 읽고, 쌍을 이루는 단어들에서 경자음/연자음으로 대응하는 자음들을 구별해 보세요. Читайте слова, различайте в каждой паре слов согласные, противопоставленные по твёрдости / мягкости.

по́ва**р** – слова́**рь**, заво́**д** – тетра́**дь**, ме**л** – жа**ль**, текс**т** – бы**ть**, о**н** – де**нь**, **м**ы – **м**ину́та, моро́зы – зима́, **ф**о́то – **ф**ильм, **с**ын – спа**с**и́бо, б**р**ат – п**р**я́мо

ЗАДАНИЕ 2 다음 단어들에 «р» 이나 «л»을 넣으세요. 단어들을 읽어보세요. Вставьте в слова буквы «р» или «л». Прочитайте слова.

нап_а́во – п_а́вать, _у́чка – _а́мпа, фами́_ия – аудито́_ия,
п_иве́т – п_ан, _або́та – _е́том

ЗАДАНИЕ 3 다음 단어들을 읽어보세요. 다음 단어 쌍에서 무성음/유성음으로 쌍을 이루는 자음들을 구별해 보세요. Читайте слова. В каждой паре слов различайте согласные, парные по глухости / звонкости.

парк – **Б**айка́л, сыр – зонт, **к**итайский – **г**ита́ра, **С**ве́та – звук,
пока́ – **б**у́ква, **т**ретий – **д**ругой

ЗАДАНИЕ 4 다음 말 빨리 연습하기를 외워보세요. Выучите скороговорку.

На дворе́ трава́, на траве́ дрова́

마당 위에 풀, 풀 위에 장작

ЗАДАНИЕ 5 다음 소리결합유형 [те]-[тье]을 구별해 보세요.
Различайте звукосочетания типа [те]-[тье].

ве́чер – здоро́**вье**, **ча́**сто – **чья**, **мя́**со – се**мья́**,
Пе́**тя** – ста**тья́** – за**ня́**тие, зада́**ние** – воскресе́**нье**,
Си**би́**рь – о**бъя**сняет

ЗАДАНИЕ 6 경자음 [с] 와 [ш]로 대응하는 다음 단어 쌍들을 읽어보세요.
Читайте пары слов, в которых противопоставлены твёрдые звуки [с] и [ш].

Са́ша – **ш**а́шки, **с**у́мка – **ш**у́тка, **с**есть – **ш**есть,
прекра́**с**ный – сме**ш**но́й

ЗАДАНИЕ 7 다음 말 빨리 연습하기를 외우세요. Выучите поговорку.

Поспеши́шь – людéй насмеши́шь

서두르면 웃음거리가 된다.

ЗАДАНИЕ 8 연자음 [с'] 와 [щ':] 로 대응하는 다음 단어 쌍들을 읽어보세요.
Читайте пары слов, в которых противопоставлены мягкие звуки [с'] и [щ':].

так**си́** – **щи**, весёлый – **ещё**, **си**ди́т – товáри**щи**

ЗАДАНИЕ 9 경자음 [з] 와 [ж]로 대응하는 다음 단어 쌍들을 읽어보세요.
Читайте пары слов, в которых противопоставлены твёрдые звуки [з] и [ж].

зонт – **ж**ёлтый, зовýт – **жá**рко, назывáется – ин**же**нéр,
Зи́на – **жи**вёт, завóд – **жа**ль

ЗАДАНИЕ 10 경자음 [ц] 와 연자음 [ч]로 대응하는 다음 단어 쌍들을 읽어보세요.
Читайте пары слов, в которых противопоставлены твёрдый звук [ц] и мягкий звук [ч'].

центр – **чá**сто, о**ц**éнка – вé**ч**ер, **ц**ирк – у**чи́**тель, пя́тни**ца** – сей**чá**с,
отé**ц** – вра**ч**

ЗАДАНИЕ 11 연자음 [д'] 와 [з'] 가 대응하는 다음 단어들을 읽어보세요.
Читайте слова, в которых противопоставлены мягкие звуки [д'] и [з'].

Ди́ма – **Зи́**на, **де**нь – га**зé**та, **ди**ктáнт – **зи**мá, ста**ди**óн – мага**зи́**н,
как **де**лá – ó**зе**ро

ЗАДАНИЕ 12 각 단어 마지막에 위치한 유성자음을 무성자음화 하면서 다음 단어들을 읽어보세요. Читайте слова, оглушая звонкий согласный в конце каждого слова.

тетра́дь, го́род, друг, заво́д, четве́рг, моро́з, рад, ещё раз, переры́в, расска́з, морко́вь, шокола́д

ЗАДАНИЕ 13 다음 단어에서 유성＋무성자음 혹은 무성＋유성자음으로의 문자결합에 밑줄을 치고, 무성자음 앞 유성자음을 무성자음화하고 유성자음 앞 무성자음을 유성자음화 하면서 읽어보세요. В каждом слове подчеркните сочетание звуков: звонкий согласный + глухой согласный или глухой согласный + звонкий согласный. Читайте слова, оглушая звонкие согласные перед глухими и озвончая глухие перед звонкими.

за́втрак, оши́бка, повторя́ть, авто́бус, вто́рник, ре́дька; футбо́л, экза́мен

ЗАДАНИЕ 14 전치사 «в»를 다음 단어와 이어서 읽고, 무성자음 앞에서는 무성음화하세요. Читайте предлог «в» слитно со словами, перед глухими согласными звуками оглушайте его.

в ко́мнате, в Коре́е, в кни́ге, в кла́ссе, в па́рке, в Сеу́ле, в су́мке, в стране́, в шко́ле, в буфе́те, в го́роде, в авто́бусе, в окне́, в учё́бнике

ЗАДАНИЕ 15 다음 단어들을 정확히 읽어보세요. Прочитайте правильно слова.

Здра́вствуй, что, коне́чно, изве́стный, потому́ что, сего́дня, легко́, учи́ться, его́, нахо́дится, сейча́с, пра́здник, о́тчество, оди́ннадцать

ЗАДАНИЕ 16 말 빨리 연습하기와 속담을 반복합시다. 왼쪽에 각 과에 있었던 말 빨리 연습하기와 속담의 앞부분이 주어져있고, 오른쪽에는 나머지 부분이 있습니다. 이들을 알맞게 연결하고 읽어보세요. Повторяем скороговорки и пословицы. Слева дана первая часть каждой скороговорки и пословицы, справа – вторая. Правильно соотнесите обе части и прочитайте.

Без посло́вицы •	• семь пя́тниц на неде́ле.
Ти́ше е́дешь - •	• нет нау́ки.
Коро́ль - •	• пи́ща на́ша.
Без му́ки •	• да́льше бу́дешь.
Хо́чешь есть калачи́ - •	• не проживёшь.
У него́ •	• не сиди́ на печи́.
Поспеши́шь- •	• на траве́ дрова́.
И смех, •	• орёл.
Щи да ка́ша - •	• и грех.
На дворе́ трава́, •	• люде́й насмеши́шь.
Пе́рвый блин •	• всегда́ ко́мом.

ЗАДАНИЕ 17 다음 그림을 잘 보세요. 각 그림 아래에 속담이 적혀져 있습니다. 그러나 화가가 실수로 잘못 적었네요. 잘못된 것을 바로 고치세요. Рассмотрите рисунки. Под каждым рисунком написана пословица. Но художник перепутал подписи. Исправьте ошибку.

Хо́чешь есть калачи – не сиди́ на печи́.

И смех и грех!

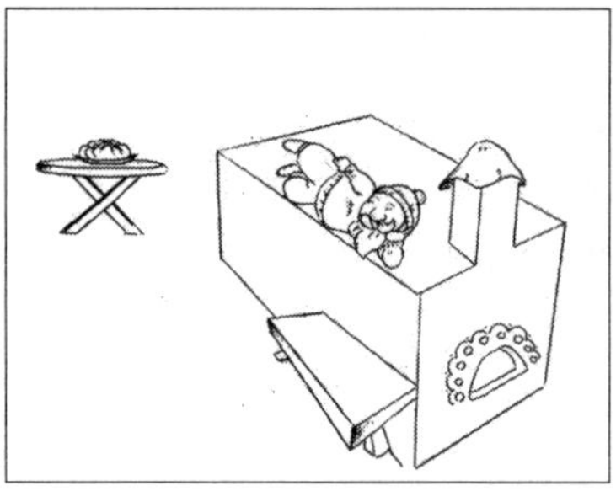

Ти́ше е́дешь – да́льше бу́дешь.

Щи да ка́ша – пи́ща на́ша.

ЗАДАНИЕ 18 여러분이 잘 알고 있는 말 빨리 연습하기와 속담이 될 수 있도록 빈 곳에 빠진 문자를 넣고 읽어보세요. Вставьте недостающие буквы, чтобы получились известные вам скороговорки и пословицы. Прочитайте их.

_ оспе _ _ _ ь - _ юдей насме _ и _ ь.

_ _ _воре _ рава, на _ раве дро _ а.

ЗАДАНИЕ 19 푸쉬킨의 «О́сень»이라는 시의 일부를 외우세요.

Выучите наизусть отрывок из стихотворения А.С. Пушкина «О́сень».

Уны́лая пора́! Оче́й очарова́нье!
우울한 시절! 두 눈의 황홀한 감상!
Прия́тна мне твоя́ проща́льная краса́.
너의 사라져 가는 아름다움이 나에게는 유쾌하도다.
Люблю́ я пы́шное приро́ды увяда́нье,
나는 자연의 화려한 시들음을 사랑하노라,
В багре́ц и зо́лото оде́тые леса́.
적자색 - 황금색으로 갈아입혀진 숲들도 사랑하노라.

⇨ 단어들과 문법
Слова и грамматика

ЗАДАНИЕ 20 다음 단어들을 읽어보세요. Читайте слова.

секýнда, минýта, час, ýтро, день, вéчер, ночь, недéля, мéсяц, веснá, лéто, óсень, зимá, год, **век, тысячелéтие**

ЗАДАНИЕ 21 «12월명» 낱말 맞추기를 하세요.
Разгадайте кроссворд «Двенадцать месяцев».

Двенáдцать мéсяцев

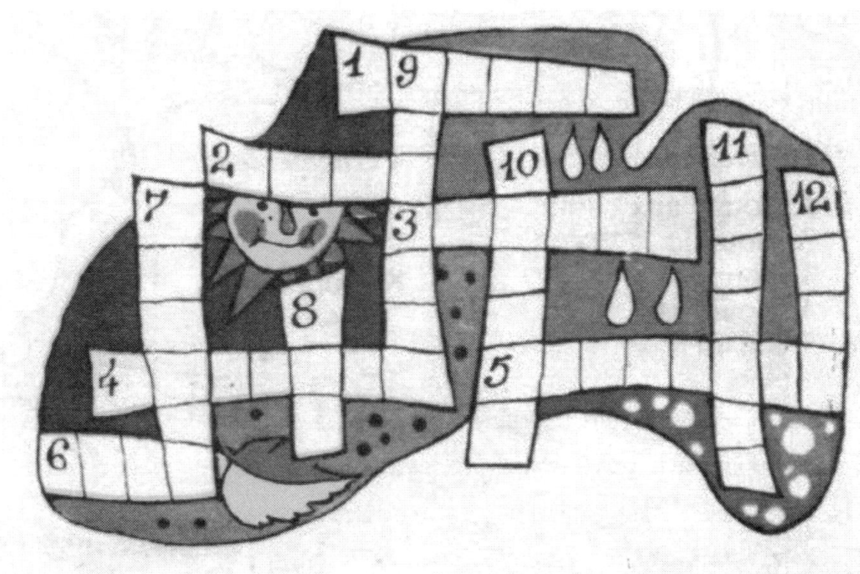

По горизонтáли(가로로)
월명 название месяцев:
1월, 2월, 3월, 6월, 9월, 11월

По вертикáли(세로로)
월명 название месяцев:
4월, 5월, 7월, 8월, 10월, 12월

ЗАДАНИЕ 22 다음 숫자들을 읽어보세요. Читайте числа.

50	пятьдеся́т	400	четы́реста
60	шестьдеся́т	500	пятьсо́т
70	се́мьдесят	600	шестьсо́т
80	во́семьдесят	700	семьсо́т
90	девяно́сто	800	восемьсо́т
100	сто	900	девятьсо́т
200	две́сти	1000	ты́сяча
300	три́ста		

ЗАДАНИЕ 23 다음 질문들과 대답들을 잘 들어보세요.
Слушайте вопросы и ответы.

- Ско́лько мину́т в ча́се? – В ча́се шестьдеся́т мину́т.
- Ско́лько дней в ме́сяце? – В ме́сяце три́дцать дней.
- Ско́лько дней в январе́? – В январе́ три́дцать оди́н день
- Ско́лько ме́сяцев в году́? – В году́ двена́дцать ме́сяцев.

ЗАДАНИЕ 24 다음 질문들에 대답하세요. Отвечайте на вопросы.

1. Ско́лько ме́сяцев вы изуча́ете ру́сский язы́к?
2. Ско́лько дней в году́ отдыха́ет ваш оте́ц?
3. Ско́лько часо́в вы учи́тесь ка́ждый день?
4. Ско́лько лет вы ещё бу́дете учи́ться в университе́те?
5. Оди́н век – э́то ско́лько лет?
6. Одно́ тысячеле́тие – э́то ско́лько веко́в?

ЗАДАНИЕ 25 유명한 인물들의 생존 연대를 말해 보세요.
Назовите годы жизни известных людей.

Пётр Пе́рвый, ру́сский царь-реформа́тор – 1672~1725 го́ды.
(ты́сяча шестьсо́т се́мьдесят второ́й ~ ты́сяча семьсо́т два́дцать пя́тый го́ды.)

М. В. Ломоно́сов, учёный и поэт – 1711~1765 го́ды.
А. С. Пу́шкин, поэ́т – 1799~1837 го́ды.
М. И. Гли́нка, компози́тор – 1804~1857 го́ды.
П. И. Чайко́вский, компози́тор – 1840~1893 го́ды.
Ф. М. Достое́вский, писа́тель – 1821~1881 го́ды.
М. А. Шо́лохов, писа́тель – 1905~1984 го́ды.

ЗАДАНИЕ 26 가장 좋아하는 러시아 축제들의 명칭을 읽어보세요.
Прочитайте названия самых любимых русских праздников.

1 (пе́рвое) января́ – Но́вый год.
7 января́ – Рождество́.
23 февраля́ – День защи́тника Оте́чества.
8 ма́рта – Междунаро́дный же́нский день.
9 ма́я – День Побе́ды.

ЗАДАНИЕ 27 러시아의 지리학적 힌트를 이용해 다음 낱말 맞추기를 하세요.
Разгадайте с помощью географической карты кроссворд «Россия».

Росси́я

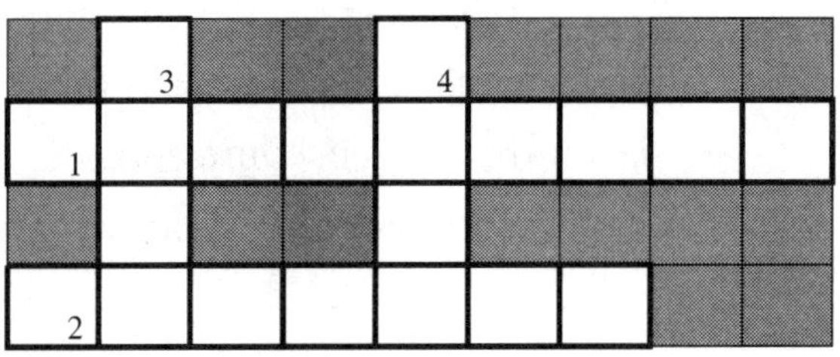

По горизонта́ли(가로힌트):

1. 러시아에서 두 번째로 큰 문화의 도시
   Второ́й по величине́ и культу́рному значе́нию го́род в Росси́и.
2. 극동 러시아에서 가장 큰 섬
   Са́мый большо́й о́стров на восто́ке Росси́и.

По вертика́ли(세로힌트):

3. 시베리아에서 가장 큰 강
   Крупне́йшая река́ в Сиби́ри.
4. 러시아에서 유럽과 아시아를 구분 짓는 산맥
   Го́ры, разделя́ющие европе́йскую и азиа́тскую ча́сти Росси́и.

ЗАДАНИЕ 28 다음 표를 보고 명사 격변화의 활용사례들을 읽어보세요.
Рассмотрите таблицу, прочитайте примеры употребления падежных форм в речи.

Паде́жные фо́рмы существи́тельных еди́нственного числа́

단수명사 격변화형

	он	**она**	**оно**
1. Имени́тельный паде́ж 주격	класс, день стол слова́рь го́род ребёнок челове́к	ка́рта мину́та фотогра́фия страна́ тетра́дь столо́вая	окно́ мо́ре зда́ние
употребле́ние 활용	1) – *Что э́то*? - Это на́ша у́лица. 2) – *Что* у тебя́ есть? – У меня́ есть ру́чка. 3) – *Что* нахо́дится в Петербу́рге? - В Петербу́рге нахо́дится музе́й «Эрмита́ж». 4) – *Кто* глуя́ет в па́рке? – В па́рке гуля́ет моя́ подру́га.		

2. Роди́тельный паде́ж 생격	кла́сса, дня стола́ словаря́ го́рода ребёнка челове́ка	ка́рты мину́ты фотогра́фии страны́ тетра́ди столо́вой	окна́ мо́ря зда́ния
употребле́ние 활용	1) – *Чего́* у тебя́ нет? – У меня́ нет ру́чки. – *Чего́* тут нет? – Тут нет стола́. – *Кого́* нет? – Нет Ната́ши и Ива́на. 2) – Это но́мер *чего́*? – Это но́мер телефо́на. 3) – Это ко́мната *кого́*? (*Чья* э́то ко́мната?) – Это ко́мната сы́на. – Это *кака́я* библиоте́ка? – Это библиоте́ка университе́та. 4) – У меня́ три тетра́ди и два уче́бника. – Мы отдыха́ем два дня. 5) – *Укого́* нет ру́чки? – Ру́чки нет у Ната́ши. 6) – *Где* тысиди́шь? – Я сижу́ о́коло окна́. 7) – *Когда́* вы гуля́ете? – Мы гуля́ем по́сле рабо́ты.		
3. Да́тельный паде́ж 여격	бра́ту, отцу́ Ива́ну	сестре́, подру́ге Ната́ше	
употребле́ние 활용	1) – *Кому́* три го́да? – Моему́ сы́ну три го́да. 2) – *Кому́* нра́вится фильм? – Фильм нра́вится мо́ей подру́ге. 3) – *Кому́* хо́лодно? – Хо́лодно Ната́ше.		

Паде́жные фо́рмы неодушевлённых существи́тельных еди́нственного числа́

단수 불활동체 명사 격변화형

4. Вини́тельный паде́ж 대격	кла́сс стол слова́рь го́род день	ка́рту мину́ту фотогра́фию страну́ тетра́дь столо́вую	окно́ мо́ре зда́ние
употребле́ние 활용	1) – *Что* вы лю́бите? - Я люблю́ мýзыку, кино́, теа́тр, мо́ре. – *Что* чита́ет оте́ц? – Оте́ц чита́ет газе́ту. – *Что* смо́трит ма́ма? – Ма́ма смо́трит фильм. 2) – *Куда́* ты пойдёшь? – Снача́ла я пойду́ на уро́к, а пото́м в библиоте́ку. 3) – *Во что* игра́ет Алёша? – Он игра́ет в футбо́л. 4) – *Когда́* экза́мен? – Экза́мен в среду́ че́рез неде́лю.		
5. Твори́тельный паде́ж 조격	кла́ссом столо́м словарём го́родом днём	ка́ртой фотогра́фией страно́й тетра́дью столо́вой	окно́м мо́рем зда́нием
употребле́ние 활용	–*Где*(*ря́дом с чем*) ка́рта? – Ка́рта ря́дом с доско́й.		
6. Предло́жный паде́ж (전치격)	в кла́ссе на столе́ в словаре́ в го́роде во дне	в ка́рте в фотогра́фии в стране́ в тетра́ди в столо́вой	в окне́ в мо́ре в зда́нии
употребле́ние	1) – *Где* они́? – Они́ в кла́ссе на уро́ке.		

활용	– *Где* мел? – Мел на столе́. – *Где* они́ у́чатся? – Они́ у́чатся в университе́те. 2) – *На чем* ты пое́дешь? – Я пое́ду на маши́не. 3) – *На чем* ты игра́ешь? – Я игра́ю на гита́ре.

Паде́жные фо́мы существи́тельных мно́жественного числа́

복수명사 격변화형

	он	она	оно́
1. Имени́тельный паде́ж 주격	кла́ссы словари́ дни города́ сту́лья лю́ди де́ти	ка́рты мину́ты фотогра́фии тетра́ди стра́ны столо́вые	о́кна моря́ зда́ния
употребле́ние 활용	1) – *Что* на столе́? – На столе́ ру́чки, карандаши́ и пи́сьма. 2) – *Что* нахо́дится в це́нтре го́рода? – Там нахо́дятся больши́е магази́ны, рестора́ны, краси́вые зда́ния. 3) – *Кто* идёт в кино́? – В кино́ иду́т мои́ друзья́.		
2. Роди́тельный паде́ж 생격	кла́ссов словаре́й дней городо́в сту́льев люде́й(челове́к) дете́й	карт мину́т фотогра́фий тетра́дей стран столо́вых	о́кон море́й зда́ний
употребле́ние 활용	1) – *Чего́* нет в кла́ссе? – В кла́ссе нет словаре́й и карт. 2) – *Ско́лько* уче́бников на столе́? – На столе́ 5 уче́бников. – *Ско́лько* в гру́ппе челове́к? – В гру́ппе 5 челове́к.		

	– *Ско́лько* люде́й на у́лице? – На у́лице мно́го люде́й. 3) – *У кого́* сего́дня пра́здник? – Пра́здник сего́дня у шко́льников. 4) – *Когда́* он идёт домо́й? – Он идёт домо́й по́сле уро́ков.		
3. Да́тельный паде́ж 여격	кла́ссам словаря́м дням города́м лю́дям детя́м	ка́ртам мину́там страна́м фотогра́фиям столо́вым	о́кнам моря́м зда́ниям
употребле́ние 활용	1) – *Кому́* понра́вился «Ве́чер дру́жбы?» – «Ве́чер дру́жбы» понра́вился всем студе́нтам и преподава́телям.		

Паде́жные фо́рмы неодушевлённых существи́тельных мно́жественного числа́

복수 불활동체 명사 격변화형

4. Вини́тельный падеж 대격	кла́ссы столы́ словари́ города́ дни	ка́рты тетра́ди фотогра́фии стра́ны столо́вые	о́кна моря́ зда́ния
употребле́ние 활용	1) – *Что* вы у́чите до́ма? – Я учу́ но́вые слова́ и диало́ги. 2) – *Во что* вы игра́ете? – Мы игра́ем в ша́хматы.		
5. Твори́тельный паде́ж 조격	кла́ссами стола́ми словаря́ми города́ми дня́ми	ка́ртами фотогра́фиями стра́нами тетра́дями столо́выми	о́кнами моря́ми зда́ниями

употребле́ние 활용	– *Ря́дом с чем* стадио́н? – Стадио́н ря́дом со зда́ниями.		
6. Предло́жный падеж (전치격)	в кла́ссах на стола́х в словаря́х в города́х в днях	в ка́ртах в тетра́дях в фотогра́фиях в стра́нах в столо́вых	в о́кнах в моря́х в зда́ниях
употребле́ние 활용	1) – *Где* вкла́ссе учéбники? – Учéбники на стола́х. 2) – *На чём* шко́льники поéдут на фестива́ль? – Они́ поéдут на авто́бусах.		

ЗАДАНИЕ 29 다음 문장들에 필요한 동사들을 써 넣으세요.
Вставьте в предложения нужные глаголы.

1. У Ива́на _______ словаря́.
2. Друзья́ ________ в столо́вой.
3. Они́ ____________ в Коре́е.
4. Мы _____________ пойти́ в рестора́н.
5. Я бо́льше всего́ _____________ литерату́ру и исто́рию.
6. Мой брат хорошо́ _____________ на гита́ре.
7. Я ________ в Сеу́л на маши́не.
8. Сего́дня он ____________ на рабо́ту пешко́м.
9. Э́тот музе́й ___________ в це́нтре го́рода.
10. Я _____________ на у́лице Че́хова.
11. Мы ________ на конце́рт че́рез 10 дней.
12. Подру́га _____________ пойти́ в кафе́.
13. Бра́ту ско́ро ___________ 30 лет.
14. Мне о́чень _____________ э́тот го́род.
15. Тут _________ книг и журна́лов.
16. В на́шем го́роде _____________ 600,000 челове́к.

17. Мой дом __________ ря́дом с па́рком.
18. Мои́ друзья́ _________ игра́ть в компью́терные и́гры.
19. По́сле у́жина мы ____________________ телеви́зор. Но́вая кварти́ра _____________ мои́м роди́телям.

ЗАДАНИЕ 30 다음 문장들에 전치사와 함께, 혹은 전치사가 없는 형태로 필요한 명사들을 써 넣으세요. Вставьте в предложения нужные существительные в нужной форме с предлогами или без предлогов.

1. Сейча́с мои́ ____________ у́чатся в университе́те.
2. Сего́дня я иду́ ____________.
3. Я люблю́ гуля́ть ____________.
4. Рабо́та недалеко́: пешко́м 20 мину́т, а ______________ 7 мину́т.
5. На обе́д – ры́ба. Но я не люблю́ ________!
6. Он чита́ет _________ ме́дленно, но пра́вильно.
7. Моя́ тётя продаве́ц. Она́ рабо́тает _________.
8. На́ше общежи́тие нахо́дится ря́дом ___________.
9. Она́ хорошо́ поёт и игра́ет ______________.
10. У мое́й _________ есть соба́ка. Моему́ __________ 24 го́да.
11. Мое́й ___________ э́тот фильм не понра́вился.
12. Это уче́бник моего́ __________. Около ________ нахо́дится краси́вый парк.
13. На столе́ 20 ___________.
14. Мы поём ру́сские ____________.
15. Я отдыха́ла на мо́ре два ____________.

ЗАДАНИЕ 31 다음 문장들에서 불합리한 것들을 고치세요. Исправьте в предложениях нелепости.

1. Ба́бушке 18 лет.
2. Моя́ соба́ка лю́бит петь.

3. Я изуча́ю ру́сский язы́к, потому́ что хочу́ учи́ться в Япо́нии.
4. В Росси́и са́мый жа́ркий ме́сяц – янва́рь.
5. Оте́ц отдыха́ет на рабо́те.
6. У нас в столо́вой есть слова́рь, журна́лы и газе́ты.
7. Он сего́дня в университе́те, потому́ что у него́ нет уро́ков.
8. Мои́ друзья́ игра́ют в футбо́л в бассе́йне.
9. Дава́йте пойдём в воскресе́нье на экза́мен.
10. Когда́ он отдыха́ет, он де́лает дома́шнее зада́ние.

ЗАДАНИЕ 32 다음 텍스트를 잘 들어보세요. Прослушайте текст.

Пого́да в Москве́

Москва́ – *большо́й* го́род. Э́то столи́ца. *Я* живу́ в Москве́ уже́ два го́да. Меня́ зову́т Ли Сан У. Я *учу́сь* в Москве́ в университе́те. В Москве́ зимо́й *хо́лодно*, но не о́чень. Здесь до́лгая зима́. И весна́ до́лгая, не о́чень *тёплая*. Ле́то жа́ркое. Три ме́сяца в Москве́ жа́рко. А *о́сенью* хо́лодно. *Снача́ла*, в сентябре́-октябре́, температу́ра днём плюс. *Но́чью* мо́жет быть небольшо́й моро́з. А в ноябре́ и днём моро́з. *Мой* ру́сский това́рищ говори́т: «*В Минуси́нске* температу́ра ми́нус 70 (се́мьдесят)! А в Москве́ то́лько ми́нус два́дцать пять. Москва́ – тёплый го́род!» Мой това́рищ – то́же *студе́нт*. Москва́ - *его́* родно́й го́род.

Вопро́с: Кака́я пого́да в Москве́ зимо́й и ле́том?

구분(이탤릭체)된 단어들에 대한 질문을 제기하여 보세요.
Поставьте вопросы к выделенным словам.

회화연습
Поговорим

ЗАДАНИЕ 33 텍스트 «Погода в Корее»를 잘 들어보세요.
Прослушайте текст «Погода в Корее».

Погóда в Корéе

Корéя – моя́ роднáя странá. Я живý тут уже 23 гóда. Корéя – тёплая странá. Зимá в Корéе недóлгая и не óчень холóдная, обы́чно температýра плюс 5 – ми́нус 10 грáдусов. А лéто дóлгое и óчень жáркое. Четы́ре мéсяца в Корéе óчень жáрко. Температýра плюс 25-35 грáдусов. Лéтом чáсто **идёт дождь**. Когдá идёт дождь, не óчень жáрко. Я люблю́ дождь лéтом. Сáмое хорóшее врéмя – óсень. О́сенью теплó и óчень краси́во. Корéйцы лю́бят óсень.

Осенью у нас сáмый большóй **прáздник** – Чусóк. По-рýсски – э́то День **урожáя.**

Вопрóс: Какóе врéмя гóда сáмое хорóшее в Корéе?

2년간 서울에서 공부하고 있는 러시아 학생들은 한국의 날씨에 대해 어떻게 이야기 하고 있나요? 러시아 학생의 역할로 발표하세요. Как расскажет о погоде в Корее русский студент, проучившийся в Сеуле 2 года? Выступите в роли русского студента.

한국의 날씨와 모스크바의 날씨를 비교하세요.
Сравните погоду в Корее и погоду в Москве.

ЗАДАНИЕ 34 다음 동사들을 명사들과 일치시키세요. 주어진 명사들을 복수형태로 사용하세요. Соотнесите глаголы с существительными. Употребите данные существительные в форме множественного числа.

выступáть, петь, танцевáть – пéсня, тáнец, выступлéние

ЗАДАНИЕ 35 다음 대화를 잘 들어보세요. Прослушайте диалог «Вечер дружбы».

Ве́чер дру́жбы

- Юра, здра́вствуй!
- Здра́вствуй, Ле́на! Ты вчера́ была́ на «Ве́чере дру́жбы»?
- Коне́чно, была́!
- Ну и как? **Понра́вилось**?
- Очень понра́вилось! **Бы́ло** ве́село и интере́сно! **Очень прия́тно**, **что** на́ши студе́нты **так** хорошо́ выступа́ют!
- А что бо́льше всего́ понра́вилось?
- **Тру́дно сказа́ть**. Всё понра́вилось: и пе́сни, и та́нцы, и спекта́кль, краси́вые костю́мы, му́зыка. И, коне́чно, твоё выступле́ние. Я фотографи́ровала на конце́рте. У меня́ уже́ есть фотогра́фии. Вот, смотри́.
- Ой, каки́е хоро́шие фотогра́фии!
- Я хочу́ **подари́ть** их **тебе́.**
- Спаси́бо!
- Пожа́луйста!

Вопро́сы:

1. Что бо́льше всего́ понра́вилось Ле́не на ве́чере?
2. Кто фотографи́ровал на «Ве́чере дру́жбы»?
3. Как выступа́ли студе́нты?
4. Что Ле́на хо́чет подари́ть Юре?
5. Что вы узна́ли о «Ве́чере дру́жбы».

«Понравилось?», «Очень приятно, что...», «Трудно сказать», «Я хочу подарить тебе ...»라는 표현을 메모해 두세요. 이 표현들을 이용해 자신의 대화를 만드세요. Запишите выражения «Понравилось?», «Очень приятно, что...», «Трудно сказать», «Я хочу подарить тебе ...». Составьте с этими выражениями свои диалоги.

ЗАДАНИЕ 36 단어들과 문장들을 따라하세요. Повторяйте слова и предложения.

день рожде́ния 생일
Ничего́ не понима́ю. 아무것도 이해 못한다.
Всё понима́ю. 모두 이해한다.
Отку́да вы зна́ете? 어떻게 알고 있나요?
Отку́да ты зна́ешь, что за́втра экза́мен? 내일 시험이라는 것을 어떻게 알고 있니?
Ну что ж... 자 그럼

ЗАДАНИЕ 37 대화 «Я вас знаю!»를 잘 들어보세요.
Прослушайте диалог «Я вас знаю!»

Я вас знаю!

Олег : **Де́вушка**, я вас зна́ю. Вас зову́т Алёна. Вы студе́нтка. Вы **у́читесь** в МГУ. Вы лю́бите пиро́жн**ые** и теа́тр.
Алёна : Интере́сно, что вы ещё зна́ете?
Олег : Я зна́ю, когда́ ваш **день рожде́ния**, как зову́т **ва́шего бра́та**.
Алёна : Ну и когда́ мой день рожде́ния? Как зову́т бра́та?
Олег : Ваш день рожде́ния **че́рез** два дня. Ва́шего бра́та зову́т Макси́м.
Алёна : А... **отку́да** вы это зна́ете? Я вас пе́рвый раз ви́жу.
Олег : А я не пе́рвый раз. Пе́рвый раз я **ви́дел** вас на фотогра́фии. На фотогра́фии, где вы и ваш брат. Ваш брат − мой друг. Мы рабо́таем вме́сте. Дава́йте познако́мимся: меня́ зову́т Олег.
Алёна : **Ничего́ не понима́ю**! А вот и Макси́м. Макси́м! Кто он? Он твой друг?
Максим : Да. Мы рабо́таем вме́сте. Его́ зову́т Оле́г.
Алёна : **Тепе́рь** поня́тно! **Ну что ж,** здра́вствуйте, Оле́г!
Олег : Здра́вствуйте! Рад вас ви́деть!
Алёна : Ну... Я то́же ра́да!
Максим : Ну что, пойдём на конце́рт?

Олег : Пойдём!

Алёна : Пойдёмте!

Вопро́сы:

1. Отку́да Оле́г зна́ет Алёну?
2. Что Оле́г зна́ет об Алёне?

ЗАДАНИЕ 38 대화 «Родной город»를 잘 들어보세요. "이르쿠츠크는 동세베리아의 문화 및 과학의 중심이다"라는 것에 대해 설명해 보세요. Прослушайте диалог «Родной город». Объясните фразу: «Иркутск – культурный и научный центр Восточной Сибири».

Родно́й го́род

- На́стя, твоя́ семья́ живёт в Ирку́тске?
- Да. Там живу́т ма́ма, па́па, де́душка и ба́бушка. Это мой родно́й го́род. Смотри́: вот фотогра́фия Ирку́тска. Это **центра́льная** у́лица.
- Кака́я краси́вая у́лица! Ирку́тск – большо́й го́род?
- Не ма́ленький. В Ирку́тске живёт 600,000 (шестьсо́т ты́сяч) челове́к. У нас в го́роде есть университе́т**ы**, теа́тр**ы**, музе́**и**, конце́ртн**ые** за́л**ы**, больш**и́е** библиоте́к**и**. Есть **академгородо́к**. Там рабо́тают учён**ые** - хи́мики, фи́зики, матема́тики, ме́дики. Ирку́тск – культу́рный и нау́чный центр Восто́чной Сиби́ри. В Ирку́тске жи́ли изве́стные писа́тели, арти́сты, худо́жники, учёные. У го́рода больша́я **исто́рия**. Ему́ 300 (три́ста) лет.
- А что ещё есть в Ирку́тске?
- Очень изве́стный **авиазаво́д**. Три реки́. Одна́ река́, Ангара́, – о́чень больша́я и холо́дная. **Недалеко́** о́зеро Байка́л.
- В Ирку́тске о́чень хо́лодно?
- Нет, не о́чень. Ле́том жа́рко.
- Где ты отдыха́ешь ле́том?
- Коне́чно, на Байка́ле!
- Что ты **бо́льше всего́** лю́бишь в Ирку́тске?
- Центра́льную у́лицу и реку́ Ангару́.

이르쿠츠크에 대해서 무엇을 알았는지 이야기하세요. 대화속의 질문들을 참조하여 당신의 도시에 대하여 이야기 해보세요. 당신은 모스크바와 뻬쩨르부르그에 대해서 무엇을 알고 있나요? Расскажите, что вы узнали об Иркутске. С помощью вопросов диалога расскажите о вашем родном городе. Что вы знаете о Москве, Петербурге?

ЗАДАНИЕ 39 대화 «Родной город»를 잘 들어보세요. "이르쿠츠크는 동시베리아의 문화 및 과학의 중심이다"라는 것에 대해 설명해 보세요. Прослушайте диалог «Родной город». Объясните фразу: «Иркутск – культурный и научный центр Восточной Сибири».

1. Как его́ (её) зову́т?
2. Кто он (она́)?
3. Ско́лько ему́ (ей) лет?
4. Где он живёт?
5. Его́ родно́й го́род большо́й и́ли ма́ленький?
6. Сейча́с там живёт его́ семья́, его́ друзья́?
7. Он лю́бит свой родно́й го́род?
8. Где он лю́бит отдыха́ть в родно́м го́роде?
9. В его́ родно́м го́роде есть теа́тры, музе́и, конце́ртные за́лы, па́рки, цирк?
10. Что он лю́бит в го́роде бо́льше всего́?
11. Како́й ме́сяц в его́ родно́м го́роде са́мый жа́ркий и како́й са́мый холо́дный?
12. Где ваш това́рищ у́чится?
13. Что он изуча́ет?
14. Он говори́т то́лько по-коре́йски?
15. Как он говори́т по-ру́сски, по-англи́йски....? Он говори́т бы́стро и́ли ме́дленно?
16. А до́ма он говори́т по-ру́сски и́ли по-англи́йски?
17. Как ваш това́рищ изуча́ет ру́сский язы́к? Он хорошо́ понима́ет преподава́теля? Он хорошо́ понима́ет те́ксты и диало́ги в учёбнике?
18. Что он де́лает на уро́ке? Он всегда́ де́лает дома́шнее зада́ние?
19. У него́ сего́дня два и́ли три уро́ка?
20. Кто преподаёт литерату́ру, исто́рию, эконо́мику в его́ гру́ппе?

21. В его́ университе́те есть библиоте́ка, конце́ртный зал, стадио́н, спортза́л, столо́вая, общежи́тие?
22. Когда́ он рабо́тает в библиоте́те?
23. В его́ университе́те больша́я библиоте́ка?
24. В университе́те в столо́вой вку́сный обе́д?
25. Учи́ться в университе́те интере́сно?
26. Что он де́лает обы́чно ве́чером и́ли в воскресе́нье? Как он отдыха́ет?
27. Что он лю́бит?
28. Он лю́бит му́зыку? Он поёт? Игра́ет на гита́ре и́ли пиани́но? Он лю́бит слу́шать пе́сни?
29. Кака́я у него́ люби́мая посло́вица (фильм, кни́га)? Кто его́ люби́мый писа́тель, компози́тор, арти́ст, пове́ц? Он лю́бит бале́т, о́перу?
30. Он лю́бит чита́ть стихи́, расска́зы?
31. Каки́е фру́кты он лю́бит?
32. Когда́ он смо́трит телеви́зор? Каки́е переда́чи он смо́трит?
33. Он лю́бит слу́шать ра́дио?
34. Он лю́бит спорт? Во что он лю́бит игра́ть? Где? Он игра́ет в коре́йские и́гры?
35. Зимо́й он и его́ друзья́ игра́ют в футбо́л? Как он отдыха́ет зимо́й?
36. Он лю́бит пла́вать? Он пла́вает зимо́й? Где?
37. Он лю́бит рабо́тать на компью́тере в интерне́те?
38. Он лю́бит игра́ть в компью́терные и́гры?
39. Како́й пра́здник он лю́бит? Како́е вре́мя го́да он лю́бит и почему́?
40. Где он обы́чно отдыха́ет ле́том? Как он отдыха́ет зимо́й?
41. Что он хо́чет де́лать в январе́ и феврале́?
42. Он хо́чет поéхать в Росси́ю? Где он хо́чет учи́ться в Росси́и?
43. У него́ есть друзья́? Кто они́? Где они́ живу́т? Он и его́ друзья́ ча́сто отдыха́ют вме́сте? Где сего́дня его́ друзья́?
44. Он и его́ друзья́ пойду́т сего́дня ве́чером на футбо́л (в кино́, на конце́рт)?
45. Где живу́т его́ роди́тели?
46. У него́ есть брат или сестра́? Ско́лько им лет? Они́ рабо́тают и́ли у́чатся? Где?

47. Где рабо́тают роди́тели? Кто они́? Как они́ отдыха́ют? Где?
48. У него́ есть де́душка, ба́бушка? Где они́ живу́т? Ско́лько им лет? Что они́ лю́бят?
49. Кто в семье́ лю́бит дра́мы, а кто но́вости и футбо́л?
50. Кто его́ го́сти?
51. У него́ есть соба́ка и́ли ко́шка? Кака́я у него́ соба́ка(ко́шка)? Что она́ (соба́ка и́ли ко́шка) лю́бит?

상대방의 대답을 바탕으로 «Мой товарищ»라는 이야기를 작문해 보세요.
По его ответам составьте рассказ «Мой товарищ».

ЗАДАНИЕ 40 위에 주어진 질문들을 참조하여 다음 주제들 «О себе́», «В университе́те», «Родно́й го́род», «Моя́ семья́», «Как я отдыха́ю» 가운데 하나에 대하여 이야기를 만드세요. С помощью данных выше вопросов составьте рассказ на одну из следующих тем: «О себе́», «В университе́те», «Родно́й го́род», «Моя́ семья́», «Как я отдыха́ю».

빼쩨르부르그 넵스키 대로

단어집(СЛОВАРЬ)

범 례

[남명]	남성명사	[동]	동사
[남명-단생]	남성명사 단수 생격	[동-1단]	동사 **1**인칭 단수
[남명-복주]	남성명사 복수 주격	[동-1복]	동사 **1**인칭 복수
[남명-복생·대]	남성명사 복수 생격/대격	[동-2단]	동사 **2**인칭 단수
[남명-인명]	남성 인칭명사	[동-2복]	동사 **2**인칭 복수
[남명-지명]	남성명사 지명	[동-3단]	동사 **3**인칭 단수
[여명]	여성명사	[동-3복]	동사 **3**인칭 복수
[여명-단생]	여성명사 단수 생격	[동-남과]	동사 남성 과거형
[여명-지명]	여성명사 지명	[동-명령형]	동사 명령형
[여명-복주]	여성명사 복수 주격	[형]	형용사
[여명-복생·대]	여성명사 복수 생격/대격	[형-남성단어미]	형용사 남성 단어미형
[중명]	중성명사	[형-여성단어미]	형용사 여성 단어미형
[중명-단생]	중성명사 단수 생격	[형-복수단어미]	형용사 복수 단어미형
[중명-복주]	중성명사 복수 주격	[형-비교급]	형용사 비교급
[중명-복생]	중성명사 복수 생격	[부]	부사
[중명-불변]	중성명사 불변	[부-비교급]	부사 비교급
[복명-주]	복수명사 주격	[소사]	소사
[대명]	대명사	[수]	수사
[대명-인칭]	인칭대명사	[술어]	술어(부사)
[대명-소유]	소유대명사	[전]+생	생격지배 전치사
[대명-의문]	의문대명사	[전]+조	조격지배 전치사
[대명-지시]	지시대명사		
[대명-정]	정대명사		

А

автóбус [남명] 버스
автосéрвис [남명] 자동차 정비소
áдрес [남명] 주소
англи́йский [형] 영어의
англи́йский язы́к 영어
апельси́н [남명] 오렌지
апельси́ны [남명-복주] 오렌지들
аппети́т [남명] 식욕
апрéль [남명] 4월
арти́ст [남명] 배우
арти́стка [여명] 여배우
архитéктор [남명] 건축가
аэропóрт [남명] 공항

Б

бáбушка [여명] 할머니
багáж [남명] (여행용) 가방
Байкáл [남명] 바이칼 <호수명>
балéт [남명] 발레
банáн [남명] 바나나
банáны [남명-복주] 바나나들
бар [남명] 술집, 바
библиотéка [여명] 도서관
бизнесмéн [남명] 사업가 (비즈니스맨)
бил [동-남과] 쳤다, 이겼다
бить [동] 치다, 이기다,
большóй [형] 커다란, 많은
бот [남명] 보트
брат [남명] 형, 동생
брáтья [남명-복주] 형제들
бýдешь [동-2단] (너는) ~일 것이다, 있을 것이다.
бýква [여명] 문자
был [동-남과] 있었다
бы́стро [부] 빨리
быть [동] ~이다, 있다

В

в час 2시에
в 5 часóв 5시에
в воскресéнье 일요일에
в срéду 수요일에
в суббóту 토요일에
вас [대명-인칭] 당신을
ваш (вáша, вáше) [대명-소유] 당신들의
век [남명] 1세기
вёл [동-남과] 안내했다
вéсело [부] 즐겁게
весёлый [형] 즐거운
веснá [남명] 봄
веснóй [부] 봄에
вéчер [남명] 저녁
вечерá [남명-복주] 저녁들
вéчером [부] 저녁에
ви́деть [동] 보다
вить [동] 감다
вкýсный, -ая, -ое [형] 맛있는
вмéсте [부] 함께
внимáтельно [부] 주의 깊게
во втóрник 화요일에
води́тель [남명] 운전기사
вол [남명] (거세한) 황소
Вóлга [여명-지명] 볼가강
вон [부] 밖으로
вопрóс [남명] 질문, 문제
восемнáдцать [수] 18
вóсемь [수] 8
вóсемьдесят [수] 80
восемьсóт [수] 800
воскресéнье [중명] 일요일
восьмóй [수] 여덟 번째의
вот [소사] 바로 여기(저기)에 ...이 있다
врач [남명] 의사
врачи́ [남명-복주] 의사들
врéмя [중명] 시간
всё [대명-정] 모든 것, 모두
всегдá [부] 항상
всегó [대명-정] 모든 것의
вторáя страни́ца 2 페이지
втóрник [남명] 화요일
вторóе задáние 두 번째 과제
вторóй урóк 제 2과

вчера́ [부] 어제
вы́л [동-남과] 짖다, 울부짖다
выполня́ет [동-3단] 완수하다, 수행하다
выступа́ть [동] (공연에) 출연하다

Г

газе́та [여명] 신문
га́лка [여명] 갈까마귀
га́лька [여명] 조약돌
гид [남명] 안내자, 가이드
гита́ра [여명] 기타
говори́ [동-명령형] 말해라
говори́т [동-3단] (그는, 그녀는)말한다
говори́те [동-명령형] 말하세요
говори́ть [동] 말하다
говорю́ [동-1단] (나는)말한다
говоря́т [동-3복] (그들은)말한다
год [남명] 년, 해
го́лос [남명] 목소리
го́род [남명] 도시
города́ [남명-복주] 도시들
гости́ная [여명] 응접실
гости́ница [남명] 호텔
госуда́рственный,-ая,-ое [형] 정부의
гра́дус [남명] (온, 위)도
гре́шко [중명] 죄, 과실
гро́мкий [형] 큰소리의
гро́мко [부] 큰소리로
гру́ппа [여명] 그룹
гуля́ет [동-3단] (그, 그녀는) 산책한다

Д

да [소사] 예, 그렇소
дава́йте [동-명령형] 주세요, ~합시다
дай [동-명령형] 줘라
да́йте [동-명령형] 주세요
дал [동-남과] 주었다
даль [여명] 먼 지방
два [수] 2
двадца́тый [수] 20번째의
два́дцать второ́й [수] 22번째의
два́дцать пе́рвый [수] 21번째의
два́дцать [수] 20
двена́дцатый [수] 12번째의
двена́дцать [수] 12
две́сти [수] 200
двою́родная сестра́ 사촌자매
двою́родный [형] 사촌간의
двою́родный брат 사촌형제
де́вочка [여명] 소녀
де́вушка [여명] 아가씨
де́вушки [여명-복주] 아가씨들
девяно́сто [수] 90
девятна́дцать [수] 19
девя́тый [수] 9번째의
де́вять [수] 9
девятьсо́т [수] 900
де́душка [남명] 할아버지
дека́брь [남명] 12월
дела́ [중명-복주] 일들, 용건들
де́лает [동-3단] 한다
де́лай [동-명령형] 해라
де́лайте [동-명령형] 하세요
день [남명] 낮, 오후
деся́тый [수] 10번째의
де́сять [수] 10
де́ти [복명-주] 아이들
диало́г [남명] 대화
диало́ги [남명-복주] 대화들
дива́н [남명] 소파, 안락의자
дикта́нт [남명] 받아쓰기
Ди́ма [남명-인명] 지마
дире́ктор [남명] 지배인
днём [부] 낮에
дни́ [남명-복주] 낮들
дня [남명-단생] 낮의
до свида́ния 다시 만나요(작별인사)
до́брый [형] 좋은
До́брое у́тро! 좋은 아침입니다!
до́лгий [형] 오랜
до́лго [부] 오랫동안
дом [남명] 집
до́ма [부] 집에

домáшнее [형] 집의
домáшнее задáние 숙제
доминó [중명] 도미노
домóй [부] 집으로
домохозя́йка [여명] 가정주부
доскá [여명] 칠판
Достоéвский [남명-인명] 도스또옙스키
дочь [여명] 딸
друг [남명] 친구
другóй [형] 다른
дрýжно [부] 사이좋게, 친하게
друзéй [남명-복생·대] 친구들의, 친구들을
друзья́ [남명-복주] 친구들
дýмает [동-3단] (그, 그녀는) 생각한다
дя́дя [남명] 아저씨, 백부

Е

егó [대명-소유·인칭] 그의, 그를
её [대명-소유·인칭] 그녀의, 그녀를
есть [동] 있다
éхать [동] 타고 가다
ещё раз [부사구] 다시 한 번
ещё [부] 아직

Ж

жал [동-남과] 쥐었다,
жаль [술어] 가엾다, 안됐다, 애석하다
жáркий [형] 더운
жáрко [부] 덥게, 덥다
жёлтый [형] 황색의
женá [여명] 아내
живёт [동-3단] (그, 그녀는) 산다
живý [동-1단] (나는) 산다
жил [동-남과] 살았다
журнáл [남명] 잡지, 저널
журналúст [남명] 언론인, 저널리스트
журналúстка [여명] 여성 저널리스트

З

завóд [남명] (중공업) 공장
зáвтра [부] 내일
зáвтрак [남명] 아침식사
зáвтракает [동-3단] 아침식사를 한다
задáние [중명] 과제
задáния [중명-복주] 과제들
зал [남명] 홀
зáнят [형-남성단어미] 바쁘다
занятá [형-여성단어미] 바쁘다
заня́тие [중명] 업무, 과업
зáняты [형-복수단어미] 바쁘다
защúтник [남명] 방어자
звук [남명] 소리, 음향, 음성
здорóвье [중명] 건강
Здрáвствуй! [동-명령형] 안녕!
Здрáвствуйте! [동-명령형] 안녕하세요!
зимá [여명] 겨울
зúмний [형] 겨울의
зимóй [부] 겨울에
Зúна [여명-인명] 지나
знáет [동-3단] (그는, 그녀는) 알고 있다
знáете [동-2복] (당신은) 알고 있다
знать [동] 안다
знáю [동-1단] (나는) 알고 있다
знáют [동-3복] (그들은) 알고 있다
зовýт [동-3복] (그들이) 부른다
зол [형-남성단어미] 악의 있다
зонт [남명] 우산
зуб [남명] 치아

И

игрá [여명] 경기, 연주, 놀이
игрáет [동-3단] (그, 그녀는) 경기한다
игрáй [동-명령형] 놀아라
игрáйте [동-명령형] 노세요
игрáть [동] 놀다
úгры [여명-복주] 경기들, 연주들, 놀이들
идёт [동-3단] (그, 그녀는) 간다
идёте [동-2복] (당신은) 간다

идёшь [동-2단] (너는) 간다
иди́ [동-명령형] 가라
иди́те [동-명령형] 가세요
идти́ [동] 가다
иду́ [동-1단] (나는) 간다
иду́т [동-3복] (그들은) 간다
изве́стный [형] 유명한
извини́те [동-명령형] 미안(실례)합니다
изуча́ет [동-3단] (그, 그녀는) 공부(연구)한다
изуча́йте [동-명령형] 공부하세요
и́мя [중명] 이름
инжене́р [남명] 기사
иностра́нный [형] 외국의
иностра́нный студе́нт 외국학생
иностра́нный язы́к 외국어
интере́сно [부] 재미있게
интере́сный [형] 재미있는
Иркутск [남명-지명] 이르쿠츠크
их [대명-소유·인칭] 그들의, 그들을
ию́ль [남명] 7월
ию́нь [남명] 6월
йо́гурт [남명] 요구르트

К

ка́ждый [대명-정] 각각의
ка́ждый день 매일
как дела́ 어떻게 지내시나요
календа́рь [남명] 달력
капу́ста [여명] 양배추
каранда́ш [남명] 연필
карандаши́ [남명-복주] 연필들
ка́рта [여명] 지도
карти́на [여명] 그림
карти́нка [여명] 삽화(그림)
карто́фель [남명] 감자
кафе́ [중명-불변] 카페
ка́ша [여명] 죽
кварти́ра [여명] 아파트
ки́ви [중명-불변] 키위(과일)
кино́ [중명-불변] 영화
кинотеа́тр [남명] 영화관
кит [남명] 고래
Кита́й [남명-국명] 중국
кита́йский [형] 중국의
класс [남명] 학급, 반
клик [남명] 함성
клубни́ка [여명] 딸기
клык [남명] 아래 송곳니
кни́га [여명] 책
кни́ги [여명-복주] 책들
ко́ка-ко́ла [여명] 코카 콜라
ком [남명] 덩어리
коммерса́нт [남명] 큰상인, 실업가
ко́мната [여명] 방
компью́тер [남명] 컴퓨터
компью́терные [형] 컴퓨터의
коне́ц [남명] 끝
коне́чно [부] 물론
конфе́та [여명] 사탕, 캔디
конце́рт [남명] 음악회
конце́ртный [형] 음악회의
конце́ртный зал 콘서트 홀
коре́йский [형] 한국의
коре́йско-ру́сский слова́рь 한-러사전
Коре́я [남명-국명] 한국
корзи́нка [여명] 바구니
коро́ва [여명] 암소
кот [남명] 수고양이
ко́фе [남명-불변] 커피
ко́шка [여명] 암고양이
краси́во [부] 예쁘게, 아름답게
краси́вый [형] 아름다운
Кремль [남명-지명] 크레믈린
крик [남명] 외치는 소리
кто [대명-의문·관계] 누구
куда́ [부] 어디로
куку́шка [여명] 옥수수
кум [남명] 대부

Л

ла́дно [부] 괜찮게, 잘
ла́мпа [여명] 램프, 전등
лапша́ [여명] 국수, 라면
лёгкий [형] 쉬운, 용이한

лeгкó [부] 쉽게
лéто [중명] 여름
лéтом [부] 여름에
лимóн [남명] 레몬
лимóны [남명-복주] 레몬들
лис [여명-복생·대] 여우들의, 여우들을
лисá [여명] 여우
лиц [중명-복생] 얼굴들의
лицá [중명-단생] 얼굴의
лицó [중명] 얼굴
лотó [중명-불변] 로또
лóшадь [여명] 말
лю́бит [동-3단] (그, 그녀는) 사랑한다.
лю́бить [동] 사랑하다
люблю́ [동-1단] (나는) 사랑한다
лю́бят [동-3복] (그들은) 사랑한다.
лю́ди [복명-주] 사람들

М

магази́н [남명] 상점
май [남명] 5월
мáленький [형] 작은
мáма [여명] 어머니
мандари́н [남명] 귤
мандари́ны [남명-복주] 귤들
март [남명] 3월
математика [여명] 수학
мать [여명] 어머니
мéдленно [부] 천천히
междунарóдный факультéт 국제학부
междунарóдный [형] 국제의
мел [남명] 분필
меня [대명-인칭] 나를
мéсто [중명] 좌석, 장소
мéсяц [남명] 월(달)
минýта [여명] 분
млáдший [형-비교급] 더 젊은
моё [대명-소유] 나의
моё окнó 나의 창문
мóжет быть 아마도, 필시
мой [대명-소유] 나의
мой день 나의 하루
мой зонт 나의 우산
мой роднóй гóрод 나의 고향도시
мол [남명] 방파제
молодéц [남명] 멋쟁이
молодóй [형] 젊은
молодóй человéк 젊은 사람
молокó [중명] 우유
молчи́т [동-3단] (그, 그녀는) 잠자코 있다
мóре [중명] 바다
моркóвь [여명] 당근
морóженое [중명] 아이스크림
морóз [남명] 혹한
морóзы [남명-복주] 동장군
моря́ [중명-복주] 바다들
Москвá [여명-지명] 모스크바
моя́ [대명-소유] 나의
моя́ столóвая 나의 식당
моя́ странá 나의 나라
муж [남명] 남편
музéй [남명] 박물관
мýзыка [여명] 음악
музыкáнт [남명] 음악가
мы [대명-인칭] 우리
мя́со [중명] 고기
мять [동] 부수다

Н

на квартúре 아파트에서
на минýту 잠깐만
на скри́пке 바이올린으로
на флéйте 플루트로
называ́ется [동-3단] 불리우다
налéво [부] 왼쪽으로, 왼쪽에
напрáво [부] 오른쪽으로, 오른쪽에
напрóтив [부] 건너편에, 반대편에
нахóдится [동-3단] 위치해 있다.
начáло [중명] 시작, 처음
начинáется [동-3단] 시작된다
наш (нáша, нáше) [대명-소유] 우리들의
не поня́тно 명백하지 않다, 이해되지 않다
не [소사] ~ 아닌
недéля [여명] 한 주

незнако́мая [여명] 잘 모르는 여자
немно́го [부] 조금
нет [소사] 아니오
нить [여명] 실
ничего́ [부] 괜찮다
но́вое [형] 새로운
но́мер [남명] 번호
но́мер в гости́нице 호텔 룸(방)
норма́льно [부] 괜찮게, 괜찮다
ночь [여명] 밤
но́чью [부] 밤에
ныть [동] 쑤시다

О

обе́д [남명] 점심, 점심시간
общежи́тие [중명] 기숙사
общежи́тия [중명-복주] 기숙사들
объясня́ет [동-3단] (그, 그녀는) 설명한다
обы́чно [부] 통상적으로, 평범하다
обы́чный [형] 평범한
оди́н [수] 1, 한 사람
оди́ннадцатый [수] 제 11의
оди́ннадцать [수] 11
озёра [중명-복주] 호수들
о́зеро [중명] 호수
о́кна [중명-복주] 창문들
окно́ [중명] 창문
о́коло окна́ 창문 근처에
октя́брь [남명] 10월
он [대명-인칭] 그
она́ [대명-인칭] 그녀
опя́ть [부] 다시, 더욱이
о́сень [여명] 가을
о́сенью [부] 가을에
осо́бенно [부] 특히, 특별히
отве́т [남명] 대답
отвеча́ет [동-3단] (그, 그녀는) 대답한다
отвеча́йте [동-명령형] 대답하세요
отдыха́ет [동-3단] (그, 그녀는) 쉰다
отдыха́й [동-명령형] 쉬게, 쉬거라
отдыха́йте [동-명령형] 쉬세요
оте́ц [남명] 아버지
отли́чно [부] 훌륭하게, 훌륭하다
отли́чный [형] 우수한, 탁월한
о́тчество [중명] 부칭
оце́нка [여명] 점수
о́чень [부] 대단히, 매우
оши́бка [여명] 실수

П

па́па [남명] 아빠
пар [남명] 증기
парк [남명] 공원
пельме́ни [남명-복주] 만두들
пе́пси [중성] 펩시
пе́рвая страни́ца 첫 페이지
пе́рвое зада́ние 첫 과제
пе́рвый уро́к 첫 수업
переводчик [남명] (남자) 통역사
перево́дчица [여명] (여자) 통역사
переры́в [남명] 휴식시간(수업간)
пе́сня [여명] 노래
пету́х [남명] 수탉
петь [동] 노래 부르다
Пе́тя [남명-인명] 뻬쨔
пешко́м [부] 걸어서
пиани́но [중명] 피아노
пил [동-과거] 마셨다
пиро́жное [중명] 생과자
пиро́жные [중명-복주] 생과자들
писа́тель [남명] (남자) 작가
писа́тельница [여명] (여자) 작가
пи́сьма [중명-복주] 편지들
письмо́ [중명] 편지
пить [동] 마시다
пи́шет [동-3단] (그, 그녀는) 쓴다
пиши́ [동-명령형] 쓰라
пиши́те [동-명령형] 쓰세요
пла́вать [동] 수영하다, 헤엄치다
пло́хо [부] 나쁘게, 나쁘다
плохо́й [형] 나쁜
плюс [남명] 플러스
по-англи́йски 영어로
по-кита́йски 중국어로

по-коре́йски 한국어로
по-ру́сски 러시아어로
побе́да [여명] 승리, 승전
по́вар [남명] 요리사
повторя́ет [동-3단] (그, 그녀는) 따라한다
повторя́ть [동] 따라(반복)하다
пого́да [여명] 날씨
пода́рок [남명] 선물
подру́га [여명] 여자친구
пое́хать [동] 출발하다
пожа́луйста [소사] 제발, 어서, please
познако́миться [동] 인사하다, 사귀다
познако́мься [동-명령형] 인사해라
познако́мьтесь [동-명령형] 인사하세요
пойдём [동-1복] (우리는) 출발한다, 갑시다
пойдёшь [동-2단] (너는) 출발한다
пойти́ [동] 출발하다, 나가다
пока́ [부] 또 만납시다
по́лка [여명] 선반
по́лька [여명] 폴란드 여자
помидо́р [남명] 토마토
помоги́ [동-명령형] 도와라
понеде́льник [남명] 월요일
понима́ет [동-3단] (그, 그녀는) 이해한다
понима́ете [동-2복] (당신은) 이해한다
понима́ть [동] 이해하다
понима́ю [동-1단] (나는) 이해한다
поня́тно [부] 이해되게, 이해되다
по́сле [전] + 생 ~후에
после́дний [형] 마지막의
пото́м [부] 그 후에, 다음에
потому́ что 왜냐하면
пра́вда [여명] 참, 진리, 정의
пра́вильно [부] 옳게, 옳다
пра́здник [남명] 축제
предложе́ние [중명] 문장
прекра́сно [부] 멋지게, 멋지다
прекра́сный [형] 매우 아름다운
преподава́тели [남명-복주] 선생님들
преподава́тель [남명] (대학) 남선생님
преподава́тельница [여명] 여선생님
преподаёт [동-3단] (그, 그녀는) 가르친다
приве́т [남명] 만날 때 인사(안녕)
прия́тно [부] 기분 좋게, 기분 좋다
прия́тный [형] 기분이 좋은, 유쾌한
программи́ст [남명] 프로그래머
продаве́ц [남명] 판매원
продавцы́ [남명-복주] 판매원들
профе́ссия [여명] 직업
пря́мо [부] 똑바로
пыл [남명] 격정, 불길
пятидеся́тый [수] 제 15의
пятна́дцать [수] 15
пя́тница [여명] 금요일
пя́тый, -ая, -ое [수] 제 5의
пять [수] 5
пятьдеся́т [수] 50
пятьсо́т [수] 500

Р

рабо́та [여명] 직장
рабо́тает [동-3단] (그, 그녀는) 일한다
рабо́тай [동-명령형] 일해라
рабо́тайте [동-명령형] 일하세요
рабо́тать [동] 일하다
рабо́чая [여명] (여자) 노동자
рабо́чий [남명] (남자) 노동자
рад, ́- а, ́- ы [형-단어미] 기쁜, 반가운
ра́дио [중명-불변] 라디오
расскажи́те [동-명령형] 이야기해 주세요
расска́з [남명] 이야기
расска́зы [남명-복주] 이야기들
ребёнок [남명] 아기
ре́дька [여명] 무
река́ [여명] 강
ре́ки [여명-복주] 강들
рестора́н [남명] 레스토랑
рис [남명] 쌀
родна́я страна́ 조국
родно́й [형] 고향의
родно́й го́род 고향도시
родно́й язы́к 모국어
рождество́ [중명] 성탄절
росси́йский [형] 러시아의
Росси́я [여명-국명] 러시아

ру́сский [형] 러시아의
ру́сский язы́к 러시아어
ру́сско-коре́йский слова́рь 러-한사전
ру́чка [여명] 손잡이, 볼펜
ры́ба [여명] 생선
ря́дом [부] 옆에, 나란히

С

с [전] + 조 ~와 함께
с друзья́ми 친구들과 함께
сади́сь [동-명령형] 앉아라
сади́тесь [동-명령형] 앉으세요
сади́тся [동-3단] (그, 그녀는) 앉는다
сала́т [남명] 샐러드
са́мый [대명-정] 가장, 제일
са́хар [남명] 설탕
Са́ша [남명-인명] 싸샤
свет [남명] 빛
Све́та [여명-인명] 스베따
свинья́ [여명] 돼지
свобо́дный [형] 자유로운
сего́дня [부] 오늘
седьмо́й [수] 제 7의
сейча́с [부] 지금
секрета́рь [남명] 비서
секу́нда [여명] 초
сел [동-남과] 앉았다
семи́ [수] 7 (семь의 생격)
семна́дцать [수] 17
семь [수] 7
се́мьдесят [수] 70
семьи́ [여명-단생] 가족의 (семья́의 생격)
семьсо́т [수] 700
семья́ [여명] 가족
сентя́брь [남명] 9월
сестра́ [여명] 누이
сёстры [여명-복주] 누이들
сесть [동] 앉다
Сеу́л [남명-지명] 서울
Сиби́рь [여명-지명] 시베리아
сиди́т [동-3단] (그, 그녀는) 앉는다
ситуа́ция [여명] 상황
скажи́ [동-명령형] 말해라
скажи́те [동-명령형] 말하세요
ско́лько [대명-의문·관계] 얼마, 어느 정도
ско́ро [부] 곧
сле́ва [부] 왼쪽부터, 왼쪽에
слова́ [중명-복주] 단어들
словари́ [남명-복주] 사전들
слова́рь [남명] 사전
сло́во [중명] 단어
слу́шает [동-3단] (그, 그녀는) 듣는다
слу́шай [동-명령형] 들어라
слу́шайте [동-명령형] 들어보세요
слы́шит [동-3단] (그, 그녀는) 듣는다
смешно́й [형] 우스운
смотри́ [동-명령형] 보아라
смотри́те [동-명령형] 보세요
снача́ла [부] 처음에, 우선
снег [남명] 눈
соба́ка [여명] 개
сок [남명] 주스
со́лнце [중명] 태양
со́рок [수] 40
сороково́й [수] 제 40의
сотру́дник [남명] 동료직원
спаси́бо [술어] 고맙습니다
спорт [남명] 스포츠
спортза́л [남명] 체육관
спорти́вные [형] 스포츠의
спортсме́н [남명] 스포츠맨
спортсме́нка [여명] 스포츠 걸
спра́ва [부] 오른쪽부터, 오른쪽에
спра́йт [남명] 스프라이트(음료수)
спра́шивает [동-3단] (그, 그녀는)질문한다
спра́шивай [동-명령형] 물어라
спра́шивайте [동-명령형] 물으세요
среда́ [여명] 수요일
стадио́н [남명] (스포츠) 스타디움
стал [동-남과] 되었다
сталь [여명] 강철
ста́рший [형] 연장의, 손위의
статьи́ [여명-복주] 기사들, 논문들
статья́ [여명] 기사, 논문
стихи́ [남명-복주] 시

сто [수] 100
стол [남명] 책상
столи́ца [여명] 수도
столо́вая [여명] (구내)식당
столо́вые [형] 식당의
столы́ [남명-복주] 책상들
страна́ [여명] 국가, 나라
страни́ца [여명] 페이지, 면
стра́ны [여명-복주] 국가들, 나라들
строи́тель [남명] 건설자
студе́нт [남명] (남자) 대학생
студе́нтка [여명] 여대생
стул [남명] 의자
сту́лья [남명-복주] 의자들
суббо́та [여명] 토요일
суд [남명] 재판
сума́ [여명] 자루, 주머니
су́мка [여명] 손가방
суп [남명] 국, 수프
съел [동-남과] 다 먹었다
сын [남명] 아들
сыр [남명] 치즈

Т

такси́ [중명-불변] 택시
там [부] 저기, 그곳에
та́нго [중명-불변] 탱고
танцева́ть [동] 춤추다
твой, твоя́, твоё [대명-소유] 너의
твой друг 너의 친구
твоя́ подру́га 너의 여자친구
теа́тр [남명] 극장
тебя [대명-인칭] 너(ты의 생격·대격)
текст [남명] 본문, 텍스트
телеви́зор [남명] 텔레비전
телепереда́ча [여명] 텔레비전 방송
телефо́н [남명] 전화
те́ма [여명] 주제, 테마
тень [여명] 그늘
тепе́рь [부] 지금
тепло́ [부] 따뜻하게, 따뜻하다
тёплый [형] 따뜻한
тетра́дь [여명] 공책
тётя [여명] 백모, 아줌마
ти́хий [형] 조용한
ти́хо [부] 조용히, 조용하다
ти́ше [부-비교급] 보다 더 조용히
това́рищ [남명] 동무, 친구
това́рищи [남명-복주] 동무들, 친구들
то́же [부] 역시, 또한
то́лько [부] 오직, 단지
том [남명] 권
торт [남명] 케이크
тот [대명-지시] 그것
тре́тий [수] 제 3의
тре́тий уро́к 제 3과
тре́тье зада́ние 제 3과제
тре́тья страни́ца 3 페이지
три [수] 3
тридца́тый [수] 제 30의
три́дцать [수] 30
трина́дцать [수] 13
три́ста [수] 300
тру́дно [부] 어렵게, 어렵다
тру́дный [형] 어려운
туда́ [부] 거기로, 저기로
тури́ст [남명] 관광객
тут [부] 거기에, 그곳에
ты [대명-인칭] 너
ты́сяча [수] 1000
тысячеле́тие [중명] 천 주년 기념제

У

уви́димся [동-1복] 만납시다, 또 보자
у́гол [남명] 모퉁이, 모서리
у́голь [남명] 석탄, 목탄
удо́бно [부] 알맞은, 편안한
ужа́сно [부] 지독하게, 지독하다
ужа́сный [형] 지독한
уже́ [부] 이미, 벌써
у́жин [남명] 저녁
у́лица [여명] 거리
у́лицы [여명-복주] 거리들
улы́бка [여명] 미소

уме́ет чита́ть 읽을 줄 안다
университе́т [남명] 대학교
уро́к [남명] 과, 수업
у́тро [중명] 아침
у́тром [부] 아침에
уче́бник [남명] 교과서
учени́к [남명] (남학생) 제자
учени́ца [여명] (여학생) 제자
учёный [남명] 학자
учи́сь [동-명령형] 외워라
учи́тель [남명] (초,중,고) 남선생
учи́тельница [여명] (초,중,고) 여선생
учителя́ [남명-복주] 선생님들
учи́тесь [동-명령형] 배우세요
у́чится [동-3단] (그, 그녀는) 배운다
учи́ться [동] 배우다

Ф

факульте́т [남명] 학부
фами́лия [여명] 성
февра́ль [남명] 2월
фе́рмер [남명] 농장주, 농장 경영자
филармо́ния [여명] 필하모니
фи́льм [남명] 필름, 영화
фи́рма [여명] 회사
фон [남명] 배경
фо́то [중명-불변] 포토
фотоаппара́т [남명] 사진기
фотогра́фия [여명] 사진
фру́кты [복명-주] (항상 복수만) 과일
футбо́л [남명] 축구
футболи́ст [남명] 축구선수

Х

хи́мия [여명] 화학
хлеб [남명] 빵
хокке́й [남명] 하키
хо́лодно [부] 춥게, 춥다
холо́дный [형] 추운
хорошо́ [부] 잘, 좋게, 좋다
хоти́те [동-2복] (당신은) 원한다.
хо́чет [동-3단] (그는) 원한다
хочу́ [동-1단] (나는) 원한다
худо́жник [남명] (남자) 화가
худо́жница [여명] (여자) 화가
ху́же [부-비교급] 더 나쁘게
хурма́ [여명] 감

Ц

цвет [남명] 색깔
центр [남명] 중심, 가운데
цирк [남명] 서커스
цум [남명] 모스크바 중앙 백화점

Ч

чай [남명] 차(茶)
час [남명] 한 시(1 시간)
ча́сто [부] 자주, 종종
часы́ [복명-주] (항상 복수로만) 시계
челове́к [남명] 사람
чере́з неде́лю 1주일 후에
четве́рг [남명] 목요일
четвёртое [수] 제 4의
четы́ре [수] 4
четы́реста [수] 400
четы́рнадцать [수] 14
чино́вник [남명] 공무원
число́ [중명] 일(日), 날짜
чита́ет [동-3단] (그, 그녀는) 읽는다
чита́йте [동-명령형] 읽어보세요
что [대명-의문·관계] 무엇
чуде́сно [부] 기적적으로, 기적적이다
чум [남명] 이동용 천막
чума́ [여명] 전염병
чья [대명-의문] 누구의

Ш

шаль [여명] 숄

ша́шки [여명-복주] 서양 바둑
шёл [동-남과] 갔다
шеста́я [수] 제 6의
шестидеся́тый [수] 제 60의
шестна́дцать [수] 16
шесть [수] 6
шестьдеся́т [수] 60
шестьсо́т [수] 600
шил [동-남과] 깁다
шко́ла [여명] 학교
шко́льник [남명] (초, 중, 고) 남학생
шко́льница [여명] (초, 중, 고) 여학생
шко́льный [형] 학교의
шокола́д [남명] 쵸콜렛
шум [남명] 소음
шут [남명] 어릿광대
шу́тка [여명] 농담, 익살

Щ

щи [복명-주] (항상 복수만) 양배추 수프

Э

экза́мен [남명] 시험
экономи́ст [남명] 경제학자
эта́ж [남명] 층
э́то [대명-지시] 이것은

Ю

юг [남명] 남쪽
ю́жная [형] 남쪽의
Южная Коре́я 남한
ю́ноша [여명] 청년
Юра [남명-인명] 유라
юри́ст [남명] 법률가

Я

я [대명-인칭] 나는
Я рад. 나는 기쁘다. (남자)
Я ра́да. 나는 기쁘다. (여자)
я́блоки [중명-복주] 사과들
я́блоко [중명] 사과
язы́к [남명] 언어, 혀
языки́ [남명-복주] 언어들

저자

임현수
배재대학교 러시아학과 교수

Л. Ф. Кияновская
배재대학교 러시아학과 부교수

김태진
배재대학교 교양교육지원센터 전임강사

원어민과 배우는 러시아어 Русский язык

1판 1쇄 찍음 • 2010년 8월 10일
1판 2쇄 펴냄 • 2013년 2월 28일

공저자 • 임현수 · Л. Ф. Кияновская · 김태진
발행인 • 정 현 걸
발 행 • 신 아 사
인 쇄 • 예지인쇄

출판등록 • 1956년 1월 5일 (제9-52호)
주소 • 서울특별시 은평구 녹번동 28-36
전화 • (02)382-6411 / 팩스 (02)382-6401
홈페이지 • www.shinasa.co.kr
E-mail • shinasa@chol.com

ISBN • 978-89-8396-691-9 (13790)

정가 22,000 (CD포함)